폭주하는 알고리즘
YOUR BOSS IS AN ALGORITHM

"Il tuo capo è un algoritmo. Contro il lavoro disumano" by Antonio Aloisi and Valerio De Stefano
ⓒ 2020 Gius. Laterza & Figli
Korean Translation ⓒ 2025 REDSALTBOOKS
All rights reserved.
The Korean language edition is published by arrangement with Gius. Laterza & Figli S.p.A through MOMO Agency, Seoul.

이 책의 한국어판 저작권은 모모 에이전시를 통해 Gius. Laterza & Figli S.p.A와의 독점 계약으로 빨간소금에 있습니다. 저작권법에 의해 한국 내에서 보호를 받는 저작물이므로 무단전재와 무단복제를 금합니다.

폭주하는 알고리즘

YOUR BOSS IS AN ALGORITHM

규제는 혁신의 동맹자

안토니오 알로이시, 발레리오 데 스테파노 지음 | 임현정 옮김

빨간소금

일러두기
- 이 책은 저자들이 영어로 쓴 《Your Boss Is an Algorithm》(2022년)를 기본으로 하고, 이탈리아어로 쓴 《Il tuo capo è un algoritmo》(2020년)를 참고해 번역했다.
- 주석을 두 가지로 나누어 실었다. 내용주는 각주(• 로 표시)로, 출전주(아라비아 숫자로 표시)는 미주로 처리했다.

감사의 말

감사의 말을 전하는 것은 무척 흥분되는 일인데도 항상 모든 에너지를 쓴 뒤에야 하게 됩니다. 문제는 이렇듯 창의성이 소진된 뒤에는 진부한 수사만이 우리 마음에 떠오른다는 사실입니다. 우리가 이 함정을 극복할 것이라 확신할 수 없습니다. 하지만 우리가 진행해 온 연구와 아이디어, 제안을 이 책에 압축할 수 있었던 것은 우리의 특권이자 즐거움이었음을 독자들에게 고백해야겠습니다. 매우 외로울 수 있는 학문의 길과 달리 이 여정은 우리를 수많은 만남으로 이끌었습니다. 이에 대해 고마움을 표합니다.

우리는 브뤼셀, 마드리드, 토론토, 제네바, 밀라노, 피렌체, 살렌토, 칼라브리아 등지에서 이 책을 구상하고 썼습니다. 따라서 이 책은 우리가 그곳에서 누린 신선한 공기, 무엇보다 모든 곳을 따뜻함으로 채워 준 친구들과 가족들 덕분입니다. 이분들의 지원이 없었다면 우리는 결코 이 모험을 시작하는 데 필요한 힘과 침착함을 갖추지 못했을 것입니다. 당연하지만, 이것은 결코 사소한 일이 아닙니다. 이 모든 애정은 너무나 과분하며 무엇에도 비할 수 없을 만큼 소중합니다.

그동안 우리가 인연을 맺은 기관들, 즉 스페인 마드리드의 IE대학교 법과대학과 캐나다 토론토의 요크대학교 오스구드홀법과대학, 벨기에의 뢰번가톨릭대학교에 감사합니다. 우리는 이들 기관으로부터 이 책에서 논의한 주제에 대해 큰 자극과 아낌없는 지원을 받았습니다. 이 책은 또한 재능 있는 동료와 스승, 박사 과정 학생, 대학생, 행정 직원과의 통찰력 있는 대화로부터 도움을 받았습니다. 이들의 기여는 종종 정당한 인정을 받지 못했지만 결정적이었습니다.

이 책의 집필로 이어진 연구는 마리스크워도프스카퀴리지원협약 No. 893888 '기계로부터 내려온 상사(Boss Ex Machina): 작업장 내 기계, 인공지능, 알고리즘에 의한 관리 특권의 기술적 변화에 대한 매핑(mapping)과 이해'에 따른 유럽연합의 호라이즌 2020(Horizon 2020) 연구 및 혁신 프로그램과 플랑드르연구개발재단이 제공하는 오디세우스 지원금 '온디맨드(on-demand) 경제에서의 고용 권리 및 노동 보호'로부터 지원받았습니다.

반독선적 교육 방식을 통해 자유를 추구해 온 스테파노 리브만은 노동법에 대한 우리의 열정에 불길을 댕기고 사려 깊고 독특한 방식으로 끊임없이 우리를 격려했습니다. 스테파노 리브만 선생님께 감사합니다. 또한 마우리치오 델 콘테, 엘레나 그라마노, 지오반니 가우디오에게도 감사합니다.

하트출판사의 훌륭한 팀원들, 특히 모든 집필 과정에서 지원을 아끼지 않은 로베르타 바시, 로즈마리 먼즈와 린다 스태니포드에게 많은 감사를 드립니다. 이 책의 출간에 대한 공을 이탈리아 발행인 주세페 라테르차에게도 돌려야 합니다. 그는 끈기 있는 동반자로서 우리에게 큰 자율성을 부여했습니다. 편집자 클레어 배냐드와 리아 디 트루파니는 뜻이 모호한 문장들을 잘 정리해 다양한 독자들이 복잡한 내용에 쉽게 접근할 수 있도록 도왔습니다. 원고의 게재를 위해 애쓴 익명의 심사위원께도 깊은 감사를 드립니다.

포기할 줄 모르는 편집자인 줄리아나 모라비토에게 진심으로 고마움을 전합니다. 이 프로젝트에 대한 광적인 헌신을 기꺼이 감내한 안토넬라 자라 덕분에 이 책의 많은 부분이 더욱 흥미로워졌습니다. 나스타자 포토츠카시오넥, 안드레아 가르네로, 잔루카 그레코, 로렌초 미켈리, 로레다나 카르타, 이자벨라 노타란젤로는 첫 원고를 읽은 뒤 다정하게도 공정하고 지혜로운 의견을 나눠 줬습니다. 이탈리아의 모든 젊은 노동 변호사의 '수호신'인 실바나 스키아라에게도 큰 감사를 드립니다.

우리의 연구와 이 책은 친구와 동료로서 만나 이 주제에 대해 끊임없이 의견을 나누는 특권을 허락한 자닌 베르크, 예레미아스 아담스-프라슬, 미리암 체리, 우마 라니, 니콜라 콘투리스, 브리시엔 로저스, 클레어 킬패트릭, 신디 에스틀런드, 마르틴 그루버-리작, 식스 실버맨, 마크 그레이엄, 루카 라티, 프랑크 헨드릭스, 실비아 라이노네, 일다 두리, 하라람포스 스타일로이아니스, 마티아스 우터스, 시몬 타에스, 피에라 로이, 루이사 코라차, 매트 핑킨, 빈첸초 피에트로조반니, 이완 맥고기, 앨런 보그, 토니아 노비츠, 에이나트 알빈, 비나 두발, 이오안니스 리아노스, 아드리안 토돌리 시녜스, 피비 무어 외 지면 제약상 여기서 언급하지 못한 많은 분에게 힘입은 바가 큽니다.

책의 초고를 검토한 뒤 오류를 지적하고 수정 내용을 제안한 가족들(특히 안나 키아라와 로렌초)과 친구들에게 고마움을 전합니다. 그들의 관대한 격려 덕분에 더욱 노력을 기울일 수 있었습니다. 또한 학회와 강의, 세미나를 통해 본문의 핵심을 발표할 기회를 준 분들과 이 주제에 대한 기고문을 싣고 인터뷰를 주최한 저널, 서적, 블로그와 신문에 깊이 감사합니다.

이 책은 2021년 11월 말에 완성된 뒤 2022년 2월 초에 약간의 수정을 거쳤으므로, 이후에 이뤄진 입법 또는 사법 조치나 변경 사항을 책에 반영할 수 없었습니다. 하지만 우리의 성찰은 특정 시점의 데이터나 사건에 국한되지 않으며 시간이 흘러도 여전히 유효할 것입니다. 그런데도 발견되는 오류가 있다면 언제든지 연락 바랍니다. 이 책에서 발견되는 오류나 부정확한 서술은 전적으로 저자들의 책임임을 밝힙니다. (당연한 말이지만 누구를 탓하겠습니까?)

마드리드와 토론토에서, 2022년 2월
안토니오 알로이시와 발레리오 데 스테파노

차례

감사의 말 5
프롤로그 노동 전선에서 날아온 긴급 속보 10

1부 미지의 바다를 탐색하다

1 노동 없는 미래? 27
2 디지털은 정치적이다 40

2부 변화하는 노동시장

3 '남아 있는 일자리'의 운명 51
4 노동 환경을 변화시키는 기술 61
5 기술에 봉사하는 인간 101

3부 디지털 시대의 사회권

6 플랫폼 노동을 말할 때 말하는 것들 147
7 공유 신화의 거짓말 156
8 노후화와 저항 사이의 노동법 198

에필로그 디지털 시대를 위한 새로운 제도 237
주 274
찾아보기 316

프롤로그

노동 전선에서 날아온 긴급 속보

2015년 10월 국제노동기구가 연 플랫폼 노동 관련 학회를 마친 우리는 벨기에 브뤼셀에 있는 유럽연합의회에서 연구 결과를 발표해 달라는 요청을 받았다. 의회 건물은 미로처럼 복잡했고, 아니나 다를까 회의실을 찾던 우리는 복도들 사이에서 길을 잃고 말았다. 그런 우리를 구원한 사람은 지금은 유럽연합의회 보좌관으로 일하고 있는 대학 동창이었다. 우리가 찾던 회의실과 몇 층 떨어진 곳에서 우연히 만난 그는 기꺼이 길 안내를 자청했다.

  그는 이동하면서 유럽연합의회에 온 까닭을 물었다. 우리는 "우버 운전자 같은 플랫폼 노동자들"에 대한 연구 결과를 발표해 달라는 요청을 받았다고 대답했다. 그는 화들짝 놀랐다. "그건 독과점 금지랑 운송 수단 규제 문제 아닌가? 세상에! 자네들 같은 노동 전문 변호사가 이 분야에 관심이 있는 거야?" 우리는 이런 유형에 속하는 운전자들의 노동조건과 고용 상태야말로 가장 절박한 문제라 생각한다고 대답했다. 자영업자로 분류되는 이들은 거의 법적으로 보호받지 못한다. 또한 알고리즘을 비롯한 디지털 감시 수단이 대규모로 사용되는 과정에서 사용자와 노동자 간 역학 관계의 균형이 완전히 무너지고 말았다. 우리는 노동의 미래에 관한 격렬한 논쟁에서 플랫폼 노동자 문제가 가장 뜨거운 쟁점이 될 것이며, 그들에 관한 연구는 인력 관리에 광범위하게 적용되는 빅데이터와 인공지능 등 첨단 기술과 노동의 교차점에서 만들어지는 중요한 쟁점들을 해결하는 데 실마리를 제공할 수 있다고 장담했다.

이런 장담은 누워서 떡 먹기나 다름없다. 현실을 직시해 보자. 2015년 이후 딜리버루, 우버, 그럽허브와 같은 기업, 혹은 아마존 미케니컬터크, 업워크, 조보토와 같은 온라인 플랫폼 관련 기사가 끊임없이 전 세계 신문의 머리기사를 장식했다. 이 기업들이 활동하는 사실상 모든 곳에서 노동자들이 제기한 다수의 소송 덕분이었다. 이런 기업에서 일하는 노동자의 법적 지위 문제 외에도 수많은 다양한 쟁점들 역시 수면 위로 떠올랐다. 고용과 해고, 수집한 대량 정보를 이용한 지속적인 성과 평가 등, 플랫폼들은 인력을 관리하기 위해 정보 기술을 사용하는 알고리즘 지배의 예비 시험장이 돼 가는 듯하다.

이러한 관례는 이제 우리 경제의 공통 특징으로 자리 잡았으며, 경계를 확장하는 플랫폼 노동을 넘어 생산직과 사무직에도 영향을 끼치고 있다. 전 세계의 수많은 정부가 이 분야를 규제하기 위한 개입 여부를 숙고하고 있다. 그리고 노동조합과 노동권 전문 변호사들은 기존의 법적 틀을 더 효과적으로 집행할 것을 요구하고 있다. 한편, 지난 몇 년 동안 플랫폼 노동에 관한 수많은 간행물이 나오고 학술 대회와 세미나가 열리는 등 관련 연구가 봇물 터지듯 쏟아졌다.

관련 글은 이미 넘쳐난다. 우리 역시 봇물 터지듯 쏟아진 연구 결과물에 상당히 이바지했다. 수많은 칼럼과 논문을 썼고, 국제기구들을 위해 보고서를 작성했다. 학문적 목적으로 개최되거나 기업과 정치권이 마련한 수많은 프로그램에 발표자로 나섰고, 수업 중에 이 주제를 논의하기도 했다. 우리는 이러한 경험을 통해 많은 것을 배웠다. 다양한 모임에 참여한 청중과 동료 발표자들로부터 셀 수 없이 많은 통찰을 얻었다. 예상한 대로, 이 논의 가운데 우리가 받은 많은 질문이 반복적으로 제기되고 있다는 점을 인정하지 않을 수 없다.

많은 사람이 궁금해한다. 상황이 위태롭다고 할지라도, 머지않아 자율 운행차와 원격 조정 드론에 자리를 내줄 노동자의 문제를 논하는 것이 이치에 맞을까? 어떤 형태든 알고리즘에 따른 인력 관리가 인간의 편견과 시장의 실패를 막을 수 있다면, 인간의 자의성을 대체할 수 있다면 오히려 고마워해야 하지 않을까? 변화하는 노동시장이 앞으로 요구할 전문 기술에 모든 지적 자원을 집중해야 하지 않을까? 기업이 완전 자동화를 향한 가속 페달을 더 세게 밟기 전에 임금과 노동자 보호 장치를 손보는 것이 낫지 않을까? 내키지 않겠지만, 이 모든 전통적인 노동권을 기본소득과 같이 현대적이고 가변적인 사회보장 장치들로 대체해야 하지 않을까? 혁신의 최전선에서 일하는 노동자들을 20세기 식으로 보호한다면, 그 대가로 혁신과 기술 개발의 지연을 각오해야 하지 않을까? 좀 더 완화된 노동권 보호 정책 도입이 디지털 플랫폼 기업의 기업 친화적인 해외로의 이전을 막을 수 있는 간단한 해결책이 아닐까?

이 모든 질문에 진지하고 간단하게 답하자면, 그렇지 않다. 우리의 대답은 확실하다. 그리고 우리는 수년에 걸친 연구를 통해 이 대답에 대한 근거를 가다듬어 왔다.

이 책에서 우리는 주장에 대한 근거를 제시하는 데서 멈추지 않고 논의 중인 쟁점을 재정의하려 한다. 첨단 기술 기업은 인간 운명의 유일한 심판자라도 되는 양 대중의 결정을 지배할 수 있다고 거들먹거리며 자율 규제 허용을 요구한다. 이들의 주장에 굴복하지 않는다면, 기술 활용을 통해 우리의 삶과 노동의 방식이 긍정적으로 변할 수 있다는 점을 보여 주려 한다. 또한 신기술 도입은 위험한 작업, 허드렛일, 반복 작업을 자동화함으로써 시간과 에너지를 절약하는 효과를 가져올 수 있다. 하지만 직장에서마저 지속적인 감시에 노출됨으로써 사생활 침해의 위험 역시 가져올 수 있음을 경고하려 한다. 민주주의 사회를 지배하는 기본 가치와 권리, 자유를 보호하려면, 이러한 장치의 사용을 전적으로 금지하지 않더라도 마땅히 제한해야 한다.

혁신 기술 전문가나 디지털 전도사, 공공기관과 전문 저널 사이에 배치된 수많은 응원단장의 말을 듣다 보면, 우리는 결국 심각한 오해의 희생자가 될 것이다. 그들은 혁신을 지배하려는 시도가 무의미하고 해롭다고 주장한다. 잘못된 정보, 온라인에서 이뤄지는 혐오와의 싸움, 표현의 자유, 정보 권리의 상업화처럼 논란의 여지가 있는 쟁점들을 규제하기 위한 첨단 기술 기업의 정부 개입 요청 사례가 점증하고 있다. 그에 비해, 다른 쟁점들에 대해서는 입법을 통한 정부 개입이 적절하지 않다고 받아들여지는 듯하다. 구직자 선별, 담보 대출 시 개인의 신용도 확인, 보험 가입을 바라는 개인의 위험 요소 평가 등에 인공지능 활용을 불법화하는 규제를 논의하려는 정치인은 거의 없다.

플랫폼 노동을 규제하는 것은 상상할 수도 없다. "플랫폼이 문 닫는 걸 바라지는 않겠지? 그렇게 된다면 일자리 수천 개가 사라질 테니! 앱 덕분에 활황을 누린 위성 산업도 망할 게 뻔해. 배달 앱이 없었다면 폐쇄와 격리가 일상이었던 팬데믹 기간이 모두에게 지옥이었을 걸." 마치 오토바이를 이용한 배달 산업과 그 위성 산업의 성장을 위해서라면 무슨 요구든 사회가 받아들여야 하는 형국이다. 하지만 지켜야 할 선은 반드시 있는 법이다.

이러한 이성의 퇴보를 피하려면 우리는 먼저 하나의 오류, 즉 진보가 필연적('상황은 나아질 수밖에 없다')이라는 오해를 풀어야 한다. 혁신의 불가피성과 비가역성이라는 주장에 근거해, "멋진 신세계"와 보조를 맞추지 못하는 현행법의 무능력을 한탄하는 관찰자와 자칭 "혼란 유발자"가 너무 많다.[1] 이들은 현행법이 다 썩었다면서 낡은 법과 규제를 몽땅 뜯어고쳐야 한다고 주장한다.

이런 해묵은 신화를 청산하기 위해서는 사회의 변화가 기업의 의사 결정, 무엇보다도 사회적 선택으로 이뤄지며, 정보통신기술이 이 변화를 가속하고 통합한다는 사실을 유념해야 한다. 요컨대 불안정한 일자리가 늘어나는 현상은 디지털화의 문제가 아니며, 인간 노동의 존엄성을 경시하는 풍조가 커지는 현상 역시 전적으로 기술 탓으로 돌릴 수 없다.[2] 반려동물판 우버, 헬리콥터 우버, 세탁업 우버* 등 언론에 이름이 계속 오르내리

---

* 심지어 '워싱턴 우버' 서비스도 있다. 다음을 참조할 것. E McGaughey, 'Uber, the Taylor review, mutuality and the duty not to misrepresent employment status' (2019) 48(2), *Industrial Law Journal*, 180-98. 이들은 기존 우버의 '공유 경제' 모델을 다양한 생활 서비스 영역으로 넓힌 사례다(옮긴이).

면서 '우버'는 전 세계적으로 노동의 원자화 현상을 일컫는 대명사가 됐다. 하지만 사실, 노동의 원자화라는 오늘날의 추세가 캘리포니아에 기반한 이 플랫폼에 의해 시작된 것은 아니다. 피자 한 조각을 배달하거나 온라인에서 짧은 텍스트를 번역하는 작업, 인공지능 성능 개선을 위해 소셜 미디어의 사진에 태그를 지정하는 작업처럼 하나의 작업이 수많은 개별 작업으로 나뉘는 현상, 통합적으로 수행되던 작업이 수많은 초소형 작업으로 원활하게 대체돼 유통되는 현상, 임시직과 하도급, 이른바 가짜 자영업자와 프랜차이즈가 양산되는 현상은 우리 사회에 광범위하게 퍼지고 있는 노동의 원자화 관행[3]의 잘 알려진 사례라 할 수 있다.

제이미 서스킨드는 신기술이 자유와 민주주의, 정의, 정치에 끼치는 영향에 대해 논의하면서, 우리 시대의 많은 문제는 디지털화 자체보다 개인의 선택이나 이해와 더 큰 관련이 있다고 썼다.[4] 혁신은 고정된 것이 아니다. 오히려 우리의 행동과 열망이 설정한 방향을 향해 우리가 정한 속도로 움직인다. 때로는 도덕적이기도 하고 때로는 악의적이기도 한 거대한 변화는 수많은 개인과 집단이 내린 선택의 총합일 뿐이다. 좋은 기술도 나쁜 기술도 없다. 신중하게 사용되거나 왜곡해서 사용될 뿐이다. 앞으로 노동의 질은 우리가 노동에 대해 인식하고 협상하고 조직하는 방식에 따라 달라질 것이다. 기술의 진보가 소수가 아닌 다수에게 유리한 방향으로 이뤄지도록 디지털 기술의 사용을 통제할 수 있으며, 또 통제해야 한다는 것이 이 책에서 우리가 전하고자 하는 핵심 메시지다.

물론 이 말은 그렇지 않아도 뒤처져 있는 분야를 혁신에서 배제하자는 의미가 아니다. 디지털경제사회지표(DESI)*를 통해 밝혀진 것처럼, 산업

---

* 디지털경제사회지표는 유럽의 전반적인 디지털 관련 성과를 모니터링하고 디지털 경쟁력에서

화된 국가에서조차 수많은 분야에서 고속 인터넷은 신기루에 불과하다. 그리고 기술과 대용량 네트워크, 특히 기업 및 공공 서비스를 위한 고급 솔루션 분야에 대한 신기술 투자는 매우 미흡하다. 예를 들어 코로나19 팬데믹 이후 많은 기업이 조직 구조 개편을 추진했을 때 디지털 환경이 얼마나 열악한지, 기업 문화가 얼마나 보수적인지 명백히 드러났다. 팬데믹 같은 비상 상황에서 원격 근무는 출퇴근 시 혼잡을 줄이고 감염 위험을 완화하며, 비즈니스의 연속성을 담보하고 사람들의 건강 유지를 위해 필수적이다. 하지만 고속 인터넷이 대도시에 국한되고 기업이 재택근무자의 사소한 일상까지 관리하면 성장은 정체된다. 진짜 혁신은 드물다. 우리는 지속해서 혁신해야 하며, 좀 더 많은 사람이 혁신의 열매를 누리도록 해야 한다. 혁신이 사람들의 삶과 일에 끼치는 영향을 관리하는 데 우리가 목소리를 내야 하는 이유다.

동시에 기존 논의는 기술의 경이로움을 과대평가하고 있다. 의학, 생명공학, 기반 시설, 항공 여행 부문을 제외한 많은 산업 분야에서 고도로 발전된 디지털 기술을 업무에 제대로 활용하지 못하고 있으며, 결과적으로 획기적인 효과 역시 누리지 못하고 있다. 오늘날 신기술은 과거에 인간 존엄성의 가치나 원칙 때문에 꺼렸던 일들을 더욱 효과적으로 수행하기 위해 주로 사용된다. 생체 인식 정보 수집과 사용, 인증을 위한 안면 인식 기술,[5] 응급 상황 발생 시 필요한 개인정보 대량 추적 기술 등을 생각해보라.

진보가 필연적이라는 숙명론이 사회에 만연하면 진행 중인 변화의 폭

유럽연합 국가들의 진행 상황을 추적한다. 각 회원국의 디지털화 상태에 대한 데이터를 제공함으로써 우선 투자 및 조치가 필요한 영역을 식별하는 데 도움을 준다.

을 대수롭지 않게 여기게 된다. 비평가들은 일자리를 잠식하는 디지털화와 거대 기술 기업들의 치열한 경쟁에도 불구하고, 앞으로 상당 기간 많은 노동자가 전통적인 업무에 종사하게 될 것이라 말한다. 우리는 단호히 이 주장에 반대한다. 실제로 일부 산업은 곧 지배적이 될 비즈니스 모델의 실험 캠프 역할을 하는 경우가 많다. 긱 경제(Gig Economy)에 종사하는 노동자들이 겪는 계약의 불안정성, 일자리와 소득의 기회를 얻는 대신 디지털 도구에 끊임없이 통제당하는 노동 등 지금 일어나는 모든 현상은 디지털화가 가져온 거대한 변화의 징후일 뿐이다.[6]

수많은 연구가 최신 기술의 출현이 노동에 미칠 부정적인 효과에 대해 분석하고 있다.[7] 최신 기술은 인공 외골격(exoskeleton)이나 전자 팔찌와 같은 물리적 장치에서부터 알고리즘, 인공지능과 같은 비물질 도구에 이르기까지 다양하다. 긍정적인 측면을 보자면, 이러한 기술은 실시간으로 정보를 처리함으로써 인간의 실수로 인한 사고를 예방하고, 위험을 줄이며, 일상적이고 지루한 작업의 부담을 줄여 준다. 동시에 이러한 기술들은 노동자에 대한 철저하고 지속적인 감시를 가능하게 함으로써 결국 끔찍한 노동 혹사로 이어진다. 노동에 따른 피로를 덜고 사고를 예방할 수 있다는 장점을 앞세워 점점 빠른 속도로 퍼지는 이 디스토피아적인 감시 관행을 받아들여서는 안 된다.

기술 혁신 덕분에 우리는 인간의 영역이었던 관리 기능의 상당 부분을 비인간 행위자에게 위임할 수 있게 됐다(알고리즘에 의한 관리). 제조업과 물류업 종사자, 사무실에서 일하는 노동자는 자동화된 의사 결정 시스템으로부터 명령받고, GPS 추적 시스템이나 디지털 출입 관리 시스템에 끊임없이 감시당하며, 컴퓨터가 측정한 동일 집단 내 노동자 평균 및 고객의 만족 수준을 반영한 성과 목표에 도달하지 못하면 해고된다. 신기술을 통해 업무 절차와 직장의 관행이 개선되고 인재 확보 및 유지와 능력 개발 과정의 재구성이 가능해졌는데, 이는 오히려 자율성의 침해와 노동자가 보유한 기술의 가치 하락으로 이어진다. 결국 노동자는 주체성을 상실하고 업무에서 소외감을 느낀다. 그리고 단순 작업을 반복하는 동안 추상적 사고 능력의 감퇴를 경험한다.

소프트웨어는 일정을 디지털화하고, 승진 여부를 결정하고, 보수를 계산한다. 바로 이 지점에서 플랫폼 기업의 역할이 중요해진다. 일부 디지털 플랫폼에서는 보이지 않는 장막 뒤에서 수많은 노동자의 분업이 이뤄지고, 분업의 결과물이 마치 자동화의 결과인 것처럼 호도된다. 메리 그레이와 싯다르스 수리의 표현처럼,[8] 유령 노동자 부대는 경이로운 디지털 경제의 무대 뒤에서 오류를 수정하고 코드를 프로그래밍하며, 공유 모빌리티 사업에 쓰이는 자전거와 스쿠터를 옮기거나 햄버거를 요리하고, 소포를 보관하고 배달한다. 결국 인공지능이 몰고 온 새로운 경제의 두 번째 물결 속에서 더러운 일을 하는 주체는 초지능형 기계가 아니다. 보이지 않는 장막 뒤편에서 더러운 일을 도맡아 하는 주체는 일자리에서 쫓겨난 노동자다.

이것은 고무적인 시나리오가 아니다. 우리는 혁신을 창출하기보다 혁신의 대상이 됐다. 디지털 기술이 인류를 '해방'할 것이라는 약속이 우리를 배반했다. 이제 디지털 기술은 자유주의에 반대하는 반란군 편에서 종종 관료적 통제와 억압의 도구로 기능한다. 생활을 단순화하고 자유를 촉진하고 사회적 연결을 강화하기 위해 개발된 디지털 기술이 오히려 감시와 측정, 헤게모니화, 협박, 상품화, 도청, 폭언, 처벌을 위한 비장의 카드임이 입증됐다. 디지털 기술은 신의 지식을 훔쳐 인류에게 갖다준 프로메테우스처럼 우리에게 새로운 지식과 커다란 자유를 제공하겠다고 맹세했다. 하지만 그 맹세와 달리 경박한 욕망을 부추기고 저가 소비주의를 조장하는 3차 산업에 우리를 떠넘겼다.[9] 디지털 기술은 기술적 다원주의라는 이름으로 지대(地代)를 추구하는 독과점주의자들의 사냥터가 됐으며, 불평등을 줄일 것이라는 기대와 달리 장벽을 높이고 불균형과 사회적 억압을 키우고 있다.

디지털 기술의 부작용에 대한 반응이 갑작스럽게 사회 전반을 뒤흔들었다. 사회경제적 지진은 종종 정치적 충격파로 이어진다.[10] 2016년 트럼프의 대선 승리, 영국 내 브렉시트* 주창자들의 성공, 여러 유럽 국가에서 극단주의 정당이 선거에서 이룬 성과와 같이 최근 몇 년 동안 나타난 선거 결과들은 사람들이 기술 격차가 촉발한 불평등을 철저하게 거부하고 있음을 보여 준다.

법학 교수인 앨런 보그와 마크 프리드랜드는 일이 불안정하면 민주주의가 위협받거나 적어도 자유가 제한될 수 있다고 썼다.[11] 부정하기 어렵다. 확실한 점은 냉정한 반응도 문제지만, 특히 포퓰리스트의 반응은 문제를 더 악화시킬 뿐이라는 사실이다. 설상가상으로 포퓰리스트의 반응은 그들의 말이나 행동과 반대되는 숨겨진 목표를 위해 작동한다. 예를 들어, '미국을 다시 위대하게 만들자'라는 구호에 투표한 사람들은 자국 보호주의의 유혹에 사로잡힌 나머지 중산층의 삶을 훼손하는 반노동 정책을 위해 큰 비용을 지급해야 한다는 사실을 깨달았다. 그리고 유럽연합을 탈퇴하고 "통제권을 되찾고자" 하는 욕구는 유럽연합이 애써 구축한

* 영국이 유럽연합에서 탈퇴한 사건(옮긴이).

영국 노동자들의 고용권을 심각하게 위협하고 있다.[12] 우리는 사회적 취약 계층의 "원망의 뿌리"가 깊다는 사실을 간과할 수 없다. 불만에 대한 경제적·사회적 이유를 파악하고 원인을 바로잡아 상황을 호전시키는 것이 우리의 의무다.[13]

결론적으로, '좋았던 옛날로 돌아가자'와 같은 터무니없는 태도를 보이지 않는 것이 중요하다! 디지털 기술은 제조, 물류 분야는 물론이고 지식 기반 업무를 수행하는 사무실에 없어서는 안 될 아군이 될 수 있다. 그러나 경제적 편의라는 관점이 아니라, 사회적·정치적 지속 가능성을 성취하기 위해 끊임없이 도전하는 태도가 중요하다. 이러한 이유로 우리는 요란하지만 빈껍데기뿐인 진보에 맞서 싸우는 방향으로 연구를 진행한다.

우리의 분석은 미래를 준비하려면 현재 일어나고 있는 일에 주의를 기울일 필요가 있다는 생각에서 출발한다. 오늘날의 풀리지 않는 문제를 깊이 탐구함으로써 벌어진 상처를 치유하지 않고서는 노동의 미래를 추측할 수 없다.

기술 발전으로 사라지지 않는 일의 미래는 어떠할까? 우리는 기존의 규제 틀 속에서 혁신을 가능하게 하는 유연성과 보호 장치의 균형점을 찾아낼 수 있을까? 우리는 나날이 교활해지는 감시 기술의 범위와 강도에 어떻게 대처해야 할까? 노동자의 권리를 보호함과 동시에 비즈니스 혁신과 효율성 증진, 직장 내 안전과 같은 기업의 기본 가치를 훼손하지 않으려면, 직장에서 수집한 개인정보를 처리하기 위해 어떤 규제를 도입해야 할까? 긱 경제 플랫폼의 비즈니스 모델이 다른 산업으로 퍼져 새로운 생산 패러다임으로 자리 잡을 가능성은 얼마나 될까? 생산성을 유지하려면 어떤 투자를 늘리고 어떤 비용을 삭감해야 할까? 기술 진보에 따른 배당금을 공정하게 분배하는 방법은 무엇일까? 비정규직이 소외되지 않으려면 사회 안전망을 어떤 식으로 재구축해야 할까? 불평등을 줄이고 분노를 억제하며 기회를 확대하기 위해 새로운 사회적 협약이 필요할까? 만약 그렇다면 새로운 사회적 협약에 어떤 내용을 넣어야 할까? 디지털 전환에 필요한 효과적인 조치를 시행하기 위해 사회단체와 정치권은 무엇을 하고 있으며, 무엇을 할 수 있을까? 여기에 더해 우리는 좀 더 근본적인 두 가지 질문에 답해야 한다. 우리는 무엇을 기꺼이 포기할 것이며, 무엇을 목표로 삼을 것인가?

이 책은 당혹감을 줄이고 몇 가지 의문점에 답하며 현실적인 해결책을 제시하는 것을 목표로 한다. 그러기 위해 오늘날 노동 세계를 재편하고 있는 변화의 주요 매개체인 자동화, 알고리즘, 플랫폼을 다룬다.[14] 이들은 삼각편대를 이뤄 우리를 완전히 새로운 세계로 데려갈 것이다. 이들은 상호작용하는 환경과 함께 빠르고 심오하게 변화하는 '움직이는 표적'이다. 변화하는 이 매개체들은 기업가가 사용할 수 있는 선택지들, 즉 의사 결정 과정의 디지털화, 명령 및 제어 역할 강화, 외주(Outsourcing) 기회, 작업 품질과 직무 재량에 끼치는 영향 등 기업 활동의 전반에 영향을 끼친다. 그러므로 이 미지의 영역에서 방향으로 잡으려면 나침반이 필요하다.

이 책은 세상에서 가장 완고한 사실과 가장 진지한 의견에 맞서 싸우기 위해 수년 동안 다양한 방법론을 활용해 연구해 온 결과물이다. 유럽연합, 영국 및 미국 전역의 사례 연구를 기반으로 경험적 주장과 규범적 주장을 모두 정리하고, 노동 연구의 두 고전적 차원인 개인과 집단에 초점을 맞춘다. 규제가 반드시 경제활동을 마비시키는 것은 아니다. 기존의 규제 환경은 모두 시대착오적이며, 따라서 폐기해야 한다는 주장 역시 사실이 아니다. 노동과 기술을 규제하려는 시도를 포기하고, 새로운 비즈니스 모델을 위해 도전받지 않는 환경을 만들어야 한다는 주장도 옳지 않다. 오히려 규제야말로 진정한 혁신의 동맹자다. 규제는 경쟁자들에게 공정한 경쟁의 장을 허용하고, 지배적 지위의 남용을 방지하며, 가장 대담한 실험을 가능하게 하고, 그 결과를 보호한다. 또한 법을 적용할 때 확정성과 예측 가능성을 보장하고 격차의 불균형을 상쇄함으로써 상충하는 이해관계를 중재하고 거래비용을 낮춘다.

《폭주하는 알고리즘》은 법적인 문제에서 한 걸음 더 나아가, 사회 전체에 영향을 끼치고 노동의 디지털 전환에 대안적 경로를 만들려는 우리의 관심사와 관련한 근본적인 문제를 다룬다. 또한 다양한 독자를 위해 명확하고 이해하기 쉽게 말하고, 일상생활을 예로 들면서도 사회적·법적 접근과 비교 접근을 채택하고 있는 법률서이기도 하다. 굳이 장르를 분류해야 할 필요가 있다면, 우리는 이 책을 '노동 전선에서 날아온 긴급 속보'라 부르고 싶다. 우리는 독자들이 스스로 판단할 수 있는 통찰력을 얻기를 바란다.

또 한 가지 중요한 메시지를 말하고자 한다. 기술과 그 결과는 결국 인간이 만들어낸 현상이며, 기술은 사회구조 및 규제 제도에 의존한다. 요컨대 기술은 규제할 수 있으며 신속하게 규제하는 것이 유익하다. 우리는 그렇게 할 수 있는 도구를 일부 가지고 있으며 일부는 논의를 통해 찾아낼 것이다. 그러나 가장 중요한 점은 변덕스러운 혁신을 당연하게 여기거나, 모두의 이익을 위해 혁신에 도전하는 것을 두려워해서는 안 된다는 사실이다. 우리는 다양한 인간 리더십을 행사함으로써 혁신의 미래 역사를 써 나갈 수 있다. 이것은 불가능하지 않을 뿐더러, 전례가 없는 일이 아니다. 우리의 주장이 충분히 설득력이 있기를 바란다.

그럼 시작해 보자!

1부
미지의 바다를 탐색하다

1

노동 없는 미래?

최근 몇 년간 '노동의 미래'는 그 자체가 화두가 돼 각종 회의에 등장하더니, 곧 온 서점의 진열대를 점령했다. 의회와 대학, 다국적 기업, 싱크탱크, 노동조합 등 노동과 4차 산업혁명을 다루는 연구 집단을 출범시키지 않은 곳이 거의 없었다.[1]

전혀 놀라운 현상이 아니다. 노동은 일상생활에서 근본적인 역할을 한다. 자기실현 수단인 동시에 사람 간 유대와 사회적 유동성을 키우는 수단이기도 하다. 노동은 우리의 정체성 형성에 상당히 이바지한다.[2] 많은 법제도가 정의하는 표준고용관계*는 그 본질상 종속적이며 전일제 무기

---

* '고용관계'는 포괄적인 정의이며 표준고용관계는 하나의 양식일 뿐이다. 다음을 참조할 것. Eurofound, *Employment relationship* (2011). 표준고용관계는 양자 간 종속적인 고용관계로, 전일제 무기 계약을 뜻한다. 다음을 참조할 것. ILO, *Non-standard employment around the world: Understanding challenges, shapingprospects* (Geneva, International Labour

계약이다. 표준고용관계는 권리와 의무, 노동권 보호, 복지를 포함하는 통합 시스템에 접근하는 관문으로, 이를 맺지 않고서는 이런 혜택을 누릴 수 없다. 많은 시민은 노동하며 하루 대부분을 보내고, 노동은 이들의 주요 수입원이다.

한편, '인간 노동의 종말'은 디지털 혁명을 다루는 논의마다 빠짐없이 출몰하는 유령과 같다. 논의의 대부분은 순수하게 "회계"의 관점에서 자동화로 사라질 일자리 개수와 그에 대한 대안을 다룬다.[3] 우리는 오로지 통계에 의존하며, 분기별 대차대조표에 드러난 숫자에 따라 기뻐하거나 절망한다. "자동화에 대한 불안"은 대차대조표에서 안식을 얻는다.[4] 진행 중인 변화에 대한 불확실한 해석이 심층 분석을 대체한다. 노동의 기술적 변환에 관한 일반적인 추측은 대부분 과장돼 있다. 기술의 구체적인 용도나 인간 능력의 개발 가능성에 대한 진짜 논의는 거의 이뤄지지 않으며, 작업 공간의 재설계나 작업 내용과 형태에 대한 재검토, 계약 조건 조정, 집단행동 전략의 전면적인 수정에 대한 성찰은 아예 무시된다.

이런 맥락에서 아주 사소한 것이라도 뉴스에 등장하면 사상 초유의 사태나 멈출 수 없는 경향의 뚜렷한 신호로 받아들여진다. 감시 목적으로 노동자에게 이식되는 마이크로 칩, 컴퓨터가 대체하는 일자리들, 빅데이터를 훔치는 게으름뱅이, 피비린내 나는 세계 분쟁을 촉발하는 인공지능, 가장 신뢰할 수 있는 인간 순위를 매기는 '사회적 신용' 카드, 가상현실이라는 경이로운 수단 덕분에 메타버스에서 가능해진 3차원 쇼핑과 디자인 등…. 이것들은 노동의 종말이라는 주제와 관련해 공공 및 민간 분야를 막론하고 세상에 돌고 있는 자극적인 대화 소재의 극히 일부에 지나지 않

Office, 2016), 7.

는다.

물론 이런 우려가 새로운 것은 아니다. 똑같은 불안은 경제사 무대에 주기적으로 재등장해 사람들의 이목을 끌었다. 미래를 예측하려면 과거를 살펴보는 것이 도움이 된다. 따라서 독일 유명 주간지 《슈피겔(Der Spiegel)》의 표지 세 개를 나란히 놓으면 적절한 밈이 된다. 1964년 3월, 1978년 4월, 2016년 9월에 발행된 《슈피겔》의 머리기사는 각각 〈독일의 자동화, 로봇의 도래〉, 우려를 드러낸 〈컴퓨터 혁명: 진보는 어떻게 실업을 초래하는가?〉, 그리고 〈당신은 해고야! 컴퓨터와 로봇이 어떻게 우리 일자리를 훔치는가?: 그렇다면 안전한 직업은?〉이다. 노동의 종말에 대한 경고와 그 무시무시한 상황을 예견한 표지들 모두에 노동자를 쫓아내는 의인화된 로봇이 등장한다. 1978년과 2016년 표지의 실질적인 차이점은 단 하나, 전자에는 육체노동자, 후자에는 사무직 노동자가 등장한다는 사실이다.

본질적으로 디지털 혁명의 영향권 밖에 있는 일은 없다. 반대로 머리의 한쪽은 인지 작업, 다른 한쪽은 수작업에 관여한다는 식의 낡은 이분법적 시각으로는 현재 상황의 복잡성을 포착할 수 없다. 변호사, 의사, 컨설턴트, 관리자를 간호사, 집배원, 요리사, 운전사와 비슷하거나 더 높은 확률로 디지털 기술이 대체할 위험에 처해 있다. 위험 구역이 확대되는 동안 '안전'지대는 2개 이상의 기존 산업 혹은 직종이 교차하는 지점에 있을 가능성이 높다. 실제로 빅데이터 설계자, 알고리즘 분석가, 법률 지식에 특화된 컴퓨터과학자, 컴퓨터언어학자, 로봇 조련사와 같은 복합형 직종이 생겨나고 있다.[5] 한편, 건강 도우미와 가사도우미, 마케팅 전문가, 교사, 경비원, 코미디언, 가사 노동자와 간병인 등 많은 전통 직종이 기술의 현

대화에 저항하고 있다.[6]

기계와 경쟁하는 많은 분야에서 인간은 여전히 견고한 우위를 유지할 것이며 스마트 로봇, 인공지능과의 제휴를 통해 이익을 얻을 수 있을 것이다.[7] 테크노크라시가 추구하는 자유방임주의라는 제단에 이 기회를 희생시키지 않으려면 우리는 어떻게 해야 할까? 유럽은 기술 분야에서 펼쳐지는 각국의 주도적 지위 확보 경쟁에 뒤처져 있다. 이 추세에 대응하기 위해서는 현재의 투자가 미래의 수익으로 돌아오는 무형의 기반인 교육과 훈련에 투자할 필요가 있다. 문제는 노동보다 자본으로 기울어진 이 경기장에서, 자본의 속성상 노동자의 재능에 투자하는 대신 당장의 경제적 이윤과 부의 영속성을 우선시할 것이 뻔하다는 사실이다.

미래 기술 발전의 정확한 성격을 추측하려는 노력은 실패할 수밖에 없다.[8] 한층 진일보한 노동시장이 어떤 모습일지 모른다는 점을 고려할 때, 미래에 어떤 기술에 대한 수요가 늘어날지 예측하는 것 역시 거의 불가능하다. 우리는 어떤 일자리가 사라질지는 알고 있지만, 무엇이 생겨날지는 알 수 없다. 분명한 것은 너무나 많은 사람이 대단히 중요한 미래 기술인 디지털 기술을 제대로 모른다는 사실이다. 결국 이 문제는 부분적으로는 직업 훈련과 우수한 수습 직원 양성, 고급 연수 제도를 위한 막대한 투자를 통해 해결해야 한다. 가장 취약하고 불안정한 노동자들이 훈련과 학습 프로그램에 대한 접근성이 가장 떨어지는 사람이 되리라는 점은 앞으로 몇 년 동안 중요한 문제가 될 것이다. 유감스럽게도 과거 수십 년 동안에도 마찬가지였다. 게다가 혁신적이라고 오인되는 조직 모델 중 상당수가 불안정하고 질 낮은 일자리를 양산하는 경향이 있다.

이 문제가 법적인 관점에서 어떤 방식으로 다뤄질지는 불확실하다. 이

격렬한 논쟁이 학계 안에서 해결될지는 미지수지만, 규제 당국이 취할 조치와 정책 대응 방식에 적잖은 영향을 끼칠 것이다. 뉴욕대학교의 신시아 에스틀룬드가 제안했듯이,* 고용법학자들은 경제학자와 비즈니스 리더 사이의 논의에 귀를 기울여야 한다.

오늘날 사무실이나 공장의 노동자들은 중간 기술 수준의 업무가 사라지고 단순 반복 작업에 치우친 업무가 늘어나는 변화에 직면해 있다. 마찬가지로 노동시장에서는 중간 기술 수준 일자리가 대폭 줄어들면서 고급 기술 직무군과 하급 기술 직무군 일자리가 늘어나고 있다. 결과적으로 일에서 만족과 보람을 느끼는 노동자는 소수일 뿐, 점점 더 많은 노동자가 반복적인 일상 업무나 대우와 관련해 기술의 횡포를 경험하는 양극화가 심해지고 있다.[9] 혁신적인 기술이 중간 기술 직업군 일자리를 공동화함으로써 노동시장의 일자리는 고임금 숙련직과 반복 작업을 수행하는 저임금직으로 양극화되고 있다. 자료에 따르면,[10] 중간 기술 직업군이 기술로 대체될 가능성이 훨씬 큰 것처럼 보인다. 하지만 업무와 기술의 관계를 나타낸 그래프를 보면, 상단과 하단에서 기술이 인간의 노동력을 향상시키는 보완 효과를 쉽게 찾아볼 수 있다. 이 시나리오는 불안을 불식시키지 못한다. 고도로 숙련된 노동자들은 신기술 덕분에 생산성 향상을 통한 이익을 얻겠지만, 그렇지 않은 대부분 노동자에게는 아주 걱정스러

---

* C Estlund, 'What Should We Do after Work: Automation and Employment', *Yale Law Journal* (2018) 128(2), 257-326. 기술의 노후화와 기계화의 가속화는 대규모 구조 조정을 초래할 수 있으며, 이러한 변화가 사회에 끼치는 부정적인 영향을 최소화하는 노력이 필요하다. 한편, 새로운 수요가 발생할 가능성에 대한 예측은 재교육 프로그램 설계에 유용한 정보를 제공할 수 있다. 그러나 일자리 전반이 줄어들면, 위기에서 살아남은 일자리의 임금이나 기타 조건이 나빠질 위험도 있다.

운 소식이다.*

이 모든 우려는 지극히 정당하다. 각국 정부는 이러한 논의가 제기한 쟁점에 개입하곤 하는데, 이들의 대응은 종종 일관성이 없고 지나치게 단순하며 충분하지 않다. 이 막다른 골목에서 벗어나려면 용기와 투자가 필요하다. 그러나 이 임무를 정부에 넘긴다고 해서 모든 것이 해결되지는 않는다. 기업은 직원의 능력을 개발하고 직원에게 적절한 교육을 제공해야 한다.[11] 치열한 경쟁이 일상이고 혁신에 목마른 시장에서 기업의 성공은 결국 여기에 달려 있다.

한 번 더 늦춰진 로보칼립스

과연 우리는 노동의 종말로 향하고 있을까? 세상의 종말 혹은 로봇으로 인한 대량 실업이라는 종말, 즉 '로보칼립스(Robocalypse)'가 다가오는 것인지 모른다. 그렇게 되면 노동자들은 끔찍한 결과에 맞닥뜨릴 위험이 크다.** 불길하게도 많은 비평가가 일자리를 파괴하는 혁신이 전속력으로 인간 노동력을 대체하는 방향으로 나아가고 있다고 반복해서 경고한다.

---

* 분업은 과거부터 현재에 이르기까지 디지털 자동화 가능성의 중요한 조건이다.
** 강력한 과학적 증거가 부족한데도 다가오는 노동의 종말에 대한 서사는 많은 사람의 눈길을 끈 여러 텍스트에 힘입어 널리 확산됐다. 다음 보고서들을 참조할 것. E Brynjolfsson and A McAfee, *The Second Machine Age: Work, Progress, and Prosperity in a Time of Brilliant Technologies* (New York, WW Norton & Company, 2014); M Ford, *The Rise of the Robots: Technology and the Threat of a Jobless Future* (New York, Basic Books, 2015); J Manyika, 'Technology, jobs, and tl1e future of work', *McKinsey Global Institute* (Executive Briefing, 2017); J Manyika et al, 'Disruptive technologies: Advances that will transform life, business, and the global economy', *McKinsey Global Institute*, (Report, 2013). 한편, RJ Gordon, *The Rise and Fall of American Growth: the U.S. Standard of Living since the Civil War* (Princeton, Princeton University Press, 2016)는 기술적 진보가 노동시장에 끼치는 영향이 생각보다 크지 않으며, 노동자들은 보통 정도의 대체 위협에 직면하게 될 것이라고 주장한다.

비록 선의라 할지라도, 이 대격변에 관한 서사는 노동시장의 규제 완화와 노동권 보호 약화, 열악한 노동 환경을 정당화하는 수사학적 무기로 사용됐다. 또한 사회제도가 경직되고 낡았다는 통념을 퍼뜨리는 데 일조했으며, 노동권 보호망이 이제 막 태동한 혁신의 목줄을 옭아맨다는 인식을 심어 줬다. 설상가상으로 주류 담론은 이 시나리오에 더 노골적인 위협을 추가하고 있다. 이들에 따르면, 자동화가 인간의 노동을 대체할 때 노동자의 경쟁력을 높이기 위해서는 안전망과 보호망을 없애는 것, 즉 기업이 마땅히 지급해야 할 비용을 개별 노동자 혹은 공공복지 시스템에 전가하는 것이 유일한 전략이 된다. 요컨대 비용은 사회화하고 이익은 사유화하려는 기업가들은 한결같이 기계가 더 똑똑하지 않을지 몰라도 노동자보다 저렴하다고 주장할 것이다.

코로나19 팬데믹 이후 전문가들은 여러 가지 이유로 자동화가 급증하고 노동집약도가 낮아질 것으로 예측했다. 일단, 인간의 노동을 대체하는 기술은 질병의 영향을 받지 않는다("로봇은 절대 아프지 않다"라는 제목이 눈길을 끌었고, "로봇은 불평하지도, 노동조합을 결성하지도 않는다"라는 제목도 등장했다). 다음으로 기계는 비용 절감이 가능하다. 이 같은 주장이 지난 경기 침체기에 사람들의 주목을 받았던 것은 결코 우연이 아니다.[12] 외부 충격 덕분에 자동화는 순식간에 진행됐다. 특히 자동화가 가능한 직업군에서 고비용 직무의 자동화가 빠르게 이뤄졌다.[13] 그런데 최근 데이터는 이러한 자동화 담론이 틀렸음을 보여 준다.[14] 자동화에 관한 관심이 높아지고 있다는 증거는 찾아보기 어렵고, 거리 두기 규제가 시행된 팬데믹의 영향 역시 미미했다. 총실업률의 상승과 코로나19에 따른 대면 업무의 어려움에도 로봇 도입은 제자리를 맴돌고 있다.[15] 한편, 코로나19 팬데믹은 새로운 기술 채택에 대한 대중의 태도, 특히 고객의 사고방식을 긍정적으로 변화시켰다. 그리고 눈에 띄지 않지만, 디지털 세계의 원활한 운영에 중추적인 역할을 하는 인적 네트워크 역시 사람들의 관심을 불러일으켰다.[16]

그런데도 많은 기업이 일시적인 경제 불황 상황을 이용해 노동자의 조직화를 막고, 정규직 노동자를 계약직 노동자로 대체함으로써 규제 차익(regulatory arbitrage)을 누리는 방향으로 조직 구조를 영구 재편하고 있다.[17] 결국 기업이 일반적으로 취하는 "받아들이든지 떠나든지" 식의 태도는 집단의 문제 제기와 논쟁을 가로막는다. 최첨단 기업의 전략은 혁신과 거리가 멀다.[18] 이들의 전략은 대부분 생산성을 낮추고 비효율성을 높인다. 게다가 노동자 보호를 대폭 축소하는 노동 규제 개악은 지금까지 큰 성과를 거두지 못했다. 그리고 기업과 직원 간 결속력이 안정적이지 못한 상황에서 추진되는 새로운 기술 개발이나 "내부" 혁신은 당사자 간 어긋난 이해관계로 인해 경쟁력 하락으로 이어졌다.[19]

확실히 현재의 전개 상황은 예측 불가능하며 기술 혁신과 고용관계 역시 여전히 불분명하다. 암울함으로 가득한 예상에 직면하자마자 낙관론자들은 이미 근거가 부족하거나 지나친 과장으로 밝혀진 노동시간 단축에 관한 전망을 성급하게 떠올렸다. 대공황 당시 존 메이너드 케인스는 에세이 〈우리 손주 세대의 경제적 가능성〉(1930년)에서 2030년의 어느 새벽, 혁신과 기술 진보 덕분에 할 일이 사라진 미국 시민의 한가로운 모습을 그럴듯하게 묘사했다.[20] 하지만 유감스럽게도 이 묘사는 현실과 거리가 멀다. 당신이 직장에 늦지 않기 위해 여전히 새벽 알람을 설정해야만 한다는 사실이 이를 증명한다.

이 논의는 출간 뒤 여기저기에 인용되면서 논란의 중심에 선 논문 〈고용의 미래: 자동화는 일자리에 얼마나 영향을 끼칠까?〉에 의해 다시 달아올랐다. 이 논문은 자동화가 미래에 인간의 일자리에 끼치는 영향을 정량화해 보여 준다. 옥스퍼드대학교의 칼 베네딕트 프레이와 마이클 A. 오스본은 이 논문에서 "향후 20년 안에" 미국 전체 노동력의 47%가 자동화로부터 상당한 위협을 받을 것이라고 주장했다.* 저자들은 인공지능 전문가의 도움을 받아, 700개 이상의 직종을 대상으로 해서 인공지능으로 구동되는 애플리케이션 등 자동화로 대체될 확률을 계산했다. 그 결과 물류, 생산, 관리 지원과 관련한 직종이 자동화에 특히 취약하다고 평가됐다. 이들은 전체 직종을 "자동화 가능성"에 따라 "고위험, 중위험, 저위험"으로 분류했다.

프레이와 오스본의 모델은 여러 나라에서 상황에 따른 조정을 거쳐 다양한 분야에 적용됐다. 그리고 이 방식을 채택한 연구자들의 주장에 따르면, 유럽은 자동화로 위협받는 일자리의 수치가 54%, 경제협력개발기구(OECD) 회원국은 57%에 이를 것으로 추정된다.[21] 그러나 경험상, 아무리 대담한 예측도 만족스러운 해답을 제공하지 못한다. 이 연구를 자세히 살펴보면 특정 직무 대신 직종을 고려하는 오류를 저지르고 있다. 실제로 동일한 직종 내 다양한 직무 가운데 일부 특정 직무만이 자동화가 가능하

---

* 이 논문은 2022년 1월 기준 구글 학술검색에서 9,500회 이상 인용됐는데도, 2013년 발표된 뒤 최근에서야 한 '동료 평가' 학술지에 의해 승인됐다. 이는 과학적 검토 과정에 문제가 있었음을 보여 준다. CB Frey and MA Osborne, 'The future of employment: How susceptible are jobs to computerisation?', *Technological Forecasting and Social Change* (2017) 114, 254-80. 저자들은 자신들의 주장을 어느 정도 누그러뜨린 듯하다. "우리의 추정이 고용의 종말을 암시하는 것으로 받아들여졌으나, 그것은 우리의 의도나 생각과 다르다." C Benedikt Frey and MA Osborne, 'Automation and the future of work-understanding the numbers', *The OxfordMartin Blog* (13 April 2018).

다. 이를 고려한 다른 조사 결과에 따르면, OECD 21개국은 평균적으로 전체 직종의 9%만이 완전 자동화의 위험에 직면하는 반면, 노동자 중 거의 절반이 자신들의 직무 영역에서 근본적인 변화를 경험하는 것으로 나타났다. OECD는 기술 혁신이 일자리 개수에 끼치는 직접적인 영향보다 직무 관계 구조와 내용을 어떻게 변화시키는지 설명하기 위해 오랫동안 노력해 왔다. 왜냐하면 특정 분야의 직종이 소멸하더라도 다른 분야에서 새로운 직종이 생겨날 수 있기 때문이다. 그러나 이런 상쇄 효과는 국가 간뿐 아니라 같은 국가의 다른 지역 간에도 지리적·경제적 차이에 따라 다르게 나타날 수 있으며, "부유한" 지역일수록 이런 차이와 불평등의 영향이 커지는 경향이 있다.[22]

수년간 프레이와 오스본의 방법론은 강도 높게 비판받았다. 위험도가 큰 직종에는 자동화가 거의 불가능한(또는 비용이 너무 많이 들고 어려운) 직무가 많이 포함돼 있다. 게다가 자동화가 항상 직무를 대체할 수 있는 것도 아니다. 그런데도 수많은 연구자는 기계가 인간의 노동을 대체하는 속도와 강도를 과대평가했다. 특정 집단에서 나타나는 경향을 전혀 다른 집단의 경향으로 확장하는 이 선형적 외삽법은 비교우위 원칙과 생산 과정의 사회적 구조를 간과한다. 수치적 접근은 기술의 성능이 향상되는 속도에만 관심이 있을 뿐, 예측이 까다로운 변화의 질적 측면에 대해서는 아무것도 말하지 않는다.

현재 시점에서 보면, 상황은 비관적인 예측과 사뭇 다르게 전개되고 있다. 그런데도 이렇게 결함 있는 주장이 다시 여기저기서 고개를 들고 있다. 그렇다면 비관적인 예측이 지금까지 빗나간 이유를 좀 더 자세히 알아볼 필요가 있다. 먼저, '노동 총량의 오류(일의 총량이 고정돼 있다는 오해)'에 대해 논의해야 한다. 노동의 총량이 정해져 있다는 가정은 옳지 않다. 이론적으로 노동의 수요는 무한하게 늘어날 수 있기 때문이다. 게다가 일자리를 잃은 노동자는 새로운 기술을 익혀 다른 부문의 직무를 수행할 수 있다. 결과적으로 고용 상실은 다른 부문의 고용으로 흡수되고, 그 결과 일자리의 구성에 변화가 일어난다.[23] 다음으로, 노동의 세계가 기술적 측면에 따라서만 변하지 않는다는 점을 고려해야 한다. 인구 동태나 사회 현상, 세계화, 이주, 기후, 팬데믹 같은 비상사태는 물론 생활양식의 변화도 노동시장을 재구성하는 데 영향을 끼친다. 주류 경제학에서는 이 견해를 기정사실로 받아들이고 있지만, 정책 수립자들 사이에서 중요한 사실로 자리 잡기까지는 시간이 필요하다.

단기적으로 생산량과 가격이 일정하게 유지될 때 생산성 향상을 목적으로 한 혁신은 고용 감소에 직접적인 영향을 끼친다. 그러나 특정 기계의 도입(특히 이 기계로 특정 직무의 부분 자동화나 가격 인하, 신상품 출시가 가능해진다면)으로 생산 효율성을 높여 상품 가격을 낮춤으로써 구매력을 높이고 더 큰 상품 수요를 창출할 수 있다면, 고용에 유익한 "파급" 효과를 가져올 수 있다.[24] 그 결과 일자리 증가 폭이 일자리 감소 폭을 능가하게 된다. 또한 생산성이 높은 다양한 부문에서 더 높은 임금을 받을 수 있는 새로운 경제 활동이 창출되기도 한다(종합적으로 보면, 부정적인 효과보다 긍정적인 효과가 크다).*

---

* J Mokyr, C Vickers and NL Ziebarth, 'The History of Technological Anxiety and the Future of Economic Growth: Is This Time Different?', *The Journal of Economic Perspectives* (2015) 29(3), 31-50; D Acemoglu and P Restrepo, 'Robots and Jobs: Evidencefrom US Labor Market', *NBER Working Paper, No. 23285* (2017). 실제로 디지털 기술에 대한 광범위한 의존 효과는 "작업의 양보다는 작업의 내용에서 훨씬 더 체감될 것"이다.

50년 전 미국에서 현금자동입출금기(ATM)가 도입되자 은행 업무가 불필요해지는 것 아니냐는 우려가 커졌다. 하지만 ATM 덕분에 지점 운영 비용이 줄어들자, 은행들은 원격지에도 새로운 지점을 개설해서 고객 수를 늘릴 수 있었다. 동시에 ATM의 대체 효과 덕분에 은행 창구 담당자는 고객에게 현금을 내주는 단순 직무 대신 재무적 조언을 제공하는 데 집중할 수 있었다. 그 결과 당초 예측과 달리 은행 부문 고용이 늘어났으며, 직원들의 직무가 점진적으로 바뀌었다. 하지만 진짜 문제는 이런 추세가 직원의 임금 상승으로 이어지지 않았다는 점이다.* 기업이 긍정적인 효과를 얻기 위해서는 생산성 향상으로 얻은 부를 투자로 전환해야 한다.

경쟁적으로 이뤄지는 일자리의 기술적 대체 가능성에 대한 예측은 동일 직종 내 '숨어 있는' 여러 기능과 직무의 이질성을 간과한 탓에 미흡한 부분이 많다. 최근에는 직종 전체가 아닌 단일 직무에 초점을 맞춰 자동화 위험 평가 연구가 이뤄지고 있다. 매사추세츠공과대학교(MIT)의 데이비드 H. 오토와 공동 연구자들이 채택한 방법을 기반으로 하는 이 연구는 사람들이 하는 일이 우리 생각보다 훨씬 다면적이라는 사실을 보여 준다.[25] 당연하게도 일은 다양한 직무로 구성돼 있고, 모든 직무가 로봇으로 대체될 위험에 노출된 것은 아니다. 많은 직무 활동, 즉 인간의 손재주와 인식 능력, 조작 능력은 물론이고 추상화, 즉흥성, 비판적 사고, 분석적 판단, 관계 지능, 사회 지능과 같이 인간의 고유한 능력들이 총체적으로 필요한 직무 활동은 자동화되기 어렵다. 지리적 차이도 간과해서는 안 된

---

* 저자들에 따르면, 통근 구역 전체에서 로봇이 임금과 고용에 끼치는 부정적인 영향이 매우 강력하다. D Acemoglu and P Restrepo, 'Robots and Jobs: Evidence from US labor markets', *NBER Working Paper, No. 23285* (2017).

다. 특정 지역에서 자동화 위험이 큰 직무라 할지라도 다른 지역에서는 안전할 수가 있고, 그 반대일 수가 있다.[26]

다음에서 논의를 이어가겠지만 자동화에는 몇 가지 한계가 있다. 첫째, 직무를 분석하고 계획하는 활동의 난이도와 관련 있다. 이 활동들은 사소하게 보일 수 있지만 상당한 전문성이 필요하다. 우리의 잠재의식에는 개인적인 혹은 절차적인 "암묵적" 지식이 들어 있는데, 이 지식은 실천으로 개발된다. 이러한 인간의 능력을 표준 프로토콜로 명확하게 정의하기란 매우 어렵다. 즉 자동화할 수 없는 인간의 고유한 특징이다. 그러니 평범하든 숭고하든 인간의 지적인 혹은 육체적인 수많은 활동에 내재한 규칙들을 완전히 해독해 컴퓨터로 전송하는 것은 불가능하다는 사실에서 위안을 얻기로 하자.[27] 칼 폴라니의 말처럼 인간은 우리가 설명할 수 있는 것보다 더 많은 것을 할 수 있다.[28]

둘째, 일자리 시장에서 로봇이 아직 주류가 못 되고 인간 노동이 여전히 선호되는 이유는 임금이 비교적 낮고, 현실적으로 자동화가 상당히 어렵기 때문이다. 단, 수많은 저임금 일자리가 자동화를 대체하고 있다는 점은 우려스럽다. 노동자를 소모품, 혹은 교체할 수 있는 부속품으로 전락시키는 과정은 자동화의 효과적인 대안이다. 이 작업은 느리게, 하지만 가차 없이 진행되고 있다.* 그 결과 파괴적인 테크놀로지의 시대에 사는 우리는 자동화에 따른 나쁜 일자리의 소멸 대신 나쁜 일자리의 확산을 목격하고 있다.[29]

* 실제로 문제는 단순히 "일자리가 기계로 대체될 수 있는지가 아니라, 사용할 수 있는 값싼 노동력과 비교해서 기계의 일자리 대체가 경제적 가치가 있는지"다. 이는 기업의 혁신 동력을 감소시킨다. P Flemin, 'Robots and Organization Studies: Why Robots Might Not Want to Steal Your Job', *Organization Studies* (2019) 40(1), 23-38.

2

디지털은 정치적이다

가로등 점등원, 버스 안내원, 전화 교환수 등 많은 직종이 사라졌다. 고용된 노동자 수가 줄어든 부문들도 있다. 특히 농업 부문은 그 감소 폭이 매우 크다. 그래도 일자리는 아직 존재한다. 자동화에 대한 방대한 양의 잘못된 예측 목록과 급진적인 예상을 보기 좋게 무너뜨린 연구들 덕분에 패러다임 전환에 대한 불안이 어느 정도 완화된 것이 사실이다.

그렇다고 노동경제학자들의 분석을 확실한 것으로 받아들이고 직무의 디지털 전환으로 제기된 질문들을 무시해서는 안 된다. 노동의 종말이 아직 다가오지 않았다는 뉴스는 우리에게 시야 넓히기를 요구한다. 디지털 변화에 관한 법적인 분석을 철저히 파고들기에 앞서, 이렇게 빠르게 변화하는 상황에 개입할 여지가 있는지 자문해 보는 태도가 필요하다.

지난 세기 많은 국가에서 산업화가 진행되며 더욱 안정적인 고용관계가 만들어졌다. 이에 반해 최근의 디지털 환경 속 고용관계는 과거와 반대 방향으로 진행되고 있다. 플랫폼 경제의 대표적인 계약 형태는 고객과 일명 '일회용' 계약자 간 고용관계로, 이에 대한 적절한 규제가 부족한 실정이다. 그런데 정규직의 고용 경직성을 완화하기 위한 입법 조치가 취해지고 있는 현시점에도 많은 비평가는 전통적인 노동 규제가 여전히 새로운 비즈니스 모델에 맞지 않는다고 지적한다. 결국 둘 중 하나가 진실이다. 유연성 강화를 위한 개혁이 구체적인 성과를 거두지 못했거나, '일부의 책임 회피'라는 단 한 가지 목적을 위해 개혁이 추진된 것이다.

외주나 플랫폼 노동, 비정규직화와 같은 특정 관행이 경쟁력과 효율성에 끼치는 영향을 확신할 수는 없다.[1] 하지만 자칭 혁신 기업은 물론이고 '테크 거인(tech giants)*의 상당수가 눈에 보이지 않는 결점을 지니고 있다는 의심을 지울 수 없다. 이들의 기업 운용 전략은 "빠르게 행동하고 낡은 것을 파괴하는" 측면에서는 확실히 효과적이지만, 장기적으로는 재정과 운용 모두에 큰 타격을 줄 것이 분명하다. 장밋빛 미래를 약속했던 기업공개**가 실패하면서 투자자들은 파산을 막기 위한 비용을 부담해야 했다.[2] 반대로 정규직을 고용하고 기존의 비즈니스 모델을 채택한 다양한 온라인 기업들은 여전히 시장에서 잘나가고 있다. 이들이 장기적으로 성과를 거둔다면, 우리는 이들 사례로부터 "상시가 임시보다 낫다"라는 단순한 법칙이 통한다는 사실을 깨달을 것이다.[3]

이 모든 사례는 디지털 기술의 발전은 통제 가능하며, 또 통제돼야 함

* '테크 거인'은 보통 혁신적인 기술 개발과 대규모 사용자 기반, 높은 매출과 시가총액을 가진 기업을 가리키며, 글로벌 경제와 사회에 큰 영향을 끼치는 기업들을 포함한다(옮긴이).
** 기업의 증권시장 상장 등을 위해 해당 기업의 주식을 불특정 다수의 투자자에게 공개 매도하는 절차(옮긴이).

을 의미한다. 제도적·정치적·사회경제적·문화적 공백 속에서 혁신은 불가능하다. 혁신은 전통적인 가치와 거미줄처럼 촘촘한 규범 안에서 이뤄져야 한다. 그런데도 어떤 이들은 신기술 도입에 관한 기준을 확립할 수 없다거나, 더 나아가 기술이 직무에 끼치는 영향을 통제하는 것이 적절하지 않다는 엉큼하면서도 그릇된 의견을 내놓는다. 이들의 주장에 따르면, 디지털 혁신의 효과를 통제하려는 시도는 혁신의 정신을 죽이며 심각한 경제적 손실로 이어진다. 게다가 지난 세기에 확립된 규범이 최근 몇 년 동안 출범한 획기적인 비즈니스 모델을 따라잡기에는 역부족이다.

다시 한번 말하지만, 이러한 억측을 용인해서는 안 된다. 규제의 목적은 기술의 사용이 직무의 양과 질에 끼칠지도 모르는 악영향을 줄이는 것이다. 많은 선진국과 신흥국, 개발도상국은 노동자의 건강과 안전, 사생활이 기술 사용으로 위협받거나 침해받는 것을 막기 위한 규제를 이미 도입하고 있다.[4] 구직자나 종업원에게 거짓말 탐지기 사용을 금지한 일, 개인정보호법, 비업무 시간에 회사 인트라넷 접속을 끊을 수 있는 권리를 떠올려 보자. 각국의 법제도는 오랜 시간에 걸쳐 자동화 및 기술 혁신에 따른 전환이 가져올 수 있는 대량 해고나 실업의 사회적 영향을 완화하기 위해 규정을 도입해 왔다. 유럽을 포함한 많은 국가의 법적 기준은 이러한 규정을 의무화하고 있으며, 대규모 정리 해고에 앞서 노동조합이나 그 대표에게 알릴 것, 이들을 의사 결정을 위한 논의 과정에 참여시킬 것을 기업에 요구하고 있다.

코로나19 팬데믹 동안 영국과 미국 같은 국가에서조차 기업의 단기 유동성에 숨통을 틔우고 노동자의 소득을 지원하기 위해 규제를 간소화한 뒤, 일시적 대량 해고와 단시간 근무가 시행됐다. 유럽연합은 어려움을 겪고 있는 부문에 재빨리 1,000억 유로를 지원했다(그 뒤 추가로 7,500억 유로가 '차세대 유럽연합' 계획을 통해 지원됐다).⁵ 상황이 이렇게 되자 수많은 반(反)유럽연합 과격파와 '작은 정부(small-government)*' 전문가들은 자신들의 기존 주장을 서둘러 철회해야 했다.

이러한 규제가 경제에 끼치는 악영향은 증명된 바 없다. 오히려 공공기관이나 시민단체가 잠재적 대량 해고 관리에 관여함으로써 생산성과 경쟁력을 높이는 효과가 있다.⁶ 케임브리지대학교 비즈니스연구센터의 조사 결과에 따르면, 적절한 노동법 규제는 고용률에 긍정적인 효과를 미치고 실업률을 낮추며, 혁신을 자극한다.⁷

이제 기업에 노동법은 관료주의적 절차에 불과하다는 비논리적인 선언이 틀렸음을 입증할 차례다. OECD가 밝혔듯이,⁸ 단체교섭은 불평등을 줄이는 데 효과가 있다. 또한 디지털 시대로의 전환기를 맞아 도전에 직면한 모든 중소기업에 유용한 수단이 될 수 있는 인사 관리, 훈련 프로그램, 산업 보건 및 안전, 신기술 도입, 조기 퇴직 프로그램 및 인센티브 제도의 모범 사례들을 지원할 수 있다. 그리고 기업은 단체교섭을 통한 해결책을 모색함으로써 법 개정에 따른 수동적인 변화가 아니라, 새로운 시장의 요구에 맞춰 훨씬 유연하고 실용적인 방식으로 조직을 개선할 수 있다. 결국 단체교섭은 기업에 인구 변화와 디지털 전환에 능동적으로 대응할 기회를 제공한다.

그러나 일련의 규제와 정책이 자동화와 디지털 혁명이 부과한 과제를 간과해도 좋을 만큼 충분하다는 생각으로 우리 자신을 속여서는 안 된다.

* '작은 정부'는 정부의 역할과 개입을 최소화하고 개인과 시장의 자유를 최대한 존중하려는 정치적·경제적 개념이다(옮긴이).

예를 들어 현행 규제가 해고라는 가장 극적인 결론을 완화할지 몰라도, 새로운 기계와 조직 프로세스가 단기간에 엄청난 수의 일자리를 대체한다면 인력 감축을 막을 수 없다.

역사가 반드시 반복되는 것은 아니다. 첫 번째 산업화 시대와 현재 디지털 전환기의 가장 큰 차이점은 산업화 시대에는 기술 발전이 노동을 창출했지만, 오늘날의 기술 혁신은 노동을 대체한다는 점이다. 지속적인 세계 경제 위기와 팬데믹의 충격과 맞물린 4차 산업혁명은 그 특성상 통제하기가 상당히 복잡할 뿐 아니라, 기존 규제 체계와 노사 관계 모델에 부담을 주는 결과를 가져올 가능성이 있다.[9] 특히 4차 산업 관련 기술의 시장 독점적 성격은 문제 해결에 전혀 도움이 되지 않는다. 대량 정리 해고에 대한 규제가 디지털 전환에 따른 불균형을 해소하기에 충분치 않은 것은 분명하다. 그렇다고 해서 규제 무용론을 주장하거나 공공 부문 의사 결정권자의 무기력을 노골적으로 지적하는 것은 무책임한 짓이다.

노동의 종말에 관한 수많은 신화를 파헤친다고 해서 문제 해결의 실마리를 찾을 수 있는 것은 아니다. 우리는 미래의 일자리가 양과 질의 측면에서 오늘날의 일자리보다 열악할 가능성을 배제할 수 없다.[10] 논의의 초점을 재조정해 자동화, 디지털화, 플랫폼화의 결과를 질적인 관점에서 해석하는 것이 급선무다. 유럽연합 산하 유럽재단이 설명하듯이, 더욱 큰 변화를 위해서는 조직 관행, 사회적 기반은 물론 제도적 틀의 변화가 필요하다. 이를 위해서는 익숙한 것을 맹목적으로 받아들이는 대신 변화의 연속성과 불연속성을 평가하기 위한 분석적 노력이 필요하다.

마이크로프로세서의 등장 이후 자동화와 디지털화에 관한 법률학자들의 면밀한 관찰이 발 빠르게 진행됐다. 그러나 혼합 조직과 이례적인 계약 형식, 자영업과 종속 노동을 아우르는 새로운 플랫폼 기업의 급격한 증가는 많은 전문가와 비평가에게 충격을 안겨 준 듯하다. 그들은 이 새로운 현상을 이해하기 위해 기존의 법률 체계와 같은 고전적 자원으로 눈길을 돌렸다. 그러나 전통적인 접근 방식을 고집하기보다는 기존 규칙의 애매함과 불확실성을 개선하고, 기존 규칙을 더 효과적이고 유연하게 적용하려는 실용적인 태도가 필요하다. 새로운 혁신 모델들을 기존 규제의 틀에 맞추고 법체계를 꼼꼼하게 재정비함으로써 새로운 주도권에 대응하는 것이 중요하다. 그리고 이를 실현하기 위해서는 무엇보다도 지속적인 관심과 전략적 기획이 시급하다. 혁신에 실패한 국가가 '고삐를 당기는 규제' 정책을 펴면 영원한 후진국으로 남을 가능성이 있다고 경고하는 이들이 있다. 이들에게 지금은 비타협적인 태도를 포기할 때가 아니라고 대답할 필요가 있다. 앞으로 살펴보겠지만, 유럽 국가들 역시 지속 가능한 디지털 미래를 위한 싸움을 주도하면서 '글로벌 테크놀로지 거버넌스' 움직임을 이끌고 있다.

기술적 진보와 사회적 진보 모두 설정 방향을 향해 나아가되, 그 방향을 바람직한 목적에 따라 정의해야 한다. 이견이 따르는 미래 비전에 대한 공감대 형성과 이를 뒷받침하는 정치적·사회적 제도가 절실히 필요하다. 유럽연합의 자문기구인 유럽경제사회위원회(EESC)가 촉구했듯이, 미래는 운전자 없는 자율주행차가 돼서는 안 된다. 인간의 통제와 의사 결정을 통해 인간이 기술적·사회적 변화의 "운전대를 잡는" 모델을 설계하고 구현하기 위한 노력이 중요하다.[11] 인공지능과 새로운 자동화 의사 결정 시스템을 성찰해 온 EESC는 지속 가능하고, 접근하기 쉽고, 안전하며, 유익한 디지털 변환의 전제조건으로 개인(시민과 노동자)을 선택의 중심에 두는 접근법을 정의한다. 기술은 유용하다. 하지만 기술을 채택하고 규제하는 주체는 인간이다. EESC는 인간이 첨단 시스템 개발에 폭넓게 관여해야 한다면서 이렇게 선언했다. "노동자가 충분한 자율성과 기술에 대한 지배력을 확보하고 일을 통한 만족감을 얻기 위해서" 기계는 기계로 남아 있어야 하고, 기계에 대한 인간의 통제는 유지돼야 한다.[12]

이러한 목적을 달성하기 위해서는 정부, 연구자, 전문가가 노동시장에 미치는 충격을 완화할 수 있는 규제 체계는 존재하지 않는다고, 존재한다고 해도 적용될 수 없다고 가정해서는 안 된다. 유럽연합은 조직 개편에 따른 집단 해고에 대한 규제, 정보 보호 규정, 사회적 보호에 대한 접근 기준을 가지고 있다.* 국제노동기구의 기준 역시 이러한 문제에 대한 지침을 제공한다. "법률은 기술적 변화를 예측하고, 이끌고, 명명하고, 형성하는 데 중요한 역할을 한다"라는 법학자 조슈아 페어필드의 지적은 정확하다.[13] 각국은 국제기구의 규제 틀을 바탕으로 기본권을 강화하고, 최저 기준을 확립하며, 정당한 보호 장치를 도입하는 입법 조치를 시급하게 마련할 필요가 있다. 이를 위해서 이해 당사자들 간 상충하는 이해관계의 균형 찾기가 필수적이다. 디지털 전환 과정을 협상하고 변화를 통제하는 것만이 기술에 대한 인류의 야심 찬 기대가 실현된 미래를 보장하는 유일

* 예를 들어, 집단 해고에 대한 규제 체계와 노동조합법의 고전적인 메커니즘은 노사 관계 시스템이 제대로 기능하고, 관련 당사자들이 협력을 통해 지속 가능한 경제적 해결책을 촉진하도록 한다. 또한 강력한 노동법 제도는 경제 위기 상황에서도 안정적인 고용 수준을 유지했던 독일 노동시장의 성과와 관련이 있다. O Bohachova, B Boockmann and CM Buch, *Labor Demand During the Crisis: What Happened in Germany?* (IZA Discussion Paper, No. 6074, 2011). 다른 연구들도 강력한 노동조합과 생산성 간 긍정적인 관계에 주목하고 있다. S Deakin, C Fenwick and P Sarkar, 'Labour law and inclusive development: the economic effects of industrial relations laws in middle income countries' in M Schmiegelow and H Schmiegelow (eds), *Institutional Competition between Common Law and Civil Law: Theory and Policy* (Heidelberg, Springer, 2014), 185-209.

한 방법이다.

우리는 두려움에 따라 정의되기도 하지만 열망에 따라 정의되기도 한다. 어떤 식으로든 우연히 일어나는 변화는 없다. 변화는 의식적인 선택의 결과이기 때문이다. 따라서 우리는 '얼마나 많은 일을 하고 싶은가?'가 아니라 '무슨 일을 하고 싶은가?'라는 단순한 질문에 솔직하게 대답할 필요가 있다.

2부
변화하는 노동시장

3

'남아 있는 일자리'의 운명

일이 없는 미래에 대한 불안은 쉽게 정당화된다. 하지만 자동화와 디지털화가 '남아 있는 일'에 끼치는 영향을 제대로 파악하고 나면 상황은 완전히 달라진다. 오늘날 남아 있는 일들의 대부분은 혁신적인 기술에 의해 대체되는 것이 아니라 디지털화에 의해 대체된다.

　30년 이상 근무한 직장인 대부분이 직장에서 인터넷과 디지털 도구의 위력을 피부로 느끼고 있다. 신입사원들은 정보기술(IT)이 주도하는 새로운 모델 구축에 직접 이바지했고, 기술을 체화하는 속도가 확실히 빠르다. 또한 그들은 이미 다양한 경력을 소화할(혹은 받아들일) 준비가 돼 있다. 어쨌든 디지털 '이주민'과 디지털 '원주민'은 직장 내 모든 분야에서 관계를 맺은 채 살아간다.

　점차 늘어나는 정년 연장 시한은 신입부터 정년퇴직을 앞둔 중년층까지 여러 세대가 같은 사무실이나 공장에서 함께 일하게 됐음을 의미한다. 정보 공유, 기술 도구 사용에 대한 이들의 생각은 천차만별이지만, 어쨌든 혁신에 대처하고 업무 능률 향상 방법을 마련해야 하는 공통의 과제를 안고 있다.[1] 코로나19 팬데믹 기간에 이뤄진 봉쇄(lockdown)에 대응하기 위해 도입된 원거리 및 원격 솔루션은 직장 내 디지털화를 광범위하게 촉진했다.

앞서 쓴 것처럼 단조롭고 반복적이며 예측할 수 있는 직무만이 완전 자동화가 가능하다. 자동화 여부를 결정하려면 적어도 세 가지 요소를 고려해야 한다. 대체 수단은 기술적으로 실현 가능한가? 가격 경쟁력이 있는가? 대체 수단이 다른 면에서도 편리한가? 변수가 정해지지 않은 불완전한 방정식에 관한 수많은 이론이 지면을 채웠다. 직무 자동화에 대한 예측에서 분석가나 정책 입안자가 종종 간과하는 몇몇 고려 사항을 다뤄야 한다는 점은 재차 강조할 가치가 있다.

먼저, 품질과 프로페셔널리즘, 복잡성의 조합인 직무의 객관적인 내용을 고려해야 한다.[2] 이 평가에서는 직무 자체를 정의하는 내용과 규제, 계약상 조건도 직무의 가치를 판단하는 데 도움이 된다. 이것이 무슨 말일까? 노동자를 (많든 적든) 지능형 기계로 대체하기에 앞서, 또는 기계 혹은 디지털 도구를 사용해 프로세스를 재편하기에 앞서 기업은 로봇의 실제 능력을 평가한다. 그리고 투자에 따르는 비용과 수익을 검토한다. 수익보다 비용이 더 클 때는 모든 대체 수단을 검토한다. 따라서 "제2의 기계 시대"[3]의 특정 조직 프로세스를 분석하려면 원자(atoms)와 비트(bits), 즉 물리적 세계와 디지털 세계의 상호작용뿐 아니라 고용 조건에 주목할 필요가 있다. 이러한 분석은 자동화가 경제적으로 실현 가능하지 않거나 기술

적으로 불가능하다는 결론으로 이어지기도 한다.⁴

몇 년 전 〈뉴욕 타임스〉에 "미래에 쓰인 칼럼"이라는 이름으로 공상과학 작가, 미래학자, 철학자, 과학자가 10년에서 50년 뒤, 심지어 200년 뒤의 독자를 대상으로 쓴 글이 실렸다. 그중 한 글에서 브라이언 머천트는 "완전히 자동화"돼 "사람이 없는" 아마존의 풀필먼트센터(Fulfillment Center)*를 묘사한다.⁵ 때는 2034년으로, 제프 베이조스가 막 설립한 공장에는 포장을 담당하는 기계 팔과 제품을 창고로 옮기는 자율주행 지게차가 가득하다.

그러나 머천트는 글의 서두에서부터 이 공장이 완전 자동화와 거리가 멀다고 이야기한다. 회사 출범을 축하하는 건배가 끝나고 나면, 축하 파티의 어지러운 잔해를 치우고 대형 자동 청소기 속으로 빨려 들어간 샴페인 병 파편들을 빼내야 하는 청소 노동자가 등장한다. 스피커를 통해 들리는 소리는 외부 업체가 자영업자 가운데 엄격한 절차를 거쳐 고용한 유지·보수 담당 매니저의 것이며, 그 밖에도 소프트웨어나 기계적 결함을 고치는 기술자들, 청소부들, 로봇 작동에 문제가 생길 때마다 불려 가는 노동자들이 풀필먼트센터에 등장한다. 이들에 대한 지시와 질책은 유선상으로 이뤄지고 모든 시설은 철저하게 원격으로 감시된다. 환기 시설이 전무한 공간, 희미한 조명만이 비추는 어둡고 복잡한 교차로에서 빈번하게 발생하는 충돌 사고들, 인간의 노동력이 필요 없는 곳으로 만들겠다는 당찬 포부로 설계된 공장의 실상은 이렇게 묘사된다. 이 공장 노동자들은 소속이 제각각이므로, 열악한 상황과 싸우기 위해 노동조합을 결성하는

---

* 온라인 판매자가 제품을 저장하고 주문을 처리하며, 포장 및 배송까지 모든 과정을 담당하는 종합 물류 시설을 말한다(옮긴이).

것은 이론적으로 거의 불가능하다. 종업원들 간 대화의 기회가 적고, 이직률이 높으며, 계급의식이 없다는 점을 고려하면 실제로도 어렵다.

이 글의 가장 당혹스러운 요소는 바로 현재와의 연관성이다. 머천트는 미래에 쓰인 칼럼이라는 형식을 사용함으로써, 미국의 '테크 거인들'이 집하 창고와 배송 센터를 통합하고 있는 현 상황을 가감 없이 자유롭게 묘사한다.

더 이상 상상력을 발휘할 필요도 없다. 2018년 1월 시애틀에 아마존고(Amazon Go)가 문을 열었다. 계산대를 거치지 않고 '걸어 나가기만 하면 쇼핑이 끝나는(just-walk-out-shopping)' 사상 첫 슈퍼마켓이다. 고객은 점포 전체에 설치된 센서, 바코드 리더, 컴퓨터 비전 시스템(이미지와 비디오를 처리해 유의미한 정보를 추출하는 인공지능 기술) 덕분에 빠르고 효율적으로 '비접촉' 쇼핑을 즐길 수 있다. 고객은 계산대를 거칠 필요 없이 매장을 떠나면 된다. 구매 영수증은 개별적으로 통지된다.

하지만 '완전히 자동화된 슈퍼마켓'이라는 홍보에도 불구하고, 이곳에서 정기적으로 상품을 선반에 진열하고 신선 식품과 갓 구운 빵, 과자류의 수급 상태를 감독하는 일은 모두 인간 노동자의 몫이다. 아마존 창고에서도 비슷한 일이 일어나고 있다. 아마존에 인수된 로봇 기업 키바가 개발한 발명품들 덕분에 조립 공정을 완벽하게 재편한 결과, 노동자가 이동하는 대신 상품 선반을 운반하는 로봇이 별도의 공간에 있는 노동자(스토어 피커)에게 접근한다.[6] 이러한 실험적 프로젝트들은 인류학자 알렉산드라 마테스쿠와 마들렌 클레어 엘리쉬가 《데이터와 과학》[7]에 썼듯이, 얼마나 많은 기업이 단편적이고 우스꽝스러우며 혼란스러운 방식으로 새로운 조직 관행을 시험하고 있는지,[8] 혁신 뒤 삐걱거리는 시스템의 안정화를 위해 인간의 노동에 얼마나 의존하고 있는지를 잘 보여 준다.

브라이언 머천트의 이야기는 완전 자동화라는 환상이 노동의 가치 절하를 먹이 삼아 몸집을 불려 왔음을 보여 준다. 미래의 일을 제대로 이해하려면 특정 직무의 성격을 정의하는 요소를 검토하는 것이 중요하다. 이때 디지털 요소가 개인의 기여를 얼마나, 어느 정도까지 강조하거나 감소시킬 수 있는지에 초점을 맞춰야 한다. 다시 말하지만, 기술은 임금 하락에 비록 느리지만 심각한 영향을 끼치므로 중립적인 역할과 거리가 멀다.[9] 기술 혁신으로 노동자의 사생활을 침해하는 감시 시스템이 도입되고, 손쉬운 외주를 위해 직무가 세분되며, 자동화된 의사 결정 프로세스가 채택된다. 결국 로봇화가 가속화됨으로써 장기적으로 좋은 일자리가 없어질지도 모른다. 그런데 이러한 변화가 점진적이다 보니, 안타깝게도 일자리가 불안정한 노동자에 대한 정부나 관련 사회단체의 대응은 매우 소극적이다. 결국 불안한 일자리와 저임금 및 자동화는 괜찮은 일자리의 종말을 향한 멈추지 않는 여정의 중간 기착지가 될 위험이 있다. 동시에 계약의 질 저하, 규제 완화에 따른 혼란, 취약한 관리 메커니즘은 고임금 일자리를 저비용으로 대체할 수 있는 길을 열어 준다.

사회적 약자들은 사회적 선입견과 소프트웨어에 내재한 개발자들의 뿌리 깊은 편견 때문에 전통적으로 두각을 나타내지 못했던 역할로부터 영구적으로 배제한다. 이 과정에서 통계는 지속해서 사회적 약자들을 차별한다. 알고리즘은 의료, 보험, 교육,[10] 관세, 이민, 범죄 예측, 사법 행정[11]처럼, 특히 중요한 영역에서 많은 직무와 관련한 법칙을 산출함으로써 "사회의 자동화"[12]에 관여한다. 이러한 시스템은 비슷한 기술 또는 배경을 공유하는 집단의 행동 양상과 과거의 결정을 기록한 데이터 묶음을 처리함으로써 과거를 답습하고, 불공정한 선택을 조장하며, 새로운 수준의 불공정을 정의한다. 실패를 바로잡지 않으면 미래에 발생하는 실패의 근거가 된다.

한편, 인간과 기계가 선의의 상승효과를 만들어낸다면 인간 혹은 기계가 노후화돼 어느 한쪽이 다른 한쪽을 대체하는 현상을 늦출 수 있다. 이것이 진정한 부가가치를 만들어내는 방식이다.[13] 그러나 인간과 기계의 협업을 위한 결정은 합리적으로 이뤄지는 경우가 거의 없다. 생산량, 판매, 이익과 같은 단기적인 성과에 대한 압박은 종종 엉뚱하거나 역효과를 내는 결정을 부른다. 다른 경우지만, 관리적인 사고방식뿐 아니라 정치적 사고방식, 노동조합의 사고방식 역시 선견지명이 부족하다. 이는 단체교섭력의 점진적인 악화로 이어져 기업의 조직 개편을 일방적으로 이끌 가능성이 커지고 있다. 요컨대 위험과 특권을 효율적이고 지속 가능하도록 분배하기 위해서는 상당한 용기와 이타주의, 선견지명이 필요하지만, 이런 자질들을 점점 더 찾아보기 힘들다.

일의 미래에 대해 치밀하게 연구하기 위해서는 무엇보다 노동자와 첨단 도구 사이의 보완 관계에 초점을 맞춰야 한다. 일단 우리는 현실을 인정해야 한다. 기계와 알고리즘이 반드시 일자리를 훔치는 것은 아니다. 하지만 일자리에 영향을 끼치는 것은 확실하며, 그 영향이 반드시 긍정적인 것은 아니다. '남아 있는 노동자'에게 게임체인저*인 테크놀로지는 불쾌한 적수인 동시에 귀중한 동맹이다. 농업, 제조업, 광업 부문에서 서비스업에 이르기까지, 그리고 예술, 관광, 문화 및 미디어 산업처럼 잠재력

* 어떤 일의 결과나 흐름, 판도를 근본적으로 바꿔 놓을 만한 중요한 역할을 하는 인물, 사건, 제품, 기술 등을 일컫는다(옮긴이).

이 큰 부문에서 디지털 혁신은 이미 결실을 보고 있다(단점은 이 책의 뒷부분에서 논의할 것이다). 디지털 혁신으로 말미암아 운영 흐름과 생산 주기가 간소화되고 많은 회사가 경영 조직을 재구성했으며, 직무의 질적 요소가 강화됐다. 디지털 도구의 도입 덕분에 신기술과 새로운 직종의 출현도 촉진됐다.

기술 대부분은 시간 단축, 비용 절감, 고객 확대, 자원 최적화를 통한 수익성 향상에 큰 역할을 했다. 우리가 테크놀로지를 '귀중한 동맹'이라고 말하는 까닭이다. 노동자의 건강과 안전을 보호하는 장비, 사람 대신 과중하거나 위험한 작업에 투입되는 장치, 사고와 오작동을 방지하는 지능형 칩, 허드렛일을 대신하는 기계 등을 생각해 보라. 값싼 기술의 편리함도 고려해야 한다. 수정 프로세스와 제어 프로세스를 통해 정밀도가 밀리미터 단위까지 높아졌고, 기성 제품을 연속 생산할 수 있게 됐으며, 지구 반대편에 있는 잠재적 구매자와 투자자를 끌어들일 수 있게 됐다. 또 새로운 사업을 시작하기 전에 관리 지원 서비스와 값싼 데이터 수집 및 저장 기술의 이점을 활용해 창의적 아이디어가 만들어낸 시제품 출시도 가능해졌다. 기술 그 자체는 적이 아니다. 하지만 인간을 통제하는 방식으로 사용되는 기술은 우리에게 위협으로 다가온다.

오늘날 노동법이나 여타 사회과학들이 혼란에 빠진 것은 놀랄만한 일이 아니다. 그것은 사회과학이 생생하게 살아 있는 학문이자, 경제적 맥락이나 경제 행위자와 처음부터 긴밀한 관계 혹은 대립적인 관계를 맺고 있다는 신호다. 노동법뿐 아니라 많은 법규는 인간과 기계 간 새로운 관계 설정의 필요성에 직면해 있으며, 책임 원칙, 건강과 안전 원칙, 형사상 책임과 같이 수 세기 동안 축적돼 온 예민한 유산들을 어떻게 처리할지고민해야 한다. 전통적으로 생산직 노동자와 기계의 관계가 노동법이 보호하는 대상에 관한 일반적인 개념을 만들어 왔다. 노동법은 노동시간, 여성과 미성년자 보호, 사고 발생에 대비한 보험 가입과 사용자 책임, 휴식 시간과 대량 해고 시 절차 규정에 이르기까지 산업적 맥락에서 노동조건을 규제하고 개선하기 위해 마련됐다. 오늘날 노동과 고용법의 이런 순수한 산업적 관련성은 오해의 소지가 있다. 그럼에도 이러한 견해는 현실에 부인할 수 없는 근거를 두고 있으며, 여전히 노동 보호의 주요 수혜자가 누구인지를 잘 보여 주고 있다.

셰필드의 철강 공장에서 해고된 노동자 여섯 명의 이야기를 담은 영국 영화 〈풀 몬티(The Full Monty)〉부터 히혼의 조선소 재편 과정에서 영감을 얻은 스페인 영화 〈로스 루네스 알 솔(Los lunes al sol)〉, 교외 공업 지대에 있는 소규모 타이어 공장과 관련한 논쟁을 그린 이탈리아 영화 〈일 포스토 델라니마(Il Posto dell'Anima)〉, 1968년 포드자동차 공장의 여성 봉제공들이 성차별에 항의하며 파업을 벌인 끝에 획기적인 성과를 거둔 이야기를 담은 〈메이드 인 대게넘(Made in Dagenham)〉까지 영화로 눈을 돌리면 당시 일반적인 산업 환경을 쉽게 확인할 수 있다.[14] 영화에는 콜센터, 지식 노동자, 외부 위탁 청소 서비스, 가사 노동자, 무급 인턴십, 실업급여, 활발한 노동시장 정책 등 '이례적인' 이야기가 적지 않게 등장한다. 하지만 공장 문, 조립 공정, 용접, 혼잡한 식당, 궁지에 몰린 노조원, 다락방 사무실, 어두컴컴한 탈의실 등 영화를 구성하는 배경은 우리 눈에 너무나 익숙한 풍경들이다.

노동법을 다루는 사람들이 예측 불가능한 차원의 패러다임 전환에 직면하는 것도 이 때문이다. 돌연 시나리오가 교체되고 주인공이 바뀐 이

상황에서 우리는 줄거리 가운데 무엇을 남길지 결정해야 한다. 몇 가지 예를 들어 보자. 유비쿼터스 환경 덕분에 직장인들은 어디에서든 일할 수 있으며, 직장에는 빈자리가 속출한다. 재택근무의 출현은 우리가 알고 있는 "사무실"의 부분적 종말을 보여 주며, 메타버스는 가상공간 속 "직장 경험"과 현실 속 "직장 경험"의 전례 없는 결합 가능성을 제시한다.[15] 사용자 혹은 관리자의 전유물이었던 특권은 강화·대체됐는데, 그 주체가 항상 인간의 얼굴을 하는 것은 아니다. 항상 연결돼 있어야 한다는 지시 덕분에 노동시간은 극단적으로 늘어났지만, 통근 시간은 고사하고 대기 시간마저 보수 산정에 고려되지 않는 때가 허다하다. 이들은 프로젝트, 목적, 결과와는 직접 연관이 없는 무의미한 경쟁을 조장한다(능률과 실적에 기반한 보수를 생각해 보라).

2부에서는 폭넓은 시각에서 보려는 야심 찬 시도의 하나로 공장, 좀 더 일반적으로 '광범위한' 직장에서 이뤄진 자동화 및 디지털화의 대표적인 사례를 살펴볼 것이다. 2부의 목표는 새롭고 다양하며 이질적인 노동력에 영향을 끼치는 변화를 논의하는 것이다. 이 노동력은 이미 4차 산업혁명[16]의 새로운 규칙에 직면하고 있다. 이 목표를 위해 첫째, 테크놀로지에 의해 더 나은 수준의 보안, 유연성, 경쟁력을 갖추게 된 구체적인 모습을 살펴보고 해결책을 검토한다. 둘째, 알고리즘 관리부터 광범위한 감시 체계까지 인간의 일을 획일화하고 시야에서 감추고 무력화하는 기업의 관행을 재검토하며, '디지털 청소부'가 수행하는 디지털 작업에 대해 다룬다. 우리의 시각을 넓히기 위해 기술뿐 아니라 디지털 가속화의 현장 프로세스에 관여하는 사람들도 검토 대상에 넣을 것이다.

여기에서는 빠른 속도로 성장한 부문들을 주로 검토하므로, 학자나 대중의 눈에는 이러한 경향이 과대평가로 보일 것이다. 그러나 규모나 지리적 위치에 상관없이 거의 모든 유형의 기업들이 이 추세를 경험할 가능성이 크다.

4

노동 환경을 변화시키는 기술

비과학적이긴 하지만 한 가지 실험을 해 보자. 이 페이지를 읽어 내려가는 동안 당신의 스마트폰은 몇 센티미터나 떨어진 곳에 놓여 있었나? 이 책을 읽는 동안 스마트폰은 어디에 놓여 있었나? 재빨리 화면 잠금을 해제하고 번쩍거리는 알림을 마지막으로 확인한 것은 몇 분 전이었나?

여기에 역설이 존재한다. 한 교훈적인 이야기에서 데이비드 포스터 월리스(David Foster Wallace)가 묘사한 것*처럼, 우리는 디지털 수프에 빠져 살기 때문에 수프의 재료를 구분하지 못할 뿐더러 이 '자연 요소' 없이 살아간다는 것을 상상조차 할 수 없다. "안녕, 물 괜찮아?"라고 묻는 성어를

---

* 데이비드 포스터 윌리스의 2005년 5월 케니언칼리지(Kenyon College) 졸업식 주제 강연 〈이것은 물이다: 어느 뜻깊은 행사에서 전한 깨어 있는 삶을 사는 방법에 대한 생각들(This Is Water: Some Thoughts, Delivered on a Significant Occasion, about Living a Compassionate Life)〉을 가리킨다(옮긴이).

향해 눈만 끔뻑거리는 치어처럼, 우리는 "요즘 기술은 훌륭한가요?"라는 질문에 이렇게 대답할지도 모른다. "도대체 기술이 뭡니까?" 이것은 분명 어렵고 대답하기 난감한 질문이다. 다행히 독일의 미래학자 게르트 레온하르트가 최근 기술 발전의 중요한 특징을 세 가지로 정리했다. 기술 발전은 이례적으로 빠른 속도로 진행되므로 "기하급수적"이고, 기술 개발을 통한 업적들이 통합된 방식으로 작동하므로 "결합적"이며, 혁신을 통해 자기 개선이 이뤄지므로 "상호 의존적"이다.[1]

우리는 디지털 도구를 이용해 현실 데이터를 모으고 조작할 수 있다. 디지털 도구는 마치 우리와 외부 세계 사이에 존재하는 세포막 같다. 그런데 이 두 영역을 구분하는 것이 의미 있을까? 우리의 생활은 다양하며, 그곳에는 온라인과 오프라인이 공존하는 차원이 있다(철학자 루치아노 플로리디(Luciano Floridi)는 그것을 온라이프(onlife) 또는 피지털(phigital)이라고 명명했다). 일이나 일과 관련한 비효율성에서 벗어날 가능성, 혹은 노동 과정에서 누릴 자율성을 생각하면 디지털 도구가 반드시 나쁜 것은 아니다. 좀 더 자세히 살펴보면, 불이나 바퀴, 석기 도구 역시 삶을 편리하게 하고 여가를 확보하는 공통의 목표를 위해 발견되거나 발명된 혁신일 따름이다. 사회적이거나 전문적 혹은 사적인 맥락에서 우리를 둘러싼 디지털 도구의 대부분은 똑같은 역할을 한다. 이 관점에서 보면 디지털 변환은 수단이 부싯돌에서 실리콘으로 바뀌었을 뿐, 야심만만한 프로메테우스의 탐구가 수천 년 동안 지속된 결과[2]라고 할 수 있다.

코로나19 팬데믹으로 최고 단계의 봉쇄가 시행되고 활동이 제한된 뒤 디지털 기기의 사용 비율은 놀랄 정도로 높아졌다. 디지털 기기는 노동자, 사용자, 공공기관에 "사유화된 유틸리티"의 역할을 한다는 점이 확인됐다.³ 하지만 팬데믹 위기가 덮치기 전부터 디지털 자동화의 적합성은 중요한 문제였다. 결과적으로 이 외생변수는 확장된 관리 권한이나 숙련공 대체 효과, 생산성 향상 등 디지털 도구에 관한 기존 이론의 정확성을 입증하는 리트머스 시험지로 작용할 수 있었다.

우리는 분수령의 벼랑 끝에 서 있을까? 혹은, 모든 것은 사실상 점진적으로 변할까? 사람들이 오랫동안 제기해 온 질문, 즉 인류의 역사를 재설계한 힘이라는 측면에서 과거 산업 변화의 주요 범주에 속하는 증기, 전기, 마이크로프로세서와 오늘날 혁신의 주요 범주인 디지털 기계, 알고리즘, 플랫폼이 어떤 공통점을 가지고 있느냐는 질문은 충분히 던져 볼 만한 가치가 있다.⁴ 새로운 테크놀로지의 핵심이 되는 기본 자산은 정보, 특히 개인정보다.⁵ 신기술은 정보가 없다면 효율적이고 효과적인 방법으로 운영될 수 없다. 현재 디지털 운영자의 전략에서 중추 역할을 담당하는 "빅"데이터 혹은 "스마트" 데이터의 수집 및 처리 기술은 장비의 처리 용량이 확대되고 계산 능력이 강화된 덕분에 복잡한 활동을 재배치하거나 비즈니스 모델을 재설정할 때 유용하게 활용된다.⁶

수많은 디지털 기계로 채워진 우주 가족 젯슨(《The Jetsons》)의 에피소드처럼 최근 수십 년간 집, 공장, 사무실, 연구소는 스크린, LED, 스피커, 음성 보조 장치, 스마트 온도 조절 장치와 버튼으로 채워졌다. 당연히 새로운 위험과 함께 우려할 만한 문제들이 나타나고 있다. 우리는 통계, 금융, 상업, 선거 등에 사용할 목적으로,⁷ 오프라인이나 온라인에서 이뤄지는 모든 움직임을 추적하고 수정하며 필요에 따라 저장하는 방법인 '데이터화'(또는 쇼사나 주보프⁸에 따르면 "정보화")에 대해서도 검토할 것이다.

IT 도구들은 이제 거의 모든 직무의 기반이 되고 있다. 실험실에서 일

4. 노동 환경을 변화시키는 기술 **63**

하는 생물학자부터 배관공, 기계전자공학 엔지니어는 물론이고 법원 직원, 소믈리에, 바리스타에 이르기까지 모든 일에서 디지털 운영에 대한 의존도가 높아지고 있다. 많은 업계에서 기술은 매우 유익하다. 예를 들어, 축사 자동화는 농부의 삶을 변화시켰다. 그들은 센서와 카메라를 사용함으로써 제시간에 먹이를 주고 폐기물을 최소화할 수 있다. 소를 감시하는 데 사용하는 GPS 장치로도 같은 효과를 거뒀다. 최근에는 토양의 비옥도를 높이기 위해 토양에 필요한 물과 영양의 정확한 비율을 계산하는 도구도 도입되고 있다. 다른 예로는 질병의 위험을 낮추는 의료기기가 있다. 인슐린 수준을 상시 추적하고 혈압을 측정해 이상 증상 발생 시 신속하게 경보를 전송함으로써 위험 상황을 예방하는 소형 웨어러블 기기, 초인적인 정밀도가 요구되는 수술 시 침습성을 최소화하고 과실을 줄이기 위해 환자에게 약을 먹이거나 주사하는 소형 외과용 장치 등이다.

이와 같은 놀라운 혁신은 우리에게 다른 시각을 가지라고 요구한다. 다음에 이어질 내용에서는 특히 제조업과 서비스업 분야에서 혁신이 창출한 이점을 설명할 것이다. 물론 이러한 이점을 활용하되 그 과정에서 기본적인 가치와 원칙이 희생되는 일은 없어야 한다. 인간과 로봇이 한 지붕 아래서 생활하며 직무 환경을 공유하는 오늘날, 이것은 매우 중요한 과제다. 우리는 세 가지 관찰 지점(로보팩처링(robofacturing), 원격 근무, 노동 중개)를 통해 혁신의 긍정적인 영향을 서술할 것이다. 혁신에 따르기 마련인 위험 역시 강조할 것이다. 이 위험은 본질적일 때도 있지만, 기술의 의도적인 남용이 초래한 결과일 때가 훨씬 많다. 혁신이 가져다주는 혜택은 높이 평가할 수 있고, 또 평가해야 한다. 단, 부작용이 없는 것처럼 기만해서는 안 된다.

스마트 로봇, 사물인터넷과 제조업

지난 30년 동안 제조업 분야에서 일어난 많은 변화에도 불구하고 집단 기억 속의 공장은 여전히 최고의 직장이다. 굴뚝, 선반, 프레스 기계, 벨트로 이뤄진 풍경이 친근한 이유는 다양한 규모의 공업단지가 들어섰지만, 지금은 폐공장의 외관만 남은 도시 지역의 설계와 관련 있다. 지난 세기는 우리에게 공장과 작업장을 중심으로 설계된 도시를 유산으로 남겼다. 공장에서 일하는 노동자를 수용하기 위해 숙소가 지어졌고, 편리한 서비스를 제공하기 위해 황폐한 지역에 도시를 건설했으며, 대형 차량의 이동을 위해 도로를 넓혔고, 상품 수송을 위해 항구 시설을 확장했다. 물론 지난 몇 년 동안은 잡초가 무성한 폐쇄된 철강 공장과 자동차 공장이 뉴스의 머리기사를 장식했다.[9]

한때 모든 종류의 생산이 가능할 것 같았던 공장들이 이제는 느린 사막화 과정을 겪고 있다. 이 과정은 지역 전체와 세대 집단의 경제적·사회적 행복은 물론 정신적 행복에도 영향을 끼친다.[10] 해외 업무 위탁, 도산, 위기, 인수, '공룡' 기업, 노동자가 자기 자금으로 조달하는 구제 조치 등은 언론이 산업 생태계 소식을 전할 때 반복적으로 쓰는 단어다. 우리가 제조업의 세계에 무심할 수 없는 이유는 바로 이 제조업의 세계를 가로지르는 지진의 강도와 그 움직임이 초래하는 결과의 규모 때문이다.

자료에 따르면, 미국 제조업의 고용 점유율은 1970년에 총고용의 22%였다. 현재는 7.9%에 불과하다. 아론 베나나브는 같은 기간 제조업의 고용 점유율이 프랑스는 23%에서 9%로, 영국은 30%에서 8%로 감소했다고 설명했다. 위 국가들만큼은 아니지만 일본, 독일, 이탈리아 역시 제조업의 고용 점유율이 큰 폭으로 감소했다.[11] 반면, 서비스 부문에 종사하는 노동자 비율은 미국은 80%, 유럽연합은 70%에 이를 정도로 급증하고 있다.[12] 이러한 경향을 선진국에 국한된 것으로 오해해서는 안 된다. 개발도상국, 특히 아프리카 사하라 이남 지역에서도 농업 부문에서 서비스 부문으로 노동자 이동이 진행되고 있으며, 전체 부가가치 중 58%를 서비스 부문이 생산하고 있다.[13] 그러나 제조업은 지난 수십 년에 걸쳐 3차 산업(어떤 이는 대담하게도 4차 산업이라고 부르기도 한다)에 자리를 내주고 있는데도 현대 경제에서 여전히 중요한 요소로 자리매김하고 있다. 급격한 내림세지만, 녹색 전환부터 노동자와 관리자의 재교육에 이르기까지 노동의 미래를 향한 과제의 대부분이 제조업에 기반을 두고 있기 때문이다.[14]

고정밀 로봇공학의 대두로 제조업 부흥에 대한 희망이 되살아났다. 로봇공학 덕분에 제조업이 잿더미 속에서 불사조처럼 부활하리라는 기대가 생겨나고 있다. 독일에서는 자동차 부문에서 기계 도입이 늘어나자, 예상과 달리 일자리 수 역시 늘어났고 그 결과 실업률이 낮아지고 있다. 기계는 사라지지 않았다. 오히려 제2의 전성기를 누리기 시작했다. 기계는 오늘날 산업계뿐 아니라 가정에도 진입해 가사 노동자나 돌봄 노동자(고령화가 진행됨에 따라 특히 수익성이 좋은 분야)의 위치를 점령해 나가고 있다.

최근 독일에서 최초로 정책 전략이 수립된 것을 계기로 각국의 정부와 사회단체는 디지털 전환 지원 정책을 논의하라는 압력을 받고 있다. 예를 들어 이탈리아는 인더스트리4.0(Industry4.0, 나중에 좀 더 포괄적인 명칭인 펌4.0(Firm4.0)으로 바뀌었다)이라는 경제 보조금 정책을 도입했다. 보조금은 주로 기술 연구개발 투자 지원을 위한 세액공제의 형태로 제공된다. 스타트업 및 혁신 중소기업 투자에 대한 성과급과 모든 수준의 교육 기금(및 박사 과정 장학금)을 대상으로 하는 이 정책은 산업용 사물인터넷(IoT), 빅데이터 분석, 증강현실, 3D 인쇄, 고도의 산업용 로봇공학 등 이른바 적층제조(additive manufacturing)의 발전을 촉진할 것으로 기대되고 있다.[15] 또한, 서로 다른 기계와 자동화 기술 등이 함께 작동해 상승효과를 냄으로써 인간의 손길이 거의 필요 없는 가상공간의 탄생을 예견케 한다. 이러한 국내 전략의 목표는 혁신적인 기계 도입과 인재 육성 장려에 초점을 맞춤으로써 해외로 나간 공장들의 국내 복귀를 촉진하는 데 있다.[16]

자동차 및 화학, 물류, 조선 업계 등에서는 자동화 프로세스가 이미 널리 사용되고 있다. 가용 제품의 가격을 낮추고 상용화를 촉진하는 대규모 투자 덕분에 스마트 커넥티드 제품이 더욱 널리 보급될 것으로 예상된다. 자료에 따르면, 2016~2018년 매출이 30% 증가함으로써 스마트 커넥티드 제품의 매출 성장이 이어질 것이라는 예측이 사실로 확인되고 있다. 인더스트리4.0 전략은 과거의 표준 관행을 최첨단 기술과 통합함으로써 산업 생산 구조의 전반적인 재편을 추진한다.[17] 이 전략 모델은 오래된 조립 공정을 톱-다운 방식이 아닌 상호 의존성이 높은 시스템으로 대체하는 것을 목표로 한다. 5G 기반의 새로운 장비는 유지·보수 및 업데이트 업무를 위탁받은 공급 업체와 판매망, 소비자 모두와 자율적으로 소통하므로 생산 조정과 주문 추적이 가능해진다. 요컨대 이 모든 것은 제조업이 제3의 섹터로 전환되는 것을 의미하며, 정보의 역할이 얼마나 중요한지를 잘 보여 준다.

웨어러블 및 핸드헬드 기술도 나날이 성장하고 있다. 2021년 전 세계의 웨어러블 기술 시장 규모는 815억 달러로 추정되는데, 이 금액은 2020년 690억 달러에서 18.1% 증가한 것이다.[18] 전자 팔찌와 스마트 의류는 물류 창고에서 공장에 이르기까지 전통적인 방식의 추적 및 보고 장치를 대체하고 있다. 인간이 착용할 수 있는 인공 외골격은 체력적으로 힘든 수술을 할 때 도움이 된다. 이러한 장치 외에도 가상현실 시뮬레이션 고글과 조립 공정의 주요 매개변수를 평가하는 소프트웨어도 보편화되고 있다. 테크놀로지는 예를 들면, 시각 또는 음성 지원 시스템을 통해 어렵거나 위험이 수반되는 작업, 불쾌한 작업, 피곤한 작업으로부터 노동자를 해방한다는 면에서 중요한 자산이다. 실제로 기기 자동화를 통해 일의 부담이 줄었을 뿐 아니라, 새로운 분야에서 진보가 촉진됐다.

높은 정밀도가 요구되는 분야나 그렇지 않은 분야 모두에서 칩, 인공지능 부품 및 기타 디지털 위젯을 내장한 장비들이 사용되고 있다. 사실, 예방을 목적으로 감시하거나 오류 혹은 이상 상황을 인지하는 데 기계가 인간의 감각보다 훨씬 정확하다는 것은 의심할 여지가 없다. 특히 지속적인 모니터링을 통해 만성질환자를 돕거나 정밀 안경, 보호 장갑, 기계 팔, 블루투스 일체형 헬멧, 생체리듬을 측정하는 배지 등의 기술을 사용해 인간 능력을 증강하는 과정은 매우 환상적이다.

이것은 완전히 새로운 노동 환경이다. 새로운 분야의 자동화 가능성이 열리고, 그에 따라 노동자의 자율성이 향상될 수 있다. 하지만 관리자의 헤게모니에 노동자가 심각하게 종속되는 냉혹한 현실을 마주할 수도 있다. 새로운 기술 채택을 통한 물류 업계의 발전을 조사한 UC버클리 노동센터의 최근 보고서에서 확인된 것처럼, 직장 내 스트레스에 따른 노동자의 건강과 안전상의 위험이 증가하고 있으며 이는 강제 이직이나 탈진증후군으로 이어질 수 있다.[19] 이 연구는 공급의 다양성과 더 빠른 배송 속도를 요구하는 소비자들의 기대와 아마존 같은 거대 물류 기업의 공세에 직면한 중소기업이 유례없는 실험의 장으로 내몰리고 있음을 보여 준

다.[20]

　결국 기술은 사고, 심리적 스트레스와 신체적 스트레스, 근골격 장애와 관련한 새로운 문제를 일으킨다. 그리고 어소시에이츠(associates, '직원들'을 가리키는 아마존 용어)가 스트레스에 따른 누적 피로로 피해를 보는 노동 문화 만들기에 일조한다.[21] 이 모두가 직원의 성과를 평가하는 데 사용되는 기술 시스템인 ADAPT(Associate Development and Performance Tracker, 직원 개발 및 실적 추적) 탓이다.[22] 먼 미래에서 온 상인의 편지가 〈뉴욕 타임스〉에 실린 지 1년이 채 지나지 않아 발행된 조사 보고서들은 아마존의 모델이 노동자의 건강과 안전보다 실험에 주안점을 두고 있었음을 보여 준다. 조사보고센터에 따르면, 2016~2019년에 아마존의 풀필먼트센터에서 발생한 부상자 비율이 기존 물류 창고의 부상자 비율보다 50% 이상 높았다. 특히 2019년 연말 쇼핑 성수기에는 미국 전역에 있는 로봇 유통센터에서 400여 명의 중상자가 발생해 사상 최고치를 기록했다.[23] 결국 "인간과 로봇이 공존"[24]하는 창고에서 "인간이 다치지 않고는 따라갈 수 없을 만큼"의 할당 물량을 처리하는 것이 "뉴 노멀(new normal)"*이 됐다.[25] 번아웃을 당연시하는 기업의 잔인한 인력 관리 전략이야말로 "지금 구매하기" 버튼 속에 숨겨진, 노동자들이 치러야 하는 비용이다.[26]

　스마트 머신이 무엇인지 질문을 던질 때가 왔다. 이에 대한 정확한 답을 얻기 위해서는 산타나고등교육대학 생물공학과의 마리아 키아라 카로차 교수가 내린 정의와 유럽연합 내 기관들이 발행한 첫 번째 문서를 참조할 필요가 있다.[27] 카로차에 따르면, 로봇은 센서와 작동 장치를 갖춘 지능적인 물리 시스템이다. 학습 가능한 소프트웨어와 시스템에 연결된

---

* '뉴 노멀'은 시대 변화에 따라 새롭게 떠오르는 표준을 일컫는다(옮긴이).

인공지능 구성 요소가 들어 있어 정보 처리 행위는 물론 고도의 의사 결정을 내릴 수 있다. 무엇보다도 로봇은 적응력이 뛰어나고 인간의 개입 없이 자율적으로 인력 재배치를 결정할 수 있다. 로봇은 원격 서버에 있는 온라인 저장 시스템을 사용하는데, 로봇 자체의 센서가 취득한 지각 체험 자료를 이곳에 보관한다. 로봇은 이러한 자료를 활용해 지각 능력을 키움으로써 구조화되지 않은 낯선 공간에서 작동할 수 있다.

발레리오 마이오 노동법 교수가 작성한 로봇 분류법은 상당히 유용하다. 이 분류법에 따르면 "작업에 사용되는" 로봇을 세 가지 범주로 나눌 수 있다.* 첫째는 초인적 산업용 로봇이다. 회사의 직원들과 분리된 폐쇄 공간에서 작동하도록 설계됐으며, 업데이트 또는 유지·보수 개입과 같은 예외적인 경우에만 접근이 허용된다. 둘째는 코봇(cobot) 즉 공동로봇으로, 개방적인 상황에서 작동하도록 구축됐다. 이들은 적절한 훈련을 받고 안전장치를 갖춘 인력과 밀접하게 접촉하며 작업한다. 셋째는 가장 민감한 유형으로, 회사 설비로 직원에게 할당된 다목적 로봇이다. 이들은 자연어 인식 기능을 탑재하고 있어서 회사 밖에서도 직원들과 상호작용할 수 있다.

그렇다면 로봇의 생김새는 어떨까? 흥미롭게도 문학과 예술은 오래전부터 로봇을 아주 친숙하게, 때로는 상당히 의인화해 표현해 왔다.** 유럽연합의회 역시 결의안을 통과시킨 뒤 다음과 같이 말했다. "메리 셸리의

---

* V Maio, 'Il diritto del lavoro e le nuove sfide della rivoluzione robotica', *Argomenti di Diritto del Lavoro* (2018) 6, 1414-54. 마이오는 기계가 "인공지능을 통제하는 인간보다도 높은 위치에서 명령 계통의 최상위에 위치할 것"이라고 경고한다.
** 새로운 로봇의 불완전하고 인간과 유사한 특징은 이른바 '불쾌한 골짜기'라는 정리(定理)로 설명된다. 이 정리에 따르면 로봇과 접촉할 때 느끼는 호감은 그 형태가 인간과 비슷해질수록 올라가지만, 인간과 완벽하게 닮은 로봇은 오히려 혐오감과 거부감을 불러일으킨다.

프랑켄슈타인부터 고전적인 신화 속 피그말리온과 프라하의 골룸 이야기, '로봇'이라는 단어를 만들어낸 작가 카렐 차페크의 로봇에 이르기까지, 사람들은 인간의 특징을 갖춘 안드로이드 같은 지능형 기계의 등장 가능성에 환상을 품어 왔다."[28] 참으로 야심만만한 계획이 아닌가!

최근 보스턴다이내믹스와 같은 기업이 온라인에 올린 짧은 영상들이 입소문을 탔다. 영상에 등장한 휴머노이드는 창고나 숲에서 작업하다가 공중제비를 돌거나 폴짝폴짝 뛰면서 춤을 추고, 파쿠르 동작을 하기도 한다. 휴머노이드의 군계일학 격인 아틀라스는 심지어 체육관에서 우아하게 훈련받다가 밉살스러운 인간 강사들에게 발길질당하거나 밀쳐지기도 한다. 이 모습을 보면 로봇이 인간에게 따귀 두 대쯤 날리기를 바라게 될지도 모른다. 더 최근에는 견고하고 외형이 다소 무시무시한 로봇 개의 영상도 등장했다. 사람들이 이 로봇들의 능력을 이해하는 데는 그리 오래 걸리지 않는다. "이 사랑스러운 영상은 단순히 재미를 위해 로봇의 이동 능력 테스트 영상을 보여 주거나 그저 마케팅 장치로서 기능하는 것이 아니다."[29] 영상은 대중을 로봇과 친숙해지도록 하며, 예상보다 더 빨리 도래할 수 있는 로봇 실용화와 그 위험성에 대한 우리의 경각심을 분산시킨다.

2016년 홍콩에 본사를 둔 핸슨로보틱스는 60개가 넘는 인간의 표정과 태도를 학습할 수 있는(정확하게 표현하면 프로그래밍된) 최초의 여성형 휴머노이드인 소피아를 출시했다.[30] 소피아는 주변 사물을 식별하고 눈을 마주칠 수 있는 센서와 카메라를 장착하고 있다. 소피아는 출시 뒤 많은 인터뷰를 했고, 이 분야의 발전에 관심이 지대한 투자자들을 위한 전시회에 참석했다.* 2017년에 아시아-태평양 지역의 유엔개발계획(UNDP)은 소

---

* 우리는 소피아에 대해 어떤 인칭 대명사를 사용할지에 대해 논의했다. 소피아는 사람이나 동물이

피아를 초대 "혁신 챔피언"으로 선정했다.[31] 인간이 아닌 존재가 챔피언으로 뽑힌 것은 소피아가 최초였다. 소피아에게는 커다란 부 대신 상당한 칭찬과 부상이 주어졌다. 얼마 전 사우디아라비아는 소피아에게 명예시민권을 부여했는데, 물체를 시민으로 대우하는 이 특이한 선택은 긴 논쟁을 촉발했다. 실제로 많은 사람이 로봇에게 권리와 의무를 부여할 수 있는지, 인공지능이 인간의 의식에 필적할 수 있는지 의문을 제기했다. 반대론자들에 따르면, 로봇은 잠재적인 사용자의 환상을 이용한다. 결국 신체적 아름다움과 대화 기술 측면에서 사용자들의 기대를 충족시키는 제품을 만들어낸 것이 신의 한 수였다. 소피아는 뛰어난 공학과 젠더의 전형적인 특성, 사용자들의 자기만족, 이 세 가지 면에서 타의 추종을 불허할 정도로 완벽하게 조화를 이뤘다.*

로봇에게 명예시민권을 부여한다는 구상은 세간의 이목을 끌기 위해 영리하게 기획된 홍보 행위였을지 몰라도, 대단히 독창적인 생각은 아니었다. 2016년 이미 유럽연합의회는 이와 관련한 보고서 초안을 작성했으며, 2017년 유럽위원회는 '로봇공학에 관한 민법'[32]을 제정하면서 다양한 법적 해결책이 끼치는 영향에 대해 조사·평가할 것을 요구하는 결의안을 가결했다. 이 결의안에서 유럽연합의회는 오늘날 차량 보험 제도와 비슷한 로봇 종류별 의무 보험 제도의 확립, 보상 기금 조성, 그리고 기금에 참

아니라 로봇이다. 따라서 우리는 사물을 지칭하는 대명사인 '그것(it)'을 사용함으로써 이 안드로이드의 '인간화'를 거부한다. 인간의 닮은꼴에 불과한 로봇에게 성별을 부여하는 것은 그것을 발명한 사람들의 위험한 수사학에 대한 또 다른 양보일 것이다.

* 이 회사는 또한 소피아를 팬데믹이 초래한 외로움을 쫓는 데 활용할 수 있다며 소피아의 대량 생산 계획을 발표했다. 또한 의사의 조수 역할을 할 새로운 로봇 그레이스가 의료 부문에 진출할(그리고 혁명을 일으킬) 예정이다. M Hennessy, 'Makers of Sophia the robot plan mass rollout amid pandemic', *Reuters* (25 January 2021).

여하는 제조사와 개발자, 소유자, 사용자의 유한 책임의 정의에 대해 언급하고 있다. 더욱 흥미로운 것은 의회가 장기적으로 로봇에게 특정한 법적 지위를 부여하도록 제안했다는 점이다. 이 제안이 실현된다면 자율형 로봇은 손해배상 책임을 지는 전자 인간의 지위, 자율적 결정과 제삼자와 독립적 대화가 가능한 전자 인격을 부여받을 수 있다.[33]

유럽연합의회는 스마트 로봇 충족 요건을 정의하려면 다음과 같이 최소한 다섯 가지 기능을 갖춰야 한다고 제안했다.

- 센서를 통하거나 주변 환경과의 자료 교환 및 분석을 통한 자율성 확보.
- 경험이나 상호작용을 통한 자기 학습 능력 보유.
- 최소한의 물리적 형태.
- 주변 환경에 대한 적응 행동 가능.
- 생물학적 의미에서 생명의 부재(비생물성).

이 결의는 로봇의 잠재적 책임을 명확히 하기 위해서 자동화된 의사 결정 프로세스의 후속 검증을 위한 일련의 자율 행동을 제안하고 있다. 보고서를 보면, 권리와 의무의 관점에서 로봇을 인간과 동일시하는 단계까지 나아가지는 않았다. 하지만 흥미롭게도 룩셈부르크 사회노동당 출신 유럽연합의회 의원이자 이 결의의 조사위원인 매디 델보스 스테레스(Mady Delvaux-Stehres)는 IT 전문 매체인 〈더 버지(The Verge)〉와의 인터뷰에서 오랜 기간 기업에 부여돼 온 '법적 인격'과 '전자 인격' 간 유사점을 언급하고 있다.

소피아가 사우디아라비아의 명예시민권을 받았을 때, 컴퓨터과학 교수이자 인간과 로봇의 상호작용을 연구하는 조애나 조이 브라이슨은 로봇에 권리를 부여하는 것에 대해 이렇게 일갈했다. 그것은 마치 "스위치를 껐다 켰다 할 수 있는 인간을 갖게 되는 것"이다. 박람회에서 "구매할 수 있는 시민"을 고용하는 것은 쉬운 일이 아니다.[34] 상황이 감당할 수 없을 만큼 치닫기 전에 이 사회적·법적 혁명의 모든 함의를 고려할 필요가 있다.

로봇의 지위에 관한 물음 말고도 오늘날 해결되지 않은 복잡한 질문이 있는데, 그 뿌리는 수 세기 전까지 거슬러 올라간다. '법인격'은 투자자의 개인 자산과 기업 자산을 분리할 수 있게 함으로써 경제 성장의 결정적인 원동력이 됐다. 기업은 자산 분할 덕분에 개인의 자원만으로 대응하기 어려운 혁신적이고 모험적인 계획을 실천할 수 있었다. 하지만 법인격은 동시에 대규모 착취와 서양의 식민주의를 촉진하는 역할을 하기도 했다. 더욱 직접적으로는 환경 등 많은 분야에서 책임을 회피하기 위해 법인격과 법인의 형태가 악용되고 있다. 또한 법인격의 오용은 많은 분야에서 노동자의 권리를 해칠 수 있다. 예를 들어 교섭 단위를 세분화함으로써 노동자의 결사의 자유를 막거나 단체교섭에 관여할 수 있으며, 노동자의 건강과 안전에 관한 책임을 회피하기도 한다.

이처럼 인간 이외의 존재에 대한 법적 권리와 의무를 인식하는 것은 양날의 검이 될 수 있다. 다시 말하면, 그것이 유익하다고 증명될 수도 있지만 예기치 않게 다른 당사자를 위험에 빠뜨릴 수도 있다. 로봇에 전자 인격이 부여되면, 로봇이 거래인, 채권자, 고객, 노동자 등에게 손해를 끼쳤을 때 로봇 소유자는 의미 있는 구제책을 찾지 않고 책임을 회피할 가능성이 있다. 특히 인공지능이 점점 더 인간의 의식을 모방하게끔 설계된다면, 권리와 의무를 부여받은 미래의 로봇은 점차 인간과 동일시될 가능성이 있다.*

법과 윤리가 교차하는 결정적인 문제도 있다. 기업에 법인격을 부여하는 것은 분명히 법적인 허구다. 법인은 실제 존재하는 인격체가 아니다. 법인이 산업 기계나 디지털 서버 등 유형 자산을 소유하고 있다고 해도 거리에서 이들과 마주칠 일은 없다. 반면에 로봇은 물리적 공간을 점유하므로 인간 노동자와 종종 공간을 공유하게 된다. 따라서 지능적 기계에 전자 인격을 부여하고 권리와 의무를 할당하는 것은 기업을 법인으로 취급하는 전략과 본질적 차이가 있다. 소피아와 같은 물체에 전자 인격을 부여하면 인간과 휴머노이드 기계를 혼동할 위험이 있다. 관리자의 권위에 복종해야 하는 위계 구조가 중요한 특징인 회사에서 인간이 권리를 가진 기계와 직접적이든 간접적이든 나란히 일하게 된다면, 인간 존엄성 존중의 측면에서 예측할 수 없는 결과가 나타날 수 있다. 인간은 끊임없는 소외와 고립 상태에 빠질 수 있으며, 자신을 그저 "말하는 도구"로 느끼게 될지도 모른다(고대 로마 시대의 노예는 물건이나 "반쯤 말하는" 가축과 구별하기 위

---

* 유럽연합집행위원회로부터 자문을 요청받은 한 독립 전문가 그룹은 "디지털 기술에 법인격을 부여할 필요가 없다"라고 지적했다. 완전 자율 기술에 따른 피해는 일반적으로 자연인 또는 기존 범주의 법인에 귀속되는 위험으로 축소될 수 있으며, 그렇지 않을 때는 개인을 대상으로 하는 새로운 법률 제정이 법인이라는 새로운 범주를 만드는 것보다 더 나은 대응책이다. 새로운 디지털 기술에 대한 모든 종류의 법인격은 많은 윤리적 문제를 일으킬 수 있다. Expert Group on 'Liability and New Technologies, Liability for Artificial Intelligence and other emerging digital technologies', (Luxembourg, Publications Office of the European Union, 2019). Report from the Commission to the European Parliament, the Council and the European Economic and Social Committee Report on the safety and liability implications of Artificial Intelligence, the Internet of Things and robotics COM/2020/64 final. 유럽연합 제품안전법은 가치 사슬의 복잡성을 고려해 '공동 책임' 원칙에 따라 여러 경제 운영자에게 의무를 부과한다.

해 "말하는 도구"로 정의됐다). 비인간화의 결과가 초래하는 위험을 결코 과소평가해서는 안 된다.[35]

원격 근무, 눈에서 멀어지면 자리도 없어질까?

현대인의 자유는 와이파이의 연결 상태가 양호한 범위 안에 존재한다. 와이파이가 작동하기만 한다면 말이다. 디지털 전환이 속도를 내면서 전통적으로 노동시간과 공간, 직무 행위를 결속시켰던 연결고리가 끊기고, 고전적인 회사의 좌표가 흔들리기 시작했다.[36] 수작업 업무가 필요 없는 모든 분야에서 고용과 직무 수행에 필요한 물리적 요소들의 재편이 이뤄지고 있다. 한편으로는 회사 업무와 개인이나 가족의 일이 분리되지 않고, 고객이나 동료들과 비대면으로 소통할 가능성이 커지다 보니 노동시간이 길어진다. 사실 코로나19 팬데믹이 발생하기 이전부터 '유비쿼터스 근무 환경'이 확대되는 추세였다. 충전기와 전기 콘센트만 있으면 식당이든, 전철 안이든, 대기실이든, 여행 도중이든, 카페든 거의 모든 장소에서 편안한 상태로 다양한 직무를 수행할 수 있다.

코로나19 봉쇄는 중산층 직업군과 "지식 노동자들"이 참여하는 "역사상 최대 규모의 재택근무 실험"의 계기가 됐다.[37] 유럽연합 내 노동자의 40%가 상근 원격 근무를 시작했다. 거의 4명 중 1명꼴로 원격 근무를 하는 것은 이번이 처음이지만,* 이 혁명이 시작된 것은 이미 오래 전이다. 사

* 유럽재단에 따르면 2020년 7월 기준, 응답자의 34%가 전적으로 재택근무를 하고 있었다. 주로 자택에서 일하는 비율은 유럽연합 27개 회원국의 피고용인 중 3.2%였으며, 이 비율은 2008년 이후 별 변화 없이 유지되고 있다. Eurofound, *Employee Monitoring and Surveillance: The Challenges of Digitalization* (Luxembourg, Publications Office of the European Union, 2020). 그러나 변화가 영구적일지는 알 수 없지만, 초기 자료는 점진적으로 후퇴하고 있음을 보여 준다. Eurofound, *Workers want to telework but long working hours, isolation*

람들은 1980년 초반에 원격 근무에 대해 논의하기 시작했고,* "9시부터 5시까지" 일하는 모델의 지속 가능성에 의문을 제기했다.[38]

디지털 노마드족 또는 프리랜서가 원격 근무 노동자의 원형이다. 이들은 자신들의 속도로 일과를 관리하고, 도시 지역이나 분위기가 색다른 곳에 있는 공동 작업 공간에서 책상을 대여해 일한다.[39] 비용 분담 및 전문적인 네트워크 개발의 필요성으로 탄생한 이러한 공동 작업환경은 지식 노동자들에게 필요한 설비를 제공한다. 오늘날 원격 근무는 많은 직원이 누릴 수 있는 선택지이며, 그 실시 방법을 철저하게 규정한 단체협약과 새로운 회사 정책에 따라 시행된다. 관련 당사자 모두에게 원격 근무는 강력한 기회다. 직원들은 원격 근무를 통해 생산성과 경쟁력을 높이고 더욱 나은 '워라벨'을 추구할 수 있다. 기업은 사무실 공간과 불필요한 출장을 줄여서 얻은 이익을 직원들에게 복지 혜택으로 제공하는 것이 중요하다. 이 모델은 많은 전문가들이 서둘러 사무실의 종말을 선언할 정도로 다양한 분야에서 높이 평가받고 있다.

유연한 근무 형태는 기술을 활용해 자율적인 업무 수행 방식을 구현함으로써 조직 내 자기 결정권이 강화되고, 기존 직장과 달리 경직되고 갇혀 있는 근무 형태를 피함으로써 고정된 직장 위계 구조를 용인하지 않는다는 가정에도 부합한다.[40] 사무실과 좁은 방의 벽이 허물어지고 회사 내 경계선들이 흐릿해지는 현상은 역할과 위계, 의무의 경직성이 극복되고,

and inadequate equipment must be tackled (Luxembourg, Publications Office of the European Union, 2021).

* Article 2, ETUC, BusinessEurope, CEEP and UEAPME (2002), 'Framework agreement on telework'. 원격 근무는 고용계약/관계의 맥락에서 IT를 사용해 업무를 조직 또는 수행하는 방식으로, 고용주가 운영하는 작업장에서 수행할 수 있는 업무를 정기적으로 원격지에서 수행하는 형태를 말한다.

대면 시간 측정을 통해 직무에 대한 헌신을 평가하던 모델이 점차 사라지고 있음을 증명한다.

원격 근무의 현대성을 찬양하기에 앞서 오해를 바로잡을 필요가 있다. 원격 근무와 비물질화된 환경을 언급할 때는 흔히들 새로운 세대의 일이나 직업이 시공간이라는 매개변수로부터 완전히 벗어난다는 가정에서 시작한다. 하지만 근무시간과 공간의 확장성, 편안함과 불편함의 아슬아슬한 균형이야말로 원격 근무 환경의 특징이다.

원격 근무, 유연한 근무시간, 공동 작업 공간이 늘어나면서 고용과 자영업 사이의 경계가 모호해지고 있다. 이러한 변화가 산업과 지역에서 일어나는 광범위하고 보편적인 추세라는 점을 인식하는 것이 중요하다. 이 변화는 "언제나", "어디서나"[41] 실현될 수 있으며, 유연한 근무시간은 과중한 노동 습관으로 굳어질 위험이 있다. 여전히 탈출이 필요하다.

화면 앞에서 며칠씩 보내는 것에 익숙한 사람이나, 인구 밀도가 높은 대도시 혹은 교통이 불편한 오지에서 출퇴근하는 데 지친 사람에게 재택근무는 여러 면에서 안도감을 준다. 원격 근무는 유연성에 대한 노동자의 요구를 충족시킬 수 있고 사회 전체에 큰 이점을 가져다준다. 훌륭한 교육을 받은 젊은이가 직업적 성취를 위해 외국으로 이주를 선택하는 두뇌 유출을 막는 데 이바지한다.* 도시 혼잡과 대기 오염 수준을 낮추며, 기업의 에너지 소비를 줄일 수 있다. 장애인에게 직업의 기회를 제공하고, 특

---

* 여러 국가에서 귀국자 수가 두뇌 유출 수를 넘어서는 현상이 목격됐다. 예를 들어 다음 프로젝트를 참조할 것. the project 'South Working' at southworking.org/. 이 프로젝트는 주민들과 기업들을 저개발 지역과 작은 마을에서 일할 수 있도록 함으로써 경제적·사회적·영토적 격차를 해소한다. 다음을 참조할 것. D Ghiglione and V Romei, 'Italian returnees seize on pandemic to stop Mezzogiorno brain drain', *Financial Times* (6 April 2021).

정 요구를 지닌 노동자를 직장으로 불러들이며, '워라벨'을 개선할 수 있다. 물론 단점도 있다. 멀리 떨어져 있는 관리자, 동료, 고객과 소통해야 하므로 일정이 더욱 빽빽해지고, 긴장 상태가 이어지므로 휴식 시간이나 사생활이 희생될 수 있다. 조사에 따르면,[42] 지난 2년 동안 여성은 추가적인 무급 교육과 돌봄 의무를 수행해야 했으며(홈스쿨링이 일반적이었던 시대를 생각해 보라), 가사 노동을 병행하는 어려움을 겪어야 했다. 원격 근무로의 갑작스러운 전환은 특히 신입사원에게 부정적인 영향을 끼친다. 신입사원들은 적절한 직업 훈련을 받지 못하거나 상사와의 협업에 어려움을 겪으면서 불리한 상황에 놓인다.

앞서 언급했듯이, 현대의 노동 규제는 공장, 작업장, 사무실의 탄생과 동시에 정확한 의미를 획득했다. 개별적인 차원과 집단적인 차원 모두 이 맥락에서 정의됐다. 집단적 측면을 설명하자면, 노동자들이 같은 사업장에 모여 일하는 것이 노동조합 활동의 발단이 됐다. 당연한 말이지만, 이 모델이 해체되면 노동자의 결속력은 약해진다. 그리고 사업장에는 항상 권한과 책임을 할당할 법적 의무가 있다. 관리자는 사업장에서 직무 실행을 조직하고 통제하는 일 외에도 직원의 건강과 안전 대책을 마련하고 노동시간 규칙을 준수해야 한다. 그런데 작업환경이 다양해지면 이 일들은 더욱 복잡해진다.

원격 근무와 유연근무제는 직원들에게 상시 접속 상태를 요구한다. 직원들은 더 많은 성과를 내야 한다는 강박관념에 시달리고, 언제나 부여된 임무 그 이상을 해낼 준비가 돼 있어야 한다. 최근 연구는 현 상황에 대해 사람들의 예상과 다른 그림을 내놓고 있다. 직원들이 사무실에서 보내는 시간이 오히려 길어지고 있다는 것이다. 그리고 회사는 다과나 간단한 오락거리, 세탁 등 보조 서비스를 제공함으로써 과로에 시달리는 직원들의 불만을 잠재운다. 한편, 정규직 일자리를 구하지 못해 시간제로 일하는 노동자들이 대규모로 늘어났는데, 그중에는 필요 이상의 '과도한' 자격을 갖춘 노동자들도 많다. 이들은 여성과 젊은이의 고용에 부정적인 영향을 끼친다. 일에 너무 많은 시간을 소비하는 사람과 더 일하고 싶지만 할 수 없는 사람 사이의 이러한 틈은 디지털 혁신을 활용해 생산 역학을 재고(再考)하는 것이 사회적으로 불가능함을 보여 준다.

유럽에서는 오래 전인 2002년에 '원격 근무에 관한 기본 협정'이 체결됐다. 원격 근무자의 조건을 규정한 이 기본 협정은 특히 작업량 및 성과 지표 측면에서 원격 근무자와 사업장 근무자를 차별하지 않는 일반 원칙을 확립했다.[43] 이 기본 협정은 유럽연합 안에서 여러 움직임을 촉발했다. 2017년 프랑스의 노동법이 개정되면서 선택적 원격 근무 형태를 포함한 원격 근무를 장려하도록 법적 체계가 완화됐다. 프랑스 노동법은 "예외적인 상황, 특히 전염병의 위협이 발생하면 기업 활동의 연속성을 유지하고 피고용인을 보호"하기 위해 원격 근무를 연장할 수 있도록 하고 있다. 2017년 이탈리아 의회 역시 원격 근무를 규정하는 법 제정에 나섰다. 이 법은 사업장 근무와 원격 근무를 적절히 섞는 혼합형 근무 방식을 장려한다. 그리고 사업장 밖에서 원격으로 접속한 노동자가 사업장에서 근무하는 노동자와 동등한 대우를 받을 권리가 있음을 명시한다. 원격 근무자 역시 산업재해나 질병 발생 시 휴가를 가거나 보험 혜택을 받을 권리를 가진다. 스페인 노동법 역시 원격 근무(trabajo adistancia) 규정을 두고 있으며, 2021년에는 원격 근무자의 성별, 나이, 근속연수, 전문 분야, 장애에 따른 직간접적인 차별을 막기 위한 추가 규정을 도입했다.

코로나19 팬데믹 초기에 사람들은 해법을 찾기 위해 테크놀로지로 눈을 돌렸다. 하지만 유감스럽게도 디지털 솔루션은 조직이나 문화와 관련한 해묵은 문제에 해법을 제공할 수 없다는 사실이 금세 밝혀졌다. 많은 국가는 긴급 조치를 통해 재택근무 규정 중 공식적인 필요 요건 일부를 삭제했고, 그 결과 전염병 확산 방지를 위한 경직된 방식의 원격 근무 도입이 촉진됐다. 기업들은 졸속으로 원격 근무를 시행했다. 이렇듯 급진적인 근무 방식은 조직의 정책에 따라 자발적으로 시행됐다기보다, 고용을 상당 부분 유지하면서 감염 곡선의 기울기를 완화하기 위한 수단으로 도입됐다. 유연성과 기업의 활동 강화를 위해 도입된 이 비정통적인 근무 형태 덕분에 기업은 연속성을 유지할 수 있었고, 그 결과 예상 밖으로 업무량이 증가했다. 전용 사무실이나 책상 공간 없이 일하는 원격 근무자들은 사무실에서 일할 때보다 업무에 더 긴 시간을 할애하고 있다는 사실을 깨달았다.[44] 사무직 종사자들은 유급 근무시간을 여가 시간, 가족과 보내는 시간에 잠식당했다. 그리고 회사의 기대치를 고려해 퇴근 시간 뒤에도 컴퓨터를 끄지 못하고 '홈 오피스' 연결 상태를 유지해야만 했다.

미래를 내다본 단체협약이나 특정 기업의 프로토콜 덕분에 긍정적 사례들도 적지 않게 찾아볼 수 있다.[45] 이러한 단체협약은 원격 근무로의 전환을 허용하는 조건, 감시 장치 및 정책에 대한 정보, 동료와의 협업을 위한 훌륭한 사례 등을 담고 있다. 좀 더 자세히 살펴보면, 미리 원격 근무를 계획하고 관련 소프트웨어를 준비한 조직은 원격 근무의 혜택을 누렸다. 반면에 준비가 부족한 회사들은 사전 계획 없이 허겁지겁 조직을 재정비해야 했다.

팬데믹이라는 불가항력적 상황에 따라 널리 도입된 이 근무 형태는 진정한 원격 근무와는 거리가 멀다. 원격 근무는 노동자의 자유로운 선택, 사내 근무와 원격 근무 기간의 전환, 이 두 가지를 기본 전제로 한다. 팬데믹이라는 돌발상황이 졸속 원격 근무 시행의 면죄부가 되거나, 회사에 이익을 가져올 모범적 원격 근무 모델을 일시적 유행으로 치부하는 명분이 되는 일은 없기를 바란다.

안타깝게도 공공기관이 원격 근무를 강력히 권장하거나 의무화한다고 해서 모든 회사의 관리자가 이 제도를 기꺼이 도입(또는 문화적으로 대비)하는 것은 아니다.[46] 자의 반 타의 반으로 원격 근무를 시행했던 중소기업들은 얼마 지나지 않아 원격 근무에 반대 의사를 나타냈다. 또한 지역 정치인들은 도시의 경제활동을 지원하기 위해 사람들에게 '일로 돌아가자'라고 독려했다. '사무실로 돌아가자'의 다른 표현인 이 말은 원격 근무와 휴가를 동일시하는 인식을 내포하고 있다.[47] 이는 해로운 노동 환경 개선에 대한 기업의 무능력과 직원의 자율성 확장에 대한 기업의 광범위한 저항을 보여 준다. 이는 매우 역설적인 현상으로, 불가피하게 기업의 통제가 제한된 상태에서도 직원의 업무량은 오히려 더 늘어났기 때문이다. 기업의 통념이 잘못됐음이 증명됐고, 팬데믹 기간에 생산성이 급락하는 상황은 발생하지 않았다.[48] 그런데도 수많은 경영자나 정책 입안자는 계층의 수평화와 기업의 성공이라는 두 마리 토끼를 동시에 잡을 수 있다는 사실을 아직 이해하지 못하는 듯하다.

재택근무가 시행된 몇 달 동안 인사 조직 정책이 얼마나 근시안적이었는지 백일하에 드러났다. 첫 번째 자료는 원격 근무자와 관리자 사이의 상호 신뢰와 결과에 기반한 체계 확립에 별 진전이 없었음을 보여 준다.[49] 원격 근무가 도입되고 직원들이 사무실을 비우자, 불안해진 관리 직원들과 간부들은 직원을 통제하기 시작했다.[50] 목적, 검증 가능한 성과물, 다자 간 책임에 근거한 업무 계획을 준비하지 못한 상태였던 대다수의 기업과 기관은 온라인 회의 수를 늘리고, 전방위 감시가 가능한 소프트웨어(예를 들면, 온라인에서 보낸 시간과 키보드 입력 횟수를 측정하고 방문한 웹사이트 목록을 수집하는) 구현을 서둘렀다.

재택근무자들은 사이버슬래킹(업무 이외의 용도로 인터넷을 이용하는 행위)을 집요하게 감시하는 일선 관리자들을 상대해야만 했다. 감시하지 않으면 업무를 소홀히 할 것이라는 편견에 사로잡힌 관리자들 탓에 통제를 위한 감시용 프로그램이 타의 추종을 불허할 정도로 유행했다. 예비 자료에 따르면, 2020년 4월 감시용 도구 수요가 54% 급증했고 2021년에는 팬데믹 전보다 평균 58% 증가했다.[51]

위기는 기존 프로그램을 보완하고 홍보할 절호의 기회이기도 했다. 액티브트랙은 직원들이 사용한 프로그램을 추적하고 소셜 미디어 사용 여부를 상사에게 전달한다. 오큐파이는 직원이 작업 장소를 언제, 얼마나 벗어나 있었는지 기록하고,[52] 타임닥터와 테라마인드는 직원이 온라인에서 수행하는 모든 작업을 추적한다. 인터가드 역시 웹 히스토리나 네트워크 트래픽 사용, 그와 유사한 모든 데이터를 관찰한 뒤 분 단위로 편집하고 관리자에게 특이 사항을 통지한다. 허브스태프와 스니크는 웹캠으로 5분마다 직원들의 스냅숏을 찍고 근무시간 기록 카드를 작성해서 회람하도록 함으로써 근무자들의 의욕을 고취한다. 프라글리는 업무 일정표와 음악 플레이리스트를 동기화해 원격 근무자들이 소속감을 느끼도록 돕고 있으며, 직원들의 가상 아바타 얼굴에 실제 감정을 표시할 수 있는 얼굴 인식 기능도 갖추고 있다. 이러한 일화들은 불길한 느낌을 준다. 예를 들어, 미국 금융 기술 기업의 고객 서비스 에이전트에서는 사전 통지도 없이 헤드셋을 통해 상사의 업무 지시가 직원에게 전달되기 시작했다.[53] 그리고 "일체감을 창출하기 위해 이뤄지는 반강제적인 회식"이나 휴식 시간을 통해 형성되는 동료애 경험을 온라인에 그대로 옮겨 놓기 위한 범용 애플리케이션도 사용되고 있다.[54]

이처럼 소규모 소프트웨어 공급 업체에 대한 보도는 넘쳐난다. 하지만 대형 회사인 마이크로소프트와 구글이 공급하는 생산성 도구들 역시 직원에 관한 모든 정보를 집약한 차트와 그래프를 관리자들에게 제공하며, 이것들이 직원들의 행동을 파악하는 근거로 쓰인다는 점은 간과되곤 한다.[55] 무료 협업 생태계인 클라우드 공간, 공유 저장소는 원격 근무자들에게 그 어느 때보다도 필요한 요소지만, 사내에서 혹은 독자적인 기술로 개발하기에는 비용이 너무 많이 든다.

업무 수행 결과에 관한 계량 분석에 지나치게 의존하다 보면 의사 결정이나 성과보다도 단순한 활동에 조직의 초점이 맞춰질 위험이 있다.[56] 그런 이유로 회사는 직원들에게 자기 추적 대시보드를 사용함으로써 자신들의 작업을 직접 제어하도록 권장한다.[57] 그럼에도 데이터는 오해를 불러일으킬 소지가 있다. 생산성 지수와 모니터링의 범위에 관한 투명성이 확립돼 있지 않기 때문이다. 게다가 계량 분석값이 생산성 결과와 밀접한 상관관계가 있다는 증거 역시 없다. 사람들은 응용프로그램들이 제공하는 계량 분석 데이터의 정확성과 해석에 우려를 나타낸다. 이러한 신뢰의 결여는 직원들의 사기에 악영향을 끼칠 수 있다.

"움직이는 사무실"과 원격 근무의 출현은 연결을 끊을 권리, 즉 근무시간 외 업무와 관련한 연락을 받지 않을 권리의 문제를 제기한다. 몇몇 국가는 직원들의 혹사를 막기 위해 관련 규정을 도입했다.[58] 하지만 그 결과는 역설적이다. 연결을 끊을 권리는 이미 그 권리를 가지고 있는 직원들을 지켜 주는 보호망 역할을 할 뿐, 원격 근무자들은 업무 시간 외에도 일에 매여 있을 때가 너무나 많다. 결국 업무와의 단절 권한은 그럴 수 있는 소수의 사람만이 누리는 사치에 불과하다.

프랑스 대법원은 2000년대 초에 몇 가지 판결을 통해 연결되지 않을 권리에 대한 법적 근거를 마련했다. 그리고 2016년 프랑스 국회의원들은 '노동법을 디지털 시대에 적응시키다'라는 자극적인 제목의 조치와 함께 노동법을 개정함으로써 대법원의 전례를 따랐다. 포르투갈은 이 흐름의 막바지에 합류한 나라로 급진적인 원격 근무자들이 선호하는 나라이기도 하다. 포르투갈에서 통과된 새로운 법에 따르면, 관리자가 근무시간 외에 직원에게 연락하거나 원격 근무지에 있는 직원을 감시하는 행위는 금지된다. 또한 고용주는 직원이 부담한 원격 근무 관련 비용을 부담해야 한다.[59] 다국적 기업들은 특정 시간 뒤 서버를 완전히 종료하거나 관련 규정을 탄력적으로 적용하기 위해 노동조합과 협상에 나서는 등 연결되지 않을 권리에 대처하기 위해 대책을 마련하고 있다. 하지만 업무 과부하를 막기 위한 비약적인 진보는 아직 이뤄지지 않고 있다.

한편, 출퇴근 시간 역시 노동시간으로 인정돼야 한다는 논란 또한 계속되고 있다. 예를 들어 2020년 초에 스위스 정부는 일부 공무원에 대해 통근 시간을 노동시간에 포함하는 것을 허용했는데, 과거에 유럽연합 사법재판소 역시 비슷한 판결을 내린 바 있다.[60] 이러한 추세가 이어지자 과밀한 도시 중심부에 거주하는 직원들이 도시 외곽 지역으로의 이주를 고려하기 시작했다.

원격 근무와 함께 공동 작업 형식 역시 한동안 혁명적인 모델로 인식됐다. 그에 따라 첨단 기업들도 벽과 칸막이를 허물고 공유 작업 공간과 휴식 공간을 마련하기 시작했다. 하지만 오늘날 이런 경향의 단점들이 하나둘 드러나고 있다. 사무실을 너도나도 모듈 방식으로 바꾼 결과, 공유 공간이 난립하기 시작했다. 버려진 사무실이 리모델링되고, 프리랜서나 새로운 소규모 기업을 수용하기 위한 새로운 공간이 탄생하는 등 오늘날 대도시에는 이러한 공간이 넘쳐나고 있다. 한편, 상호 간의 협력을 목적으로 탄생한 공간에서 이뤄지는 공동 작업은 많은 사람에게 영감을 제공했으며, 그 결과 새로운 사업이 우후죽순 생겨났다가 사라졌다. 이 과정에서 스타트업이 직면한 어려움과 부작용을 기록한 기사가 쏟아졌다.[61]

공동 작업 공간이나 공동 거주 공간을 사용하더라도 디지털 노마드의 고독이 완전히 해소되는 것은 아니며, 이러한 공간의 사용료 또한 만만찮다. 위워크의 상장 실패를 예로 들어 보자. 위워크는 스타트업 사업자들에게 사무실을 임대·공유하는 공유 경제의 대표 주자로서, 인적 네트워킹 테크놀로지를 활용해 창작자 커뮤니티를 지원하는 '천국처럼 아름다운 공유 공간'을 제공함으로써 '세계의식을 고취'하는 것을 목표로 삼았다. 위워크 창업자는 운이 따르지 않았던 비슷한 기업들을 예로 들어 사업 내용을 설명했다. "그러니까 우리는 결코 부동산 회사가 아닙니다. 우버가 차량 공유 시스템이고 시티바이크가 자전거 공유 시스템이듯이 우리는 공간 공유 시스템을 제공합니다."[62] 하지만 혁신적이라고 판단되면 사업 모델의 수익성에 상관없이 물불 가리지 않고 투자하기로 유명한 소프트뱅크의 지원을 받았던 위워크의 재무 상태는 재앙 수준인 것으로 밝혀졌다. 2019년 위워크 창업자는 15억 유로를 받고 불명예 퇴진했고, 회사는 몇몇 프로젝트를 서둘러 중단했으며, 무고한 직원 수천 명을 해고해야 했다. 이를 지켜본 많은 사람들이 썼듯이, 위워크의 실패는 대중의 반향과 사업의 견실함 사이의 격차가 대단히 컸던 사례다.

사업 확장 속도가 줄었다고 해서 공유 공간 사업의 호황기가 끝났다고 하기에는 아직 이르다. 이 분야의 성공 사례를 살펴보면, 기업들은 부동산을 운영할 뿐 아니라 커뮤니티 구성원을 위한 광범위한 훈련과 학습 프로그램도 제공한다. 이것이 바로 노동자들이 미래와 연결되는 방식이다. 공유 공간의 의미는 와이파이나 열린 공간 서비스, 함께 쓰는 전기주전자 그 이상이다. 마찬가지로, 효율적인 원격 근무를 위해서는 근무 양태에 대한 미시 관리보다는 결과에 따른 직무 평가 등 관리 부문의 질적인 비약이 이뤄져야 한다. 우리는 편견을 지우고 신뢰와 책임에 기반한 조직에 '베팅'해야 한다.* 이 과제는 관리 이론과 모델을 아우르며, 특정 분야가 아닌 전 분야[63]에 걸쳐 체계적으로 수행돼야 한다.

선택적 친화성: 새로운 채용 방식으로 떠오른 매치메이킹

주택담보대출, 낭만적인 데이트, 맞춤형 광고 메시지 등 알고리즘은 갈수록 우리에 대해, 우리를 위한 많은 결정을 내리고 있다. 알고리즘은 인생 경험의 "도우미"로서[64] 은행, 잠재적인 파트너, 할인 등 기본적으로 우리에게 딱 맞는 정보만 제공하도록 작동한다. 일할 때도 마찬가지다. 효율적 인력 보충을 목적으로 개발된 다수의 소프트웨어 프로그램은 대면 면

---

* KL Miller, "Micromanaged and disrespected": Top reasons workers are quitting their jobs in "The Great Resignation", *The Washington Post* (7 October 2021). 이 기사는 늘어난 업무량과 비현실적인 관리자의 기대치, 건강에 대한 우려가 대량 사직 경향의 핵심 원인이라고 말한다.

접 전에 이미 집약된 정보와 자료를 기반으로 지원자가 특정 업무를 수행할 자격을 충분히 갖췄는지를 판단한다. 이는 테크놀로지의 새로운 기능이 최근까지 인간의 영역이었던 분야에 적용된 사례다. 소프트웨어는 특정 전제들에 기초해 애매한 결론에 도달하는데,[65] '신탁'이 그렇듯 결론에 이르기까지 거친 단계들은 공개되지 않는다.

알고리즘은 소프트웨어가 인간이 원하는 결과를 도출하는 데 기반이 되는 일련의 형식적이고 추상적인 명령 체계로, 데이터 묶음에 대한 확률적 평가를 활용한다.[66] 항상 취향이나 선호도와 씨름하는 인간과 달리 "알고리즘의 지배를 받는" 시스템은 편견의 방해를 받지 않는다.[67] 시스템은 기분이 언짢을 일도 없고, 누군가에게 속거나 매수될 일도 없다. 대다수 사람은 알고리즘이야말로 객관성, 기술적 품질 혹은 과학의 진정한 승리자이며,[68] 모든 후보자를 똑같이 취급하고 편향을 회피하도록 프로그램돼 있다고 말한다.

기술 낙관론자의 시각에서 입사 지원자의 데이터 프로파일링에 이러한 시스템을 이용하는 것은 당연히 커다란 장점이다. 가장 자주 발생하는 인간 본성에 따른 무의식적 편견을 배제함으로써 실수를 제거할 수 있기 때문이다. 시스템은 후보자 압축, 이력서 조달, 지원서 관리, 지원자의 신원 파악과 원격 면접에 이르기까지 채용의 전 과정에 관여한다.[69] 의욕 넘치는 지원자들에 대한 방대한 자료를 처리해 검토할 만한 후보자로 압축하는 일이 얼마나 지난한 작업인지를 생각한다면, 사실이라고 믿기 힘들 만큼 근사한 시스템이다. 그리고 시스템 처리 결과는 실제로 사실과 너무나 동떨어져 있다. 여러 학자는 손에 쥔 자료를 바탕으로, 자동화된 채용과 사업장 내 의사 결정 프로세스의 어두운 측면을 강조한다. 프로그래머

캐시 오닐은 알고리즘이 "수학에 내재한 의견"에 불과하다고 말한다.[70] 게다가 기계 학습과 알고리즘이 결합한다면, 그 결과는 계속 불어나는 눈덩이처럼 통제할 수 없게 될 것이다.

법학자 이페오마 아준와가 상세한 증거자료를 바탕으로 작성한 글에서 밝힌 것처럼 차별은 시스템의 기본적인 특징이다.[71] 웹사이트의 드롭다운 메뉴에서 특정 출생 연도를 제외함으로써 특정 집단을 배제할 수 있고, 페이스북의 필터를 사용해 사용자에게 맞춤형 구인 광고를 띄울 수 있다. 대학 연구와 경력에 관련된 질문을 특정 방식으로 작성함으로써 자격 요건이 충분한 여성 지원자를 간접적으로 차별하기도 한다. 예를 들어, 아마존은 소극적인 지원자를 걸러내는 데 사용하던 인공지능 채용 시스템을 폐기해야 했는데, 이 시스템이 여성 지원자에게 불리한 편향성을 보였기 때문이다. 아마존 인공지능 시스템은 남성 지배력이 강한 기술 업계의 특성상 "남성 후보자가 바람직하다고 자기 자신을 학습"시켰고, "남성적" 표현이 부족한 여성 지원자들의 이력서를 탈락시켰다.[72] 불황 속에서 정규직 취업 기회를 잡지 못하고 취업난을 겪고 있는 사람들도 마찬가지다. 알고리즘은 성별, 인종, 사회적 출신과 관련한 편견을 도입하거나 발전시키는 능력이 탁월하다.

과거의 데이터가 차별적인 관행을 반영하고 있다면 데이터에 따른 결과 역시 차별적일 것이다(컴퓨터과학자들에 따르면, "쓰레기가 들어가면 쓰레기가 나온다"). 시스템의 예측과 결정은 과거와 시스템에 입력된 일련의 값이 결정하는 틀에서 한 치도 벗어나지 않는다.[73] 중요한 점은 유럽연합을 비롯한 각국 정부가 알고리즘의 역동성과 복합성이 일으키는 다차원적인 차별에 대항할 법적 구제 수단을 완벽하게 갖추지 못했다는 사실이다.[74]

의도치 않아서 더욱 제어하기 어려운 프로세스가 있는데, 문제는 이 프로세스가 특정 데이터에 대한 잘못된 해석과 관련이 있다는 점이다. 예를 들어 자동차 사고 빈도에 관한 통계가 교통량이 극심한 도시 중심부에서 사고 발생률이 높다는 점을 보여 준다면, 도심에 거주하는 주민들의 자동차 보험료가 비싸지는 결과로 이어질 것이다. 이러한 현상은 특히 교외 주택가에 거주할 만한 여유가 없는 소수 인종이 도시 중심부에 모여 사는 대도시(유럽 이외의)에서 많이 발생한다. 보험 회사의 알고리즘이 의도적으로 소수 인종을 차별하도록 프로그래밍되지 않았을지 모르지만, 중립적인 상관관계를 갖고 있는 데이터가 차별적인 결과를 생성하는 것은 분명하다.[75] 직원들의 재직 기간을 늘리기 위해 고심하는 고용주는 통근 시간이 이직률 감소에 큰 영향을 끼치는 변수라는 점을 데이터 분석을 통해 깨닫는다. 그러나 데이터 속에 가려진 진실은 통근 시간이 주택 구매 능력이나 인종과 강한 상관관계를 가지고 있다는 것이다.[76]

상당히 명백해졌지만, 불완전하거나 왜곡된 정보는 이미 배제돼 불리한 상황에 놓인 집단에 또 다른 불이익을 가져다줌으로써 여성혐오, 인종차별, 권위주의의 유산을 강화한다.[77] 특히 실업급여, 부양수당, 주택보조금, 예측 치안 유지와 같은 정책을 담당하는 정부나 행정기관이 이러한 시스템을 채택하면 빈곤층에 대한 과세가 한층 늘어날 것이다.[78] 정치학자 버지니아 유뱅크스에 따르면, 자동화된 의사 결정 시스템에 의해 부당하게 불이익을 받은 사례를 살펴보니 시스템의 약점인 유연성 부족과 설명 불가능성이 결정적으로 작용한 사례가 대다수였다.[79] 이 불균형의 정도는 고질적일 가능성이 높으며, 그 결과는 프란츠 카프카와 찰스 디킨스 사이 그 어딘가에 자리한다. 오류와의 싸움은 힘들다.[80]

인력 채용 방식으로 고용 전 단계에 이뤄지는 프로파일링이 점점 더 대중화되는 가운데, 오늘날에는 감정, 성격 특성, 행동을 추적하기 위한 인공지능 기반 얼굴 및 음성 분석 역시 주목받고 있다. 특히 대기업이 이러한 시스템을 활용한다. 대기업은 대규모 신입사원 모집을 통해 인재를 채용할 때 재킷과 넥타이로 멋을 낸 헤드헌터보다, 이러한 기술이 훨씬 신뢰할 만하고 비용 측면에서도 매력적이라고 확신한다. 실제로《포춘》이 선정한 500대 기업의 98%가 채용 단계에서 알고리즘 또는 데이터 구동형 시스템을 사용하고 있다.[81] 여러 식품 브랜드와 위생 제품 브랜드를 소유한 다국적 기업은 영업 부문 지원자에게 영상통화를 통해 몇 가지 질문에 답하도록 요구하는 것으로 알려져 있다. 그 영상들은 성공적인 채용으로 이어진 과거의 모든 면접 내용을 프로그래밍한 인공지능 시스템에 의해 걸러진다. 평가에는 웃는 얼굴, 눈짓, 몸 떨림 같은 제스처뿐 아니라 사용하는 동사의 형태, '우리'보다 '나'를 언급하는 횟수, 선택한 어휘의 난이도, 문장의 길이 등이 영향을 끼친다. 결국, 기준에 부합하지 않는 사람들은 배제된다.[82] 이 메커니즘은 자영업자와 계약할 때도 적용되는데, 인공지능 시스템은 스마터러 같은 플랫폼에서 평가 및 세부 정보를 활용해 도급 업체의 웹 카탈로그를 검토한 뒤 자영업자들을 선택한다.

데이터 필터링은 '블랙박스'에 맡겨진다. 블랙박스는 정보를 수집하고, 통계적 분석을 실행하며, 온라인 이력서에 있는 키워드를 기반으로 결정을 내린다. 데이터는 통화 횟수와 길이, 근무시간 중 열람한 웹사이트 목록, 동료 간 대화 내용과 대화 당시 목소리 톤, 개인 소셜 미디어에 표시된 태그와 위치 정보가 추적한 방문 장소 목록 등 직장 안팎의 다양한 소스에서 수집할 수 있다. 만약 '자연어 처리' 가능성을 추가해서 텍스트 문서까지 컴퓨터로 분석할 수 있다면, 블랙박스는 노동자 자신도 모르는 개인적인 특성이 포함된 아주 구체적인 정보까지 수집·분석할 것이다.

프리딕팀(Predictim)이라는 상징적인 이름의 온라인 서비스는 사용자가 소셜 미디어에 올린 글을 모두 스캔하고 분석해서 지원자의 성격을 추측하는 프로파일링 서비스를 제공할 수 있다고 장담한다. 유타주에 있는 하이어뷰는 이 분야를 선도하는 기업으로, 눈썹을 치켜올린 표정, 미소 짓는 표정, 턱을 치켜든 표정, 입술을 꽉 다문 표정 등 얼굴과 언어 정보가 담긴 2만5,000개 이상의 표본 데이터베이스를 카메라와 알고리즘을 사용해 분석함으로써 채용 가능성을 측정할 수 있다고 주장한다. 하이어뷰는 미래 고용주가 선택한 여섯 개의 질문을 사용해서 50만 개의 개별 데이터 및 얼굴 특징을 처리한다. 여섯 개 질문의 구성 요소마다 할당된 점수가 지원자에게 주어진다. 성공 지수는 실력, 근성, 학습 태도, 성실성, 책임감, 가족력, 소비 성향, 정서적 안정성 등의 지표를 바탕으로 산출된다. 하지만 "미소 띤 얼굴에서 행복을, 쏘아보는 눈길에서 분노를, 찡그린 표정에서 슬픔을" 추측하는 것은 터무니없다.[83] 더 심각한 것은 지나치게 일반적이고 단순한 방법으로 정보를 생성하는 이 방법이 표본 간 문화 차이를 과소평가한다는 사실이다.

연구자들은 이 시스템이 "과학적 사실에 기초하지 않은 표면적인 분석과 자의적인 수치 처리의 합작품"이라고 주장한다.[84] 실제로 2021년 1월 하이어뷰는 "대다수의 직무 및 업계에서 외모 분석은 알고리즘이 평가하는 다른 요소보다도 직무 성과와의 상관관계가 훨씬 적다"라는 결론에 도달한 뒤, 직무 평가 목적으로 얼굴 분석 데이터를 사용하지 않겠다고 발표했다.[85] 그러나 언어와 구술 관련 데이터는 경험의 개방성, 성실성,

외향성, 협조적인 성격, 정서적 안정성 등 자질을 추측하는 데 여전히 중요한 요소이며, 고용 적합성 평가에 활용된다.[86] 미국의 일부 대학은 졸업생의 경쟁력 강화를 위해 교육과정에 이 유사 과학의 기초 과정을 도입할 예정인 듯하다. 따라서 미소와 전략적인 키워드 사용과 같은 편법을 적절하게 사용하는 방법이 대학 수업에 포함될지도 모른다. 이러한 시스템이 효과적일수록 새로운 직원이 기존 직원의 문화를 따르고, 이는 기업 문화의 획일화로 이어질 가능성이 크다. 결과적으로 기업 문화의 균질화는 돌이킬 수 없는 현상이 될 것이다.

채용 자동화는 인사 담당자가 지원자의 과거 경력과 회사에서 진행 중인 프로젝트를 고려해 회사의 위상에 적합한 기술 보유 여부, 잠재력, 적성, 성향 등 지원자를 심층 분석할 수 있다는 장점이 있다. 또한 노동시장과 지원자 자원의 경계를 넓힐 수 있다는 장점도 있다. 구매자에 비해 공급자가 많다면, 구매자가 유리한 위치를 점유하게 된다. 채용의 모든 단계에는 불확실성이 따라다닌다. 일자리를 제공하는 회사와 일자리를 찾는 지원자 모두 상대방이 헌신, 성실한 태도, 신뢰성과 같은 자질을 가졌는지 평가하는 것은 거의 불가능하다. 이 만성적인 불확실성은 지원자의 이력과 기업이 제시하는 일자리 간 불일치를 일으키고, 이론적으로 기업을 마비시킬 위험이 있다. 한편, 시간과 비용이 많이 들더라도 미래의 직원을 면밀한 관찰을 통해 선택할 수 있다. 그러면 회사는 직원과 안정적인 관계를 맺음으로써 낮은 이직률이라는 보상을 받으며, 장기적이고 알찬 동반 관계는 생산성 향상과 성공으로 이어진다.[87]

현재 시행 중인 규정은 직관적이지도, 검증할 수도 없는 채용 자동화 과정을 완벽히 규제할 수 없다. 2018년 유럽연합 일반정보보호법(EU

Data Protection Regulation, GDPR)의 시행은 정보 보호 분야의 국제적 리더라는 유럽연합의 오랜 지위를 더욱 확고히 하는 계기가 됐다. 유럽정보보호위원회는 이미 이 법이 시행되기 전에, 지원자의 개인정보를 수집할 때 채용 여부와 상관없이 지원자에게 정식으로 통보해야 하고 수집 정보의 범위를 채용 분야로 제한해야 한다고 명시한 바 있다. 또한 모든 정보 수집 활동은 채용 절차를 완료한 뒤에는 그 정보를 파기한다는 전제 아래 이뤄져야 함도 명시하고 있다.[88] 유럽의 여러 정보 보호법 해석에 관한 일반적인 지침 마련이라는 사명을 띤 유럽정보보호위원회는 유럽연합 안에서 마우스와 키보드 움직임, 화면 속 활동을 추적하는 행위를 금지한다. 이러한 관행은 부적절한 감시 방법으로서 사생활과 개인의 존엄성에 관한 지역 내 법적 전통과 양립할 수 없다고 명시하고 있다.*

유럽연합 일반정보보호법은 인공지능을 이용한 직원 채용과 관리 관행을 규제함으로써 "자동화된 의사 결정"과 "프로파일링"으로부터 노동자를 보호한다.** 특히 제22조는 강력한 보호 수단이 제공되지 않는 한 "법적인 효력"을 초래하거나 "이와 유사한 중대한 영향"을 끼치는 프로파일링과 완전히 자동화된 처리에 기반한 결정의 시행을 금지한다.*** 제22

---

* 2016년 4월 27일 유럽연합의회와 유럽연합이사회가 제정한 규정(EU) 2016/679은 개인정보 처리 및 해당 정보의 자유로운 이동에 관한 자연인 보호 규정으로, 지침 95/46/EC를 대체한다(일반정보 보호 규정).

** 프로파일링 맥락에서 개인정보의 자동화 처리와 관련한 개인 보호. 2010년 11월 23일 유럽평의회와 유럽위원회에서 채택한 권고 CM/Rec(2013)13 및 설명서.

*** 4(4)조는 일반정보보호법에서 상대적으로 새로운 개념인 프로파일링을 "특히 자연인의 업무 성과, 경제적 상황, 건강, 개인적 선호, 관심사, 신뢰도, 행태, 위치 또는 이동에 관한 측면을 분석하거나 예측하기 위해 행해지는 경우로, 자연인과 관련한 개인적인 특정 측면을 평가하기 위해 개인정보를 사용해 이뤄지는 모든 형태의 자동화된 개인정보의 처리"라고 정의한다. 구체적인 예로는 전자 채용이 있다(설명조항 71). 다음을 참조할 것. M Hildebrandt, 'Defining Profiling: A New Type of Knowledge?' in M Hildebrandt and S Gutwirth (eds) *Profiling the*

조에 대해 설명하는 설명조항 71은 "인간의 개입이 없는 전자 채용 관행"에 대해 언급하고 있다. 정보의 주체를 쉽게 식별할 수 있는 가명 처리된 정보도 이 조항 범위에 포함된다. 일반정보보호법의 규정은 완전히 자동화된 프로세스에만 적용되지만, 인간이 최소한으로 혹은 형식적으로 개입한 시스템에 대해서도 법원 등이 제22조의 범위에서 제외할 것인지를 판단한다.[89] 인간의 형식적인 선택에 따른 결정은 제22조가 명시한 일반적인 금지 사항을 무력화하는 대신, 오히려 정보 처리에서 "인간이 명령하는" 방식을 채택하도록 하는 계기가 됐다고 추정하는 것이 마땅하다.[90]

자세히 살펴보면, 자동화된 의사 결정 처리 금지 규정에는 중요한 예외 조항이 포함돼 있다. 프로파일링 또는 알고리즘 관리는 다음의 경우에 허용된다. (a) 정보 주체와 정보 관리자 간의 계약 체결이나 이행에 필요한 경우. (b) 유럽연합 또는 회원국의 법률에 따라 승인된 경우. 단 이 경우에 법은 정보 주체의 권리, 자유, 정당한 이익을 보호하기 위한 적절한 수단을 지정한다. (c) 정보 주체의 명시적 동의에 기초한 경우.[91] 하지만 고용 관계의 맥락에서 보면 자동화된 개별 의사 결정 처리 금지만으로는 충분하지 않다. 수많은 지원서를 자동으로 처리하는 등 인사 부문의 결정은 제22조 (a)항에 명시된 예외의 범위에 포함될 수 있기 때문이다. 다만 설명조항 71에 따르면, 사용자는 [노동자]의 권리와 자유, 정당한 이익을 보호하기 위해 적절한 조치를 마련해야 한다.* 또한 정보 관리 부문에서 적

European Citizen (Cham, Springer, 2008).

* AD Selbst and J Powles, 'Meaningful Information and the Right to Explanation', *International Data Privacy Law* (2017) 7(4), 233-42. 흥미롭게도 플랫폼 작업에 대한 지침 초안은 "플랫폼 노동자의 근무 조건에 중대한 영향을 끼치는 자동화된 의사 결정 시스템에 의해 취해지거나 지원되는 모든 결정"에 대해 설명을 얻을 수 있는 권리를 제공함으로써 목적적이고 체계적인 방식으로 이러한 불확실성에 대응하는 것으로 보인다(8조).

어도 인간이 개입할 권리, 즉 인간이 의견을 표명하고 결정에 이의를 제기하며 결정에 대한 설명을 요구할 권리를 보장해야 한다. 프로파일링이나 알고리즘에 따른 관리는 노동자의 명시적 동의가 있을 때만 일반적인 금지 조항으로부터 면제될 수 있다. 그러나 유럽정보보호위원회에 따르면, 노동자들은 협상력의 차이 때문에 "자유롭게 동의, 거부, 취소할 수 있는" 경우가 거의 없으므로 (직장에서 데이터 처리에 관한) 법적 근거에 동의할 수 없으며 동의해서도 안 된다.[92]

일반정보보호법은 또한 정보의 주체가 동의하거나 정보 처리가 공공 이익을 위해 필요한 경우가 아니라면, 알고리즘의 결정이 정보 주체의 인종, 건강 상태, 성적 지향, 정치적·이념적 성향, 노동조합에 대한 의견 같은 민감한 정보에 근거해서는 안 된다는 협상 불가능한 제한 조항을 규정하고 있다. 제22조의 야심 찬 목적이 현실에서 실현되려면* 자동화된 의사 결정이 투명한 기준을 준수하고, 노동자에게 영향을 끼치는 모든 결정에 대한 최종 책임이 인간에게 있음을 보장하며, 집단적 감시 모델을 확립할 수 있도록 입법과 단체교섭에 힘을 쏟는 것이 가장 설득력 있는 대응이다.** 일반정보보호법은 회원국이 법률 및 노동 협약에 따라, "특히 채용과 고용 계약의 이행, (…) 직무 관리, 기획 및 조직화, 직장에서의 평등과 다양성, 건강과 안전, (…) 및 고용관계 종료를 목적으로 한 개인정보

---

* 개정된 유럽평의회 조약 '제9조 개인정보 자동 처리에 관한 개인 보호 중 사람의 개입 없는 자동화된 의사 결정을 받지 않을 권리'를 참조할 것.
** '시 주권'의 모델은 암스테르담, 바르셀로나, 뉴욕이 추진하는 디지털 권리를 위한 도시 연합 모델로서, 공공 서비스에서 생성된 정보를 공동 관리함으로써 시민과 방문자의 개인정보를 보호, 홍보 및 모니터링하는 것을 목적으로 한다. L Dencik, 'Towards Data Justice Unionism? A Labour Perspective on AI Governance' in P Verdegem (ed), *AI for Everyone? Critical Perspectives* (London, University of Westminster Press, 2021). 267-84.

처리에서 노동자의 권리와 자유 보호를 보장하는 규칙을 도입할 수 있다"라고 명시함으로써 이 해결책을 뒷받침하고 있다. 이러한 규칙은 "정보 주체의 인간 존엄성과 정당한 이익, 기본권을 보호하기 위한 적절하고 구체적인 조치를 포함"해야 한다(유럽연합 일반정보보호법 제88조).*

유럽연합 일반정보보호법은 단독으로 작동하지 않는다. 일반정보보호법은 여러 주체가 설계한 복잡하고 난해한 규제들로 이뤄진 건축물의 주춧돌 역할을 한다. 회원국은 직장 내 직원 감시 및 정보 처리에 관한 조치를 도입할 수 있는데, 직장에서 직원의 활동을 추적 관찰할 때 사생활 침해를 막기 위해서는 정보 보호 당국의 역할이 중요하다. 전통적으로 유럽연합 관할 구역에서 고용 과정에 사용되는 장비를 포함하는 모든 감시 장비의 도입은 노동자 대표자와의 사전 협의, 또는 노동자 대표의 승인이 필요하다. 이 절차 규정은 개인정보 수집과 처리의 법적 근거가 되며, 회사는 적절한 관여를 통해 절차 규정을 지원해야 한다. 국내법과 판례법은 노동자 대표가 정보와 논의에서 소외되지 않고 결정에 참여하도록 보장한다. 이러한 요건을 준수하지 않으면 인공지능이 취득한 정보를 불법으로 간주하며, 이러한 자료나 정보를 사용하는 기업은 제재받을 가능성이 있다.

한편, 특정 기술들의 광범위한 영향력을 과소평가하는 경우가 상당히 많다. 유럽연합 일반정보보호법은 그 가치에도 불구하고, 시대의 흐름에

---

* 2020년 6월 유럽의 사회적 파트너들은 획기적인 기본 협정에 서명했다. 이 협정은 보안, 건강, 안전 및 효율성 측면에서 상당한 기여를 인정하는 한편, 근로 조건 및 노동자의 복지 악화 위험을 강조하고, 사생활을 침해하는 모니터링 및 개인정보 오용 위험을 제한하기 위한 "개인정보 처리에 대한 명확한 규칙을 통해 정보를 최소한도로 투명하게 사용할 것"을 요구한다. 흥미롭게도 정보 주체의 동의, 개인정보 보호 및 감시와 관련한 문제를 해결하기 위해 노동자 대표의 참여를 지지한다.

뒤처져 인공지능과 기계 학습 기술이 일으키는 개인정보와 관련한 새로운 문제에 효과적으로 대처하지 못하는 위험을 안고 있다. 옥스퍼드인터넷연구소의 산드라 와쳐 교수는 이 유럽연합의 규제가 정보 수집에만 초점을 맞출 뿐 정보 처리 과정을 무시하고 있다고 비판한다. 와쳐의 의견에 따르면, 일단 정보가 합법적으로 취득되면 추론 분석, 다시 말해 대량 정보로부터 반복 패턴을 추출하고 실시간 예측을 진행하는 알고리즘 프로세스에는 제한이 없으며 인간이 개입할 여지가 없다.[93] 이런 상황을 반영해, 구체적인 사실(예를 들어 누군가 정크 푸드(junk food)*를 대량으로 산다는 사실)에 기반한 정보 수집을 제한할 뿐 아니라 수집된 정보로부터 추론을 도출하는(예를 들어 동일한 개인의 특정 건강 상태를 예측하는 일) 과정까지도 제한해야 한다는 주장이 있다. 유럽정보보호위원회는 추론이 일반정보보호법의 규제 대상이라고 주장한다. 어쨌든 이런 점이 논의의 대상이 된다는 것 자체가 이러한 위험에 대한 유럽연합 입법자들의 인식 수준에 문제가 있음을 보여 준다.

그 밖에도 이론적인 관점에서 볼 때 근본적인 딜레마가 있다. 알고리즘은 현명한 판단을 내리도록 프로그래밍돼 있지 않다. 알고리즘은 가장 효과적인 방법으로 과제를 수행하지만, 이 과정에서 인간의 전형적인 특징인 유연한 접근은 아예 배제된다. 그렇다면 가치관과 원칙 사이의 균형에 대한 개념이 전혀 없는 시스템과 어떻게 소통해야 할까? 우리는 인공지능과 디지털 기술의 윤리에 관한 일반적인 논쟁에 얽매이는 대신 인권 보호 수단에 의지해야 한다.

유럽인권조약(ECHR) 제8조는 사생활과 가족생활, 가정과 통신을 존중

---

* 열량이 높고 영양가는 많이 떨어지는 인스턴트 음식이나 패스트 푸드 등을 가리킨다(옮긴이).

할 권리를 보호하고 있다. 유럽인권재판소는 이 규정을 노동자에 대한 과도하고 부당한 원격 감시 금지로 해석한다. 또한 2018년 유럽평의회는 1981년에 발효된 '개인정보 자동 처리에 관한 개인 보호를 위한 조약'을 현대화하기 위한 의정서를 채택했다. 갱신된 조약은 모든 개인은 '자신의 의견이 고려되지 않은 상태에서 자동화된 정보 처리를 통해 자신에게 중대한 영향을 끼치는 결정의 대상이 되지 않는다'라고 규정한다(제9조). 이 조약은 일반정보보호법의 관련 조항과 크게 다르지 않다. 하지만 시장 지향적 목적을 지닌 일반정보보호법의 효력은 이 조약에 미치기 어렵다. 유럽인권재판소 판례법에 따라, 기업은 알고리즘에 의한 고용 및 프로파일링 시스템이 차별적이지 않으며 다른 유럽 규범 및 원칙을 따르고 있음을 증명해야 한다.

또한 입증 절차를 더욱 간소화해 입증책임의 주체가 뒤바뀌는 일을 막을 필요가 있다. 간소화를 실현하면, 영업 비밀이나 지적재산권을 들먹이며 알고리즘에 대한 설명 가능성과 투명성, 통제 가능성을 보장하라는 요구를 거부하는 수많은 '알고리즘 봉건 영주들'의 주장에 대한 대응력을 기르는 데 큰 보탬이 될 것이다. 기업들은 알고리즘의 메커니즘이 초콜릿 누텔라의 비밀 성분이라도 되는 양 주장한다. 하지만 그 유명한 초콜릿 스프레드는 소비자의 허리둘레에나 영향을 끼칠 뿐 우리 삶에 대해 어떠한 결정도 하지 못하므로, 알고리즘의 메커니즘과는 큰 차이가 있다. 알고리즘의 메커니즘을 공개하지 않으려는 모든 시도는 저지돼야 한다.[94] 이러한 시도는 특히 매우 모순적인데, 시스템의 기밀성을 요구하면서 막상 정보 주체의 프라이버시는 손상하기 때문이다. 모든 법적 조치를 동원해서 불공평한 테크놀로지가 일으킬 수 있는 손해를 방지해야 한다.

정보 주체가 알고리즘이 도출한 결과를 이해할 수 있도록 운용 논리의 설명 가능성을 확보하는 것은 정보와 접근권에 관한 일반정보보호법의 제13~15조에 비추어 볼 때 아무리 강조해도 지나치지 않다.[95] 이 일련의 정보는 차별 소송을 제기하기 위한 열쇠가 될 수 있으며, 고용인이 그 의미의 기술적인 이해가 없는 상태에서 제3자가 제공하는 소프트웨어를 사용하는 것을 막을 수 있다. 자동화된 의사 결정 프로세스에 사용되는 메커니즘을 검증하고 프로세스에 적용되는 기준과 결과를 평가하는 것은 반차별 규정을 적용하기 위한 선결 과제다. 예를 들어 유럽연합 판례법은 고객이 직원에게 차별적인 행동을 한 경우는 물론이고[96] 편파적인 행동을 한 경우에도[97] 직원의 고용주에게 그 책임을 물을 수 있다고 인정한다. 자동화된 의사 결정 처리 과정에 대한 설명 가능성이 요구되는 중요한 이유다.

5

기술에 봉사하는 인간

인간 노동자는 혁신적이면서도 "인간이 작동하는" 데이터 구동형 도구 개발에 돈을 쏟아붓는다. 그리고 아이러니하게도 이 알고리즘의 집합에 관리되다가 어느 한순간 일자리를 잃고 만다. 결국 인간은 블루베리 머핀과 치와와의 코조차 구별하지 못해서[1] 끊임없는 감독과 도움이 필요한 새로운 테크놀로지에 일자리를 빼앗기고 있다. 데이터 구동형 도구의 목적은 가능한 한 많은 데이터를 생성·수집·처리하는 것이며,[2] 이를 위해 노동자 프로파일링, 활동 감시, 대상, 목표, 짜내기 등 다양한 수단이 동원된다.

익히 알고 있듯이 이러한 경향은 테일러식 모델의 고도화된 형태, 다시 말해 개념과 실행을 분리하고, 균일하고 측정 가능한 결과를 얻기 위해 재량을 최소화하는 관리 전략이라고 할 수 있다. 테일러식 모델의 문화적 배경은 20세기 초 프레더릭 테일러(Frederick Winslow Taylor)가 제안한 '과학적 관리' 전략에서 비롯됐다. 하지만 현대판 테일러식 모델의 생산 관행은 과학적 관리의 중요성을 잃어버린 채 노동 역사의 새로운 장을 써 내려가고 있다. 현대의 생산 모델은 가장 맹렬한 테일러주의 지지자들도 미처 떠올리지 못했던 극단적 테일러주의에 근거하고 있는 것 같다.

논의에 들어가기에 앞서, 자동화가 곧 인간에게 더 큰 자율성을 부여한다는 뜻은 아니다. 따라서 디지털 문물을 조사할 때는 관리자와 노동자 사이의 (이미 불균형한) 역학 관계의 변화를 깊이 파고들 필요가 있다.[3]

테크놀로지는 이제 일상생활의 영역에서조차 수십 년 전 소매 업계에서 시작된 'DIY 트렌드' 확산에 일조하기 시작했다.[4] 많은 분야에서 과거에 정규직 직원이 하던 업무를 고객이 직접 해야 하는 사례가 늘고 있다. 사람들은 공항에 도착하기 전에 애플리케이션을 통해 예약하거나 체크인 절차를 완료해야 한다(단, 너무 빨리 해서는 안 된다). 마음 편하게 일하려면 자신의 디지털 장비를 챙겨야 하고, (박물관, 영화관, 기차역, 대학 도서관 등에서) 직접 바코드를 스캔하거나, 줄 서서 돈을 내기 전에 먼저 키오스크 화면에서 샐러드 재료를 골라야 한다. DIY 모델은 팬데믹 기간에 대면을 통한 감염 위험을 줄이기 위해 최근에 다시 활성화됐다. 마찬가지로 노동자들은 자신의 가용성(availability) 여부를 표시하고, 자신의 위치 추적 여부를 허용하고, 동료들을 평가하고, 모든 것이 통제된 어항 같은 환경에서 탄력근무제로 일하도록 요구받는다.[5] 노동자들은 핫데스크(Hot-desk)* 시스템을 통해 공간 예약하기부터 하루 중 생산성이 낮은 시간 특정하기

---

* 하나의 데스크를 여러 명이 각기 다른 시간에 임시로 사용하는 조직적 업무 공간을 말한다(옮긴이).

에 이르기까지 직무 현장의 역학 분석 도구로 쓰이고 있다.

좋았던 옛 시절에 대한 향수에 젖어 있을 때가 아니다. 우리는 현재 유행하는 모델이 그 기저에 특이한 자율성의 개념을 가정하고 있음에 주목해야 한다. 이 개념 속에서 우리는 자신의 조수로 변신하거나 다른 사람의 대체재가 되기도 한다. 예측 불가능한 오해의 미로 속에 무력하게 갇혀 있다고 느낀다.[6] 우리는 비즈니스 모델의 핵심 행위를 외부에 위탁하고 행위의 결과를 제3자(혹은 서비스 사용자 자신)에게 전송하게 하는 기업의 끊임없는 노력에 무관심해서는 안 된다. 앞서 논의한 것처럼, 일의 운명은 일이 '평가되는' 방법에 따라 결정되기 때문이다. 특정 상황에서 우리가 스스로에게 요구하는 활동은 얼마나 가치 있을까? 고객이 쉽게 수행하는 일련의 작업은 기업에 얼마나 의미 있을까? 우리가 특정 직무를 스스로 수행한 결과는 그 직무의 가치 하락이며, 직무에 대한 평가절하는 직무의 대체 가능성을 높이고 인력 감축으로 이어진다. 결국 우리가 직면하는 것은 부분 자동화가 이뤄지면서 임금이 하락하고, 경쟁이 격화되고, 노동자에 대한 보호 수준이 낮아지는 자기 충족적 예언이다.

이러한 영향을 직시하지 않는다면, 우리는 삶이 더 나아진다는 진보에 대한 믿음에 발등을 찍히고 말 것이다. 우리의 사생활과 직업적 정체성을 나누는 경계선이 매우 얇다는 점을 고려하면, 그 믿음은 완벽한 불신으로 변질된다. 우리는 클라우드에 연결된 기술 장치를 다룰 때마다 그것이 실제로 얼마나 우리의 삶에 깊이 침투해 있는지 따져 봐야 한다.

몇 달 전 미디어 회사인 쿼츠의 IT 매니저의 사례가 신문에 소개됐다. 기사 속 주인공은 불행하게도 가짜 아이튠즈 기프트 카드를 받는 바람에 사기 피해자가 되고 말았다. 15년 동안 애플 서비스의 우수 고객이자 애플 제품의 단골 구매자였는데도 자신의 계정에 접근조차 할 수 없게 되었다. 그 결과 그는 수년에 걸쳐 사거나 저장한 모든 디지털 파일(1만5,000달러 상당의 전자책, 오디오 트랙, 영화, 사진 등)을 잃었을 뿐 아니라 업무조차 처리할 수 없었다. IT 기기에 꼭 필요한 정기적인 업데이트가 불가능해졌기 때문이다. 더 심각한 점은 고객 서비스 센터의 주장대로 이 모든 것이 피해자가 이미 '동의한 이용약관'에 따라 이뤄졌으므로, 아무런 이의를 제기할 수 없다는 사실이었다. 우리가 늘 그렇듯, 그 역시 제품을 구매할 때 '모든 조건을 읽고, 이해하고, 동의한다'라는 조항을 포함한 약관의 동의 서명란에 아무 생각 없이 자신의 이름을 적어 넣었다.

이 사건은 피해자가 다시 자신의 계정에 접속할 수 있게 되고, 시스템의 구조적인 문제를 문제 삼지 않겠다고 약속함으로써 해피엔딩으로 일단락됐다. 하지만 우리는 두 가지 이유에서 애플의 경쟁자인 테슬라, 구글, 마이크로소프트, 닌텐도, 에픽게임즈, 삼성, 소니 등 모든 회사가 같은 문제에 봉착할 것이라고 예상할 수 있다. 우선, 디지털 도구가 완전히 우리 것이 되는 일은 절대로 일어나지 않는다. 원격 어시스턴트, 가상 계정 액세스, 스토리지 프로그램, 클라우드 서비스, 심지어 계획적 노후화 전술 등 디지털 도구의 모든 기능은 모기업에 전적으로 의존한다. 다음으로, 마음에 들지 않는다고 해서 경쟁사의 제품으로 옮겨 가는 것은 큰 비용이 들 뿐 아니라 과정이 매우 복잡하다. 이는 비슷한 상품 혹은 서비스로의 이전을 막는 자물쇠 효과를 낳는다. 호환성의 문제 때문에 일부 디지털 장비들의 사용을 포기해야 한다. 기업들은 다른 기종의 두 시스템이 아무런 제약 없이 서로 호환되도록 상호 운용성을 확보하겠다고 약속했지만, 그 약속은 오랫동안 지켜지지 않고 있다.[7] 하지만 사용자뿐 아니라 노동문제를 다루는 학자, 정책 입안자마저도 알고리즘 관리와 인력 분석에 대한 장단점을 분석할 때 이 부분을 간과하곤 한다.

꼭 필요한 줄 알고 가입했는데 유료 서비스 가입을 유도하는 게이트웨이였거나, 가입이 철회될 수 있는 평가판 프로그램이어서 실망한 적이 얼마나 많은가? 우리가 보물처럼 여기는 디지털 재산들은 어떨까? 우리가 유의미하게 통제하지 못하는 서비스나 제품 때문에 이러지도 저러지도 못하게 될 가능성은 없을까? 주로 상업적 논리에만 반응하는 기업이 공급한 인공지능 기반 관리 도구가 개인의 사생활 혹은 직장 생활에 이미 깊숙이 관여하고 있는 현 상황을 바꾸는 것이 이치에 맞지 않을까? 디지털 장치에 빼앗긴 독립성을 되찾고, 장치 간 자유로운 이동을 가능하게 하는 상호 운용성을 확보하기 위해 그 어느 때보다 강하게 문제를 제기해야 한다.

정보가 기술 서비스 분야에서 모든 작업 모델의 정맥을 타고 흐르는 생명선이라면, 감시 애플리케이션은 사소한 보상을 대가로 자신의 개인정보를 공유할 준비가 된 사용자와 노동자의 덕을 톡톡히 본다.[8] 거짓말에 능한 기술 중심 기업들은 건강 프로그램이라는 이름 아래, 또는 전문적인 콘텐츠에 게임의 원리나 재미난 요소들을 적용하는 게임화(gamification) 요소의 도움을 받아 사용자에게 끊임없이 정보를 입력할 것을 권장한다. 그리고 사용자는 무료처럼 보이는 서비스에 마음껏 접근할 권리를 얻기 위해 부지런히 개인정보를 입력한다. 다행스럽게도 당국은 이 악마와의 계약의 위험성을 인지하고 규제로 그 위험성에 맞서 왔다.[9] 반면, 직장에서 공유된 개인정보에 대한 접근은 훨씬 쉬운데도 지금까지 외면받고 있다.[10]

이러한 상황에 권위주의적 일 처리 방식과 소비자의 건강염려증까지 더해지면서, 정보 주체가 흘린 부적절한 양의 디지털 "지문"과 디지털 "빵 부스러기"가 온라인 세계에 돌아다닌다. 일일 보행 수, 심박수, 월경 주기, 수면 유형 등을 알려주는 스포츠 애플리케이션이나 개인 추적 애플리케이션 시장이 급격히 커지고 있다.[11] 온라인에서 공유된 사진들은 인간관계, 위치 정보는 물론이고 경제 상황, 정치적 성향, 직업 성향, 질병 가능성까지 알려주는 훌륭한 정보원 역할을 한다. 수면 도중 코골이 여부까지 알려주는 스마트폰이 일과 중 모든 대화를 녹음하고 은행이든, 기업이든, 법 집행 기관이든 최고 입찰자에게 되팔 수 있도록 정보를 추출·수집하는 일이 꿈속에서나 가능하다고 생각한다면 큰 착각이다.[12] 누군가는 편안한 숙면을 이렇게 과대평가한 적이 없다고 말할지도 모른다.[13]

위에서 언급한 내용은 모든 면에서 직장 내 직무와 밀접한 관련이 있다. 2020년 9월 현재 유럽 내 40% 이상의 기업이 알고리즘을 이용한 기술을 적어도 한 개 이상 채택하고 있고, 나머지 18%의 기업 역시 이듬해에 관련 기술 도입 여부를 검토하고 있었다.[14] 우리는 변곡점과 마주하고 있다. 우리가 딛고 있는 땅은 취약한데 눈사태의 위험은 심각하다. 따라서 중요한 정보 기반 시설에 대한 통제권을 되찾기 위해서 기술 중심 기업은 물론이고, 특히 규제 당국에 많은 것을 요구하는 것이야말로 우리 모두의 책임이다. '무료 서비스를 받으려면 당신 자신이 상품이 돼야 한다'라는 논리와 싸워야 한다. 그럴 필요가 없기 때문이다. 더 많은 권리와 더 높은 수준의 기밀성을 보장하고 개인정보 수집을 제한하라는 주장은 결코 무리한 요구가 아니다. 우리의 목표는 개인정보의 무결성과 기밀성이 침해됨으로써 일어나는 광범위한 불안과 의심이 일상화되는 환경을 막는 것이다.[15] 그러나 우리가 숙명론을 받아들이거나, 엄격한 규제 혹은 가혹한 제재는 진보를 가로막는 장벽일 뿐이라는 그릇된 주장을 믿는 한 이러한 목표를 실현할 수 없다. 모두의 예상대로 실리콘밸리의 로비스트들은 이렇게 주장하겠지만, 규제 당국이 그들의 주장을 수용해서는 안 된다.

이제부터는 빠른 속도로 이뤄지는 직무의 디지털화에 대해 더욱 주의 깊게 이야기함으로써 취득·축적·평가되는 정보의 폭, 즉시성과 관련된 "유전적 변이"에 대해 설명하려고 한다.[16] 이 변화는 인간의 시선이나 관료적인 관리 능력을 넘어서 경영권의 본질에 영향을 끼친다. 일반 산업과 기술 집약적 산업 분야의 노동자 모두 과거의 직접적인 감시가 기술 관료가 통제하는 시스템으로 전환되는 과정을 목격하고 있다. 그리고 권력이 점점 광범위해지고 기만적이고 엄격해지면서 상사의 특권이 확대되는 상황을 경험하고 있다.[17] 노동자에 대한 지배는 실시간으로, 범위를 한정하지 않고 무자비하게 이뤄지며 직장이나 근무시간에만 국한되지 않는다. 불행하게도 법이나 사회적 합의에 따른 보호 시스템마저 점점 심해지는 지배의 양상에 제동을 걸지 못한다. 이론적으로 기존 규칙을 좀 더 효과적으로 시행한다면 의미 있는 견제가 가능할 수도 있다. 하지만 광범위한 변화는 현실과 보호 시스템 간 격차와 규제가 가진 허점을 적나라하게 드러낸다.

정량화되는 인간들

인력 관리 부문에서는 한창 인기를 얻고 있는 '노동력 분석' 기법의 사용 가능성이 큰 기대를 모으고 있다. 노동력 분석 기법은 직원의 성과를 관리·측정·분석해 그에 따른 보상과 인센티브를 구상하며, 승진과 기술 투자 메커니즘을 강구하고, 즉각적인 피드백 제공을 위해 직원에 대한 대량 정보 및 지표를 효과적으로 사용하는 방법을 말한다. 그런데 조사에 따르면, 내부 프로세스와 인력 관리를 담당하는 알고리즘이 통제 불능 상태에 빠져 오류를 범할 가능성이 있는 것은 물론이고, 노동자들이 상사와 동료뿐 아니라 소비자로부터도 끊임없이 평가받는 등 직무 자율성을 침해당하는 것으로 나타났다.

정보를 추출할 수 있는 장치는 무수히 많을 뿐 아니라 태블릿, 배지, 이메일 보관함, 스토리지 클라우드, 적외선 바코드 스캐너, 키보드, 터치패드에 이르기까지 그 범위가 매우 다양하다.[18] 최근에 '무선 주파수 식별 장치(RFID)'가 내장된 멋진 배낭이 기업의 직원용 선물로 인기를 끌었다. RFID 덕분에 이 배낭의 행방을 어디서든 파악할 수 있는데, 이는 곧 배낭을 멘 직원의 위치 역시 추적됨을 뜻한다. 여담이지만, 어떤 회사는 직원의 피하에 생체 칩을 삽입하거나 직원이 의자에 앉아 있는 시간을 측정할 수 있는 "스마트" 의자 쿠션을 사용하는 실험을 하기도 한다.[19] 주사기로 생체 칩을 이식받은 직원들은 몸 안에 중요한 비밀번호가 저장돼 있어서, 더 이상 사무실 출입증을 휴대할 필요가 없다.

많은 국가의 노동 관련 규정은 생산성 추적, 지적 재산을 포함한 기업의 자산 보호, 직업상 보건 및 안전 규정 준수 여부 확인, 위기관리, 해로운 활동과 위험 요소, 사기 예방과 같은 합리적인 이유가 있으면, 관리자가 노동자의 행동을 감시하는 도구를 사용하는 것을 허용한다. 사실, 고용관계에는 어느 정도의 관리가 이미 들어 있다. 하지만 때에 따라서는 법률에 따라 이러한 시스템을 도입하기 전에 노동자 대표 또는 공공기관의 승인을 받아야 한다.[20] 문제는 감시 도구와 노동자의 직무 수행에 필요한 도구를 구별하기가 쉽지 않고, 모든 도구에 대한 집단적 또는 공적 승인이 필요하지는 않다는 사실이다. CCTV는 분명히 감시 도구다. 그렇다면 일반 노트북은 어떨까? 노트북은 카메라처럼 노동자를 광범위하게 감시할 수 없을 것처럼 보인다. 하지만 알고리즘이 포착한 직원의 특징이 직무와 무관한데도 회사로부터 부당한 대우를 받는 근거로 쓰인다면 어떨까? 예를 들어 노트북에 깔린 소프트웨어가 어떤 직원이 특정 지역의 공공도서관과 관련이 있고 특정 인종적 배경과 연관이 있다고 추정한다면,[21] 차별금지법은 과연 효과적으로 이 직원을 보호할 수 있을까?

  기업은 기술 장치가 가진 다목적성 덕분에 의도적이거나 우연히 취득한 정보를 인사 관리에 활용할 수 있다. 기술 장치들은 내부 결함을 수정하고 고비용 프로세스를 개선하는 등 효율과 경쟁력을 키우기 위해 도입되는데, 이 모든 과정은 한 치의 오차도 없이 실시간으로 이뤄진다. 여기에 사용되는 센서와 칩은 아직 정확성이 떨어지지만 정교함이 꾸준히 개선되고 있고, 100%는 아니지만 노동자의 심리 상태에 대한 광범위한 이미지까지 제공할 수 있다. 심장 박동, 목소리 톤, 표정은 물론 뇌파와 같은 생체 데이터 분석까지 가능해짐으로써 거짓말탐지기의 현대판[22] 수준으로 진화하고 있다.[23] 이것은 인간의 뿌리 깊은 꿈 가운데 하나가 실현되는 것을 의미한다. 이제 우리는 타인의 마음을 읽고 반응을 감지하며, 행동을 예측하고 통제함으로써 잠재적 적대 세력을 사전에 제거할 수 있을지도 모른다.

  군에서 피로도와 불안, 긴장감에 대한 실시간 정보 지도를 얻기 위해 이러한 응용프로그램 대부분을 시험해 본 것은 결코 우연이 아니다. 물론 이 프로그램들은 일상에서도 다양하게 쓰인다. 예를 들어 팀원의 이직 가능성을 추정하는 데 쓸 수 있다. 맥킨지&컴퍼니의 보고서에 따르면,[24] 최고의 인력 유지를 원하는 회사의 관리자라면 개인별 맞춤 보너스 계획을 세우는 것이 좋다. 단, 회사에 남을 것으로 예상되는 직원들은 보너스 계획에서 배제된다. 이것은 고객의 지출 성향에 맞춰 같은 서비스에 다른 가격을 매기는 "가격 차별" 마케팅 기법을 복제한 것이다. 다만, 이 방식을 현재 반독점 당국이 조사 중이다.[25] 요컨대, 우리는 마음을 읽고자 하는 우리의 꿈이 디스토피아적인 악몽으로 바뀌지 않도록 경계해야 한다.

새로운 시스템은 우리가 "관련성"을 인식하지 못하는 정보들의 통계적 상관관계를 식별하도록 프로그램돼 있다. 이들은 새로운 정보를 지속해서 흡수하고 학습을 통해 새로운 상관관계를 찾아낸다.[26] 디지털화, 포괄적인 정보, 광범위한 감시 비용 면에서 효율적인 이 세 조합은 고용관계에 관여하는 당사자들 간의 정보와 권력의 비대칭성을 심화한다. 그 결과 노동자들은 관리자 앞에서 벌거벗은 신세가 되고 만다.[27]

직원들은 회사가 요구하는 대로 자기 평가나 개인정보 수집 양식에 자신의 개인정보를 채워 넣음으로써 기업의 인건비 삭감 전략에 무상으로 이바지하고 있다. 감시당한다는 사실을 깨닫지 못한 채 기꺼이 회사의 요구에 응한 결과는 바로 자신들에게 매겨지는 순위다. 하지만 생산성을 측정하기 위해 선택된 파라미터가 '생산성과의 개연성이 낮다'라면 이 순위에 대한 의구심이 커진다. 우리가 보낸 이메일이 팀 내 다른 직원에게 전송되는 수를 추적하는 알고리즘에 대해 생각해 보자. 이 알고리즘의 개발자에 따르면, 전송된 이메일이 많을수록 당신은 회사의 '아이디어 뱅크'일 가능성이 크다. 다만 당신이 전달한 아이디어가 그저 가벼운 농담이었는지, 혹은 회의 시간이나 휴식 시간에 생각해 볼 만한 훌륭한 제안이었는지는 아무 상관이 없다. 이런 터무니없는 시스템을 떠올리는 사람이 어디 있겠냐고? 그런 당신의 생각을 재고할 필요가 있다. 이 지표는 잠재적인 내부자 거래나 위법 행위를 엄격하게 규제하는 은행 업계에서 실제로 널리 사용됐다. 그뿐 아니라 이제 대형 법무법인이나 컨설팅 회사가 앞다퉈 채택할 만큼 인기 있는 지표다.[28]

최근 들어 정보를 수집·분류하고, 직무 흐름에 나타나는 병목 현상이나 일탈 행위를 파악하기 위해 다양한 알고리즘 형식이 사용되고 있다.[29] 데이터 사용은 관찰적이거나 기술적(記述的)인 특성을 띤다. 가끔 혼란스럽거나 단순하고 부정확할 때도 있지만, 데이터는 디지털 변환 과정을 거쳐 섬뜩한 현실을 묘사하는 숫자와 통계로 바뀐다. 오늘날 기계 학습에 사용되는 추론 분석에 대한 의존도가 높아지면서 데이터 묶음에 대한 확률론적 평가가 가능해졌다. 그 결과 관리자는 데이터 내 패턴을 이해하고, 팀 내 역학과 미래 행동, 경력 전망에 대한 예측을 내놓을 수 있다.[30] 프로그래밍된 목적에 따라 수행되는 예측 분석은 정교한 통계 모델에 의존한다. 관리자들은 이 통계 모델을 통해 데이터에 존재하는 패턴이나 상관관계[31]를 포착할 수 있다. 이 정보들은 관리자가 일상적인 쟁점들에 대해 인사 결정을 내리는 기반이 된다.[32]

이 통계 모델을 도입함으로써 관리자들은 내부 위협을 예측하고 의심스러운 행동을 포착할 수 있다. 과도한 다운로드나 의심스러운 수신자에게 전달된 이메일, 또는 수상한 시스템 접근 등 비정상적인 활동 정보들이 책임자에게 전달된다. 동시에 시스템은 암묵적인 처벌과 보상을 함으로써 직원들의 반발을 억제하고, 그 결과 더욱 완전한 정보를 통해 권력 역학을 재설계하는 선순환이 이뤄진다. 강력한 데이터 기반의 기업 정책은 인간의 행동 혹은 기회를 미묘하게 조작하는 것을 목표로 한다.[33] 알고리즘 기반 시스템은 "규정된 대로 직무를 수행하는 것밖에 대안이 없는 환경을 조성"하는 선제 대응을 통해 노동자의 선택을 잔인하게 배제한다.[34] 기술은 노동자의 생각을 미묘하게 바꿀 수 있다. 역설적이지만, 때에 따라서 이 모델은 노동자에게 행동의 주인이 노동자 자신이라는 느낌을 갖게 한다.[35]

이른바 '블랙박스'의 내부 구조를 해독하려는 시도가 반복되고 있다. 하지만 완전히 자동화된 프로그램이 아닌데도, 특정 요구에 대한 시스템의 대응 전략이나 특정한 선택에 대한 반영 전략 모두가 직원들에게(때로는 관리자에게도) 미지의 영역으로 남아 있다.* 기본 구성 요소가 너무나 복잡하고 난해하기 때문이다. 또한 이러한 시스템은 새로운 직무나 자발적인 활동, 협력 활동을 평가할 때 편향성을 띠는 경향이 있는데, 이런 활동들은 측정하기가 쉽지 않기 때문이다. 끊임없는 징계 위협 속에서 일하는 직원들은 회사의 지침에 순응하는 한편, 독창적인 행동이나 필요 이상의 노력을 단념한다. 결국 창의성이 손상되고, 직원들은 회사의 정책에 군말 없이 따르는 것이 낫다고 여긴다. 직무 수행에 앞선 준비 활동이나 보조 활동, 안전성을 재확인하거나 보고서를 작성하는 것은 직무에 꼭 필요한 행위인데도 직접 평가에서 제외되며, 대부분은 적절한 보상마저 주어지지 않는다. 더욱이 직무는 조금만 복잡해져도 다른 동료와의 협업이 필요

---

* F Pasquale, *The Black Box Society: The Secret Algorithms That Control Money and Information* (Cambridge MA-London, Harvard University Press, 2015); BD Mittelstad et al, 'The ethics of algorithms: Mapping the debate', *Big Data & Society* (2016) 3(1), 1-12. 여기에서는 특정 가치와 관심을 우선시하는 사용자가 원하는 결과를 염두에 둔 상태로 매개변수를 구성한다고 주장한다.

한 경우가 대부분이므로 "개인의 성과를 집단의 성과에서 분리해서 판단하는 것은 어렵다."[36] 감시와 관련한 스트레스는 줄어들지 않고 오히려 새로운 문제를 키운다. 그 결과 시간이 지남에 따라, 축적된 지식을 분산시키는 높은 이직률과 직업병, 그리고 (어쩌면 당연한 결과이겠지만) 생산성 저하로 직원들의 복지 수준은 낮아지고 기업은 수익성 감소에 시달린다.

이 업계를 선도하는 기업인 휴머나이즈는 벤 웨버(Ben Waber)가 MIT 동료들과 함께 설립한 회사로, 보스턴에 본사를 두고 있다. 이 회사의 주력 제품은 '소시오메트리' 배지로, 마이크, 위치 센서, 가속도계를 내장하고 있다. 이 배지는 언뜻 보면 개찰구를 통과하거나 출근 도장을 찍거나 네트워크 프린터에 접근할 때 사용하는 배지와 비슷하다. 그러나 자세히 살펴보면 이 배지의 주요 기능은 정보 수집이다. 센서를 사용해 "참가자(직원)"가 움직이는지, 혹은 배지를 단 다른 참가자와 얼마나 오래, 얼마나 자주 이야기하는지 측정한다.[37] 그리고 수집된 데이터를 분석해서 직장 내 직원들의 의사소통이 업무 성취도에 어떤 영향을 끼치는지 판단한다. 휴머나이즈는 배지가 참가자의 대화나 웹 활동, 사무실 밖에서 이뤄지는 개인적인 활동을 기록하거나 측정하지 않는다고 장담한다. 그러나 일말의 망설임도 없는 회사 측의 호언장담은 오히려 의심을 키운다.[38] 그리고 어떤 식으로 특정 활동의 기록이나 측정을 배제하는지 분명하지도 않다.

좀 더 정확하게 말하면, 이 배지는 기업 내 협업 흐름을 파악하고 팀 간 소통 방식을 이해함으로써 성공적 직무 수행의 필수 요인을 찾아내는 것을 목적으로 한다. 이 전자 태그는 직무 성과를 추적하는 기록지 역할을 한다. 휴머나이즈는 조사나 관찰, 포커스 그룹(Focus group)*이 더 이상 필

* 인구통계학적으로 미리 정의된 소수의 참가자를 대상으로 하는 집단 인터뷰(옮긴이).

요 없다고 주장한다.[39] 당연하지만 이러한 전자 태그를 사용하는 기업은 휴머나이즈뿐 아니다. 여러 콜센터에서 널리 사용하는 코기토는 즉각적인 피드백을 통한 직원들의 효율성 향상을 약속하며,[40] IBM의 왓슨은 직원들의 성과는 물론 퇴직 가능성까지 예측한다. 퍼콜라타는 센서를 사용해 직원별로 "진정한 생산성" 점수를 부여하고 사내 순위를 결정한다. 코로나19 팬데믹으로 원격 근무에 의존하게 되자 경이로워 보이는 이런 종류의 소프트웨어에 대한 수요가 급증하고 있다.[41] 미국의 정보 기술 연구 및 자문 회사인 가트너에 따르면, 미국에서 직원 감시용 소프트웨어를 도입한 대기업의 수가 팬데믹 이후 두 배로 늘어나 전체 대기업의 60%에 이르고 있다.

육체노동 현장도 피해 갈 수 없다. 미국 각지에 산재한 아마존 창고 중 한 곳에서 노동자들이 노동조합 결성 활동을 했다는 이유로 해고된 일이 있었다. 부당 해고로 전국노동관계위원회에 제소된 아마존은 내부 알고리즘 시스템의 결과에 따라 실적이 부진하다고 판단된 노동자들을 해고했을 뿐이며, 알고리즘을 통제하거나 이해하지 못하는 현지 관리자는 이러한 결정에 발언권이 없다는 답변을 내놓았다.[42] 언제나 그렇듯이 직원의 직무를 돕는 도구가 통제 도구로 바뀌는 것은 한순간이며, 이러한 현상은 직원들에게 몇 가지 불안을 안겨 준다. 예를 들어 추적 장치를 사용해 노동조합 활동의 단서를 감지할 수 있다고 생각해 보자. 특정 장소에서 여러 개의 신호가 동시에 감지된다면, 감독자는 참가자들을 즉시 소환해서 시위 가능성을 봉쇄할 수 있다. 최근에 직원들의 단체행동 위험을 추적·예방하는 목적으로 도입된 적외선 열지도 생성 소프트웨어가 집단적인 분노를 일으킨 적이 있다.[43] 한편, 아마존은 센서와 알람을 사용해 창고 작업자들이 더욱 신속하게 상품을 찾을 수 있도록 돕는 추적용 손목 밴드에 대한 특허를 취득했으며, 월마트는 직원의 움직임을 감시하는 벨트를 시험하고 있다.[44]

뒤늦게 감시 시스템 도입에 나선 도미노피자는 고객이 주문한 피자가 제대로 배달되는지 확인하는 고객 전용 시스템을 새롭게 도입했다. 기계 학습과 인공지능, 센서를 기반으로 한 '돔 피자 체커(DOM Pizza Checker)' 는 관리 목적 외에도 서비스 품질 표준화를 위해 사용될 수 있다고 한다. 돔 피자 체커는 갓 구운 피자를 스캔하고, 메모리에 저장된 '표준 피자'와의 비교를 통해 형태와 양념, 치즈 상태를 확인함으로써 피자의 품질을 평균 이상으로 유지한다. 피자를 주문한 고객은 돔 피자 체커를 통해 피자가 구워지고 잘리고 배달되는 모든 과정을 실시간으로 확인할 수 있다. 도미노피자 측은 이것이 교육 프로그램일 뿐 피자계의 빅 브라더가 절대로 아니라고 주장한다. 하지만 우리는 해외에 오래 거주한 이탈리아인으로서 피자를 매우 진지하게 생각하는데도, 도미노피자 측의 조치가 과도하다는 점을 지적하지 않을 수 없다. 아이러니하게도 직원에 대한 보상 시스템은 물론 경고 수단과도 연결된 돔 피자 체커는 교육 목적으로 사용될 뿐 아니라, 징계 기능도 제공한다. 이와 비슷한 또 다른 예로는 주문용 음성 인지 시스템을 개발한 스타트업을 큰돈 들여 인수한 맥도날드가 있다.

얼마 전 디지털 매체 《버즈피드(BuzzFeed)》가 미국 레스토랑 가맹점과 개별 레스토랑 사이에서 인기가 높은 고객 후기 수집 시스템인 지오스크에 대한 특집 기사를 실었다. 편집자가 지적했듯이, 지오스크 같은 도구는 고객의 부정적 후기가 옐프나 트립어드바이저와 같은 공개 플랫폼이 아닌 레스토랑들이 관리하는 폐쇄형 시스템에 등록되도록 한다. 지오스크는 기업의 보호망 역할을 하면서 기업에 귀중한 정보를 제공할 뿐 아니라, 고객이 종업원을 평가하고 효과적으로 관리하는 도구로 기능하는 것이다.[45] 결국, 지오스크 덕분에 기업은 서비스에 만족하지 못한 고객의 비판을 은폐하면서 여전히 자료와 후기를 내부 데이터베이스에 수집할 수 있다. 심지어 이 정보들은 모든 형태의 감시망에서 벗어나 있다. 대체로 이러한 도구는 노동력을 관리하고 통제하는 장치가 된다. 차별을 배제할 수단이 없으므로 편향된 의견이 액면 그대로 받아들여질 위험도 상존한다.

판례법에 따르면, 미국에서 종업원은 기업이 소유한 기기를 사용해 직무를 수행하므로 사생활 보호에 대한 권리가 "합리적으로" 제한될 수 있다. 유럽연합과 달리 미국의 법체계는 사용자에게 더 큰 감시 권한을 부여한다.[46] 반대로 노동권을 강력하게 보호하는 여러 유럽 국가에서 이 같은 현실은 (적어도 공식적으로는) 부당한 노동 관행으로 여겨질 가능성이 크다. 문제는 수많은 '새로운' 노동계약에 내재한 모호함이 집단적 권리를 행사하거나 권리의 보호를 받는 데 장애를 초래한다는 점이다. 이러한 직장에는 노동조합이 없는 경우가 태반이고, 노동자의 연대 시도마저 디지털화로 좌절될 가능성이 있다.

사용자에게 위탁된 또 다른 활동인 '평가하기'는 공항 화장실, 레스토랑, 대학, 쇼핑센터, 행정기관 등 어디에서든 이뤄진다. 고객의 의견을 충분히 반영한다는 점에서 '평가하기'는 긍정적 측면이 있지만, 평가가 일반화돼 있다 보니 일련의 의혹이 생겨난다. 종업원은 (별이든 미소든 하트 모양이든 간에) 만점을 받아야 회사의 징계 처분이나 동료들의 부정적 반응을 모면할 수 있다. '5점 만점에 4점' 이하의 후기는 성과가 부진하다는 신호로 읽힐 위험이 있다. 정치경제학자인 피비 무어가 감시와 통제의 새로운 형태를 설명하는 저서에서 언급하다시피, 어떤 의미에서 감시 기술은 "자신의 정량화된 버전"을 설계하는 데 이바지한다.[47]

이런 종류의 시스템을 소개하는 보도자료에 따르면, 평가하기는 고객의 일반적 기대치에 부합하는 서비스를 제공하기 위한 것이라고 변명할 수 있다. 그러나 평가하기는 결국 고객이 항상 옳다는 가정을 반복해서 증명할 뿐이다. 고객은 서비스, 활동, 소통, 제품을 평가한다. 그런데 환대가 필수인 레스토랑이나 항상 미소를 띤 채 변덕스러운 손님을 달래며 그들의 환심을 사야 하는 계산대 직원에 대한 고객의 평가는 부정확하고 편향적일 때가 많다. 권력 불균형으로 직원들이 모욕적인 대우를 받거나 성희롱을 당할 가능성은 말할 필요도 없다. 부정적인 후기를 남기겠다는 협박 아래 온갖 종류의 공갈에 시달린 노동자들의 사례는 얼마든지 넘쳐난다.[48]

대중은 이러한 문제를 거의 인식하지 못한다. '이곳을 친구에게 추천하겠습니까?', '이 시설의 청결도는 어떻습니까?', '다시 이곳을 방문할 계획이 있습니까?'와 같은 질문에 얼마나 자주 아무 망설임 없이 대답함으로써 이 무시무시한 평가하기 관행에 동조했는지 모른다. 엄지손가락을 아래로 내렸을 뿐인데, 저임금노동자가 계약자 명단에서 배제될 수 있다는 사실을 전혀 모른 채 말이다. 다니엘 시트론과 프랭크 파스콸레가 정의하다시피[49] "점수를 매기는 사회" 속에서 인상은 데이터로 바뀌고 데이터는 점수로 바뀌며, 점수는 순위를 결정하고 순위는 영향을 끼친다. 숫자의 지배는 우리의 자기만족에 의해 더욱 강화된다.[50]

알고리즘 상사 밑에서 일하기

우리는 자동화의 결과에 의문이 들 때마다 땅에 발을 붙이고 주위를 둘러

볼 필요가 있다. 직원 고용, 일정 짜기, 승진, 해고를 위해 도입된 최신 기술은 상사의 역할을 강화하지만, 동시에 상사의 일을 빼앗음으로써 상사의 책임을 희석하기도 한다. 테크놀로지는 완벽한 사회에서 탄생하는 것이 아니며,[51] 역사는 의도하지 않은 결과로 가득 차 있음을 인정해야 한다. 디지털 도구를 이용한 권력 확대 노력은 직무의 완전 자동화에 비해 덜 주목받고 있다. 그 이유는 관리자의 의사 결정 권한 강화가 내부 운용 프로세스나 직무의 성격에 끼치는 영향이 완전 자동화에 비해 점진적이고 불균일하기 때문이다.[52] 지금까지는 한정된 외부 시각에서 최근의 기술 발전을 검토했지만,* 이번에는 기술 도구 덕분에 가능해진 경영 권력의 완전한 디지털화를 검토할 것이다. 테크놀로지는 우리의 일을 "훔치기" 전에 이미 상사의 일을 빼앗고 있을지도 모른다.[53]

'당신의 상사는 바로 당신'이라는 약속에도 불구하고(교대도, 감독관도, 규정도 없다) 가장 기술 집약적인 분야에서 일하는 노동자들조차 성과, 금지 사항, 제재 여부를 결정하는 엄격한 시스템을 상대해야 한다. 이 교활한 시스템은 수면 위로 그 모습이 드러나지 않지만, 결코 멈추거나 타협하지 않는 파괴적인 특성을 갖는다. 위에서 논의했듯이, 어떤 활동이든 상관없이 보고 기록하고 공유하는 사람들이 생성한 민감한 개인정보들은 이런 모니터링의 일용할 양식이 된다.[54] ('오늘 내가 몇 킬로미터나 더 빨리 걸었습니까?', '주차한 장소를 기억하도록 태그를 추가합니다', '다음 할인 행사를 놓치지 않도록 연

---

* 인간의 행동은 사용자의 주변 세계 및 정보에 대한 인식이나 인지적 처리, 혹은 이들에게 영향을 끼치는 것과 관련한 증강 기술에 의해 개선될 수 있다. 다음을 참조할 것. R Raisamo, I Rakkolainen, P Majaranta, K Salminen, J Rantala and A Farooq, 'Human Augmentation: Past, Present and Future', *International Journal of Human-Computer Studies* (2019) 131, 31-43.

락처를 남겨야 합니다').[55] 더 심각한 점은 주인도 모르는 사이에 개인정보를 수집한다는 사실이다. 시스템은 예측에 따를 것을 권고한다.[56] 성과의 기준이 불명확하고 적용 방식도 불가해하므로, 노동자들은 자신들에게 해로운 결과를 피하기 위해서라도 "디지털 보스"의 기대에 부응하는 수밖에 없다.[57]

회사 규정이 만트라처럼 암송되면서 사내 지침을 널리 알리고 교묘하게 직원의 행동에 영향을 끼치는 사례는 무수히 많다. '부드러운'(또는 별로 부드럽지 않은) 힘이라는 표현이 딱 들어맞는다. 이 메커니즘은 동료들 사이의 입소문으로 작동하는데, 게으르거나 쓸모없거나 문제아라는 평판을 피하려면 따르는 것이 '신상에 좋은' 관행이 무엇인지를 정의하는 장점이 있다. 회사라는 피라미드의 아래에서 이뤄지는 행위들은 너무 인간적이다. 하지만 저 꼭대기에는 '지능적'이지만 이해할 수 없는 알고리즘 또는 인공지능이 존재한다. 이들은 기계 학습을 기반으로 하며, 스스로 혹은 제3자를 대신해 명령할 권한을 지닌다.

'알고리즘에 의한 관리'는 응용 수학 공식으로 구성된 비인간 행위자가 전체적으로 또는 부분적으로 실행하는 조직 관행을 가리킨다.[58] 알고리즘 관리는 경쟁력을 높이기 위해 도입되지만, 자의적이고 무책임하게 운용됨으로써 노동자의 권리를 침해하곤 한다.[59] 데이터 기반의 효율적 기업 운영을 목표로 하는 이 방식은 근거자료에 기반한 새로운 인사 관행의 전형으로, 한마디로 말하면 '보스 엑스 마키나(boss ex machina, 기계로부터 내려온 상사)'*라고 요약할 수 있다. 이 표현은 라틴어인 '데우스 엑스 마키

---

* 《브리태니커 백과사전》에 따르면, "어떤 상황에 갑작스럽고 예기치 않게 나타나거나 도입돼 명백히 해결할 수 없는 어려움에 대해 인위적이거나 부자연스러운 해결책을 제공하는 사람이나 사물"

나(deus ex machina, 기계로부터 내려온 신)'에서 따온 것이다. 그리스나 로마의 연극에서 뜬금없이 신이 천상에서 크레인을 타고 내려와 플롯을 바꾸거나 주인공의 운명을 다시 씀으로써 갈등을 해결하는 장면이 종종 등장한다. 신이 내려올 때 눈속임을 위해 쓰는 극적 장치를 데우스 엑스 마키나라고 한다. 요컨대 뛰어난 지성이 지상에 내려와 주인공을 대신해 결정을 내림으로써 청중에게 놀라움을 안겨 줬는데, 이것을 가능하게 한 것이 바로 간단한 기계 장치였다.

우리는 오늘날 관리자가 행사하는 권한이나 특권이 디지털 시대 이전과 똑같은지, 혹은 새로운 형태의 통제가 축적됨에 따라 이들의 권한과 특권에 질적인 비약이 이뤄지지 않았는지 질문을 던질 필요가 있다. 노동법은 인간의 존엄성 증진을 위해 강제성을 띤 규정과 공동으로 마련한 제약, 집단적 보호조치를 통해 관리자의 특권을 제한하도록 설계돼 있다.[60] 고용관계는 상충하는 이해를 조정하는 것을 목표로 하는 양방향 조직 플랫폼이지만, 알고리즘에 의한 관리의 등장은 그 능력과 역할 및 중요성에 의문을 제기한다.

최근에 알고리즘을 이용해서 종업원을 추적 관찰하는 행위에 관한 자료들이 쏟아지고 있지만, 이러한 관행을 단순한 프라이버시에 대한 위협으로 간주하는 것은 진실을 기만하는 행위다. 이 세계에서는 좀 더 복잡한 일들이 일어나고 있다. 이는 유전적 변이, 즉 평등, 차별 금지, 보건, 안전, 개인정보, 집단적 권리 등을 보호하는 기존 규정이 포괄하지 못하는

을 뜻한다. 이 용어는 고대 그리스와 로마의 드라마에서 처음 사용됐으며, 갈등을 풀고 해결하기 위해 신이 시기적절하게 나타나는 것을 의미했다. 데우스 엑스 마키나는 '신이 크레인(그리스어: 메카네, mechane)을 타고 하늘에서 나타나는 방식'을 뜻했다. 다음을 참조할 것. https://bossexmachina.ie.edu/.

형식과 방법이 걷잡을 수 없을 정도로 늘어남을 의미한다. 모든 직장에 깊이 뿌리박힌 감시[61]는 복잡한 직소 퍼즐 중 한 조각에 불과하다. 이러한 관행은 인간이든 기계든 관리자에게 자동화 또는 반자동화된 의사 결정권을 할당하고, 그에 따라 노동자의 자율성을 떨어뜨린다. 동시에 감시를 통해 벌칙과 혜택을 부여하는데, 그것이 어떤 방식이든 벌칙과 혜택을 부여하는 힘들은 밀접하게 상호 연결돼 있으므로 연속체로 간주해야 한다. 이들은 더 큰 시스템의 일부로서 경제적 요인들의 효율적인 조정이라는 목표를 달성하기 위해 협력적인 방식으로 작동한다.[62]

플랫폼 노동자들은 이러한 기법이 적용되는 대규모 실험 현장을 목격해 왔다.[63] 우버는 운전자의 스마트폰 애플리케이션을 통해 페달 사용법을 매핑함으로써 운전 습관과 패턴을 추적하는 것으로 알려졌다. 관리자는 '워크마트 생산성 도구(Workmart Productivity Tool)'를 사용해 10분 간격으로 찍히도록 설정된 컴퓨터 화면 갈무리나 웹캠 사진을 통해 원격 근무자를 감시할 수 있다.[64]

이것은 비단 긱 경제라는 멋진 신세계에만 해당하는 이야기가 아니다. 이러한 구분, 측정, 최적화, 수정 등의 관리 기법은 내면화와 업데이트 과정을 거쳐 소매 기업과 레스토랑에서도 꾸준히 사용됐다. 직원들은 바코드, 포토셀, 광학 리더기, QR 코드 건 덕분에 직무 효율을 높일 수 있다. 노동자에게 목표 도달을 위해 완료해야 할 부품 수를 알려 주는 점멸등, 유지·보수 노동자의 검사 시간이 예상보다 늘어날 때마다 경고음이 울리는 알람 시계, 근골격 장애 매핑을 위한 스트레스 탐지용 센서가 붙은 의자, 콜센터 직원에게 좀 더 활달하고 친근한 목소리로 응대할 것을 상기시키는 커피 점멸 아이콘, 새로운 고객과 계약을 체결할 때마다 직원에게 수여되는 회사 채팅 창 속 메달 등 모두가 직무 효율을 높이기 위한 수단이다.[65] 미국 노동조합원들의 주장대로 이 모두가 용납될 수 없는 "디지털 채찍"이며, 이것들 때문에 부상과 질병이 늘어나는 사례는 비일비재하다.[66]

스케줄링 기술은 30여 년 전에 처음 등장했다. 이 기술은 초창기에 직원의 시간당 매출 극대화라는 목표를 달성하기 위해 고객의 방문에 따라 직원의 교대 근무시간표를 짜는 데 사용됐다. 오늘날 스케줄링 소프트웨어는 "날씨나 인근 스포츠 경기와 같은 변수를 고려해 15분 단위로 직원의 [요청을 처리]할 수 있다."[67] 상거래와 서비스 분야에서는 크로노스, 온쉬프트, 데이포스와 같이 회사가 만든 소프트웨어들이 근무시간과 휴식 시간을 정한다.[68] 알고리즘은 호텔의 객실 담당원을 감시하고, 청소할 방을 지정하며, 이들의 작업 속도를 추적한다.[69] 기업들은 광고를 통해 이 도구들이 정확한 작업량 및 할당 예측을 통한 인건비 절감에 효과적이라고 홍보한다. 스케줄링 소프트웨어는 시계열, 일기예보, 계절적 추세, 과거 매출 및 고객 소비 경향 등을 결합하므로 수동 프로세스보다 효과적이다.

수집한 정보는 코드 문자열을 업데이트하는 데 사용된다. 일반적으로 알고리즘들(의사 결정 트리와 비슷한 기본적인 알고리즘부터 시간이 지남에 따라 스스로 완성도를 높이는 고급 알고리즘에 이르기까지)은 결정권을 가진 경영진에게 '최적의' 결정을 제안한다. 또한 근사치나 시행착오를 통해 작동하는 다양한 애플리케이션에 관리, 통제 및 징계 기능까지 완전히 위임하는 것도 가능하다. 만약 당신이 관리자라면, 관리자가 명목상 알고리즘이 제안한 결정을 무시할 재량권을 가지고 있다 하더라도 당신의 자리를 걸고 화려한 팡파르와 함께 큰돈을 들여 도입한 테크놀로지의 결정에 제동을 걸 수 있을까? 사람들은 알고리즘의 제안에 선입견을 품는 경향이 있다. 그리고 면밀한 검증 없이 그 제안을 따른다.[70] 이러한 현상은 자동화가 아니라, 알고리즘에 의한 관리 권한과 특권의 확장으로 봐야 한다. 인력 분석과 알고리즘에 의한 관리의 공통점은 관리자의 권한이 무제한으로 확대되면서 노동자의 자율성을 저하시킨다는 점이다. 그리고 결과적으로 종속 상태가 심해질 가능성이 거의 확실하다는 점이다.

예를 들면, 코로나19 팬데믹 기간에 현장 노동자와 현장을 지원하는 노동자 모두 감염을 막기 위해 사측이 도입한 예방 조치를 따라야 했다.[71] 기술 만능주의자들의 말에 따르면,[72] 많은 기업이 이와 관련한 다양한 애플리케이션을 출시했다.[73] 몇몇 기업들은 유용성이 의심스러운 '더 안전한 공간을 위한 새로운 생체 인증 솔루션'을 홍보하며 제품 판매를 위해 이미지 변신에 나섰다. 그들이 홍보한 '생체 인증 솔루션'은 영국 자동차 산업의 생산직 노동자들이나 벨기에 항구의 부두 노동자들이 바이러스에 걸린 동료와 거리가 가까워질 때마다 삐 소리를 내는 초음파 팔찌, 열상 스캐너와 연결된 카메라 같은 장비였다. 다른 기업들은 24시간 내내 위생 상태의 변화를 알리는 경보 시스템, 스마트폰에 연결된 손 세척 스테이션, 직원의 움직임을 일일이 추적하거나 위생 기준을 시행하는 GPS 통합 애플리케이션, 공간 점유율을 측정하고 최적화하는 RFID, 모범적 사례를 장려하는 문자 메시지 전송 서비스(SMS)를 시장에 소개했다. 우리가 "파놉티콘"* 기술이라고 부르는 이러한 표준화는 감염 책임을 노동자

---

* 영국 철학자 제러미 벤담이 고안한 감옥 건축양식. 원형 둘레에 수용 시설을 배치하고, 중앙에 감시탑을 배치함으로써 소수의 감시자가 자신을 드러내지 않고 모든 수용자를 감시할 수 있다(옮긴이).

에게 전가하는 효과를 가져왔다.*

이처럼 권력은 그 얼굴을 바꾸고 있다. 알고리즘 관리 모델의 불확실성에 맞닥뜨린 사람들은 다양한 감정의 스펙트럼을 보여 준다. 모델의 통제 불가능성은 우리에게 분노를 안겨 주고, 불투명성은 그 분노를 키운다. 하지만 결국 어디에나 존재하며 모든 것을 알고 있는 '알고리즘 상사'를 극복할 수 없다고 확신하는 순간, 우리의 분노는 수용 쪽으로 방향을 튼다. 이러한 방향 전환은 알고리즘 상사를 향한 항복의 길을 앞당기므로 특히 위험하다.

이것은 공상과학소설이 아니며, 더 이상 틈새시장도 아니다. 인력 분석과 알고리즘에 의한 관리는 현실이며, 이 현실 속에서 기술 산업계의 거물들은 차곡차곡 부를 쌓는다. IT 기반 시스템으로 완벽하게 관리되는 조직을 설립하는 데 도움을 주는 핸드북, 사용 지침서, 팟캐스트는 "최적화", "맞춤형", "제품 차별화"를 원한다면 놓칠 수 없는 기회를 제공한다고 약속한다.[74]

시제품이나 파일럿 프로젝트 개발을 위한 시간과의 싸움이 수년 동안 계속되고 있다. 하지만 그동안 관리자의 핵심 기능이 시스템에 위탁됐고, 위에서 설명한 응용프로그램 덕분에 이 경향이 훨씬 커지고 강화됐다는 사실은 거의 주목받지 못한다.[75] 이는 곧 관리자가 없는 미시 관리 시스템을 의미한다. 노동자가 시스템의 자의적인 결정에 항의하더라도 관리자

---

* 결정적으로 이러한 도구 대부분은 개인의 연락처 추적을 허용한다. A Ponce Del Castillo, 'Covid-19 Contact-Tracing Apps: How to Prevent Privacy from Becoming the Next Victim', *ETUI Policy Brief 1-5* (2020) 5; A Zarra, S Favalli and M Ceron, 'Algorithms and prejudice? Covid-19, contact tracing and digital surveillance in the EU', *Biblioteca delle Liberta* (2021) 56, 1-32. 다음도 참조할 것. A Nguyen, 'Watching the Watchers: The New Privacy and Surveillance Under COVID-19', *Surveillance & Privacy* (2020).

와 직접 소통하는 것은 거의 불가능하며, 유감스럽게도 인터넷에 떠돌아다니는 정형화되고 맥락 없는 답변에 만족해야 한다. 그것은 마치 '고객 서비스' 센터를 이용하는 것과 비슷하다. 이렇게 복잡한 처리 과정은 불만을 제기하려는 노동자의 의지를 꺾고 분쟁의 싹을 잘라낸다. 이는 또 다른 불만의 관료화일 뿐이다.

노동법은 직장에서 관리자가 결정을 내릴 때 투명성, 평등한 대우, 정당한 절차, 설명 책임, 정당한 사유에 따른 해고 및 효과적인 구제와 같은 원칙을 따르도록 그 방법을 제한한다.[76] 하지만 디지털 도구의 성격과 자기 학습을 통한 발전 가능성은 본질적으로 "노동법이 설계되던 당시의 전통적인 관리 시스템과 상당한 차이가 있다."[77] 이 디지털 도구의 특성은 노동 규제의 전제 조건인 경영권의 확대를 가져온다. 기존의 관리 권한은 테크놀로지의 가능성이 알려지지 않던 시기에, 다시 말하면 명령이 소프트웨어 코드에 은폐되지 않고 인간에 의해 더 직접적이고 물리적인 방법으로 실행됐을 때 만들어진 것들이다.

2021년 캘리포니아주 의원들은 아마존이 운영하는 풀필먼트센터에서 이뤄지는 알고리즘에 의한 불분명한 의사 결정을 단속하는 선구적 법안을 가결했다. 이 법안은 직원에게 할당되는 작업량과 작업 속도 지표에 대한 투명성을 확보하는 것을 목적으로 한다. 또한 건강과 안전에 악영향을 끼치는 '업무 중단 시간(Time Off Task)'에 대한 벌칙을 금지하고, 민원을 제기한 노동자에 대한 보복을 금지한다.[78] 캘리포니아주는 화장실을 이용하거나 물을 마실 목적으로 업무를 중단했다가 징계를 받는 노동자들을 위해 새로운 법을 도입해야 했다.

최근 네덜란드의 우버와 올라에서 일한 운전자들은 알고리즘이 인간 관리자의 유의미한 개입 없이 독단적이고 불투명한 방식으로 운전자의 플랫폼 접근을 차단했고, 이 행위가 유럽연합 일반정보보호법의 제13조와 제14조에 명시된 고지의무와 제15조의 접근권, 제22조의 세이프가드(Safeguards) 조항*을 위반했다며 소송을 제기했다.[79] 차단 결정에 인간의 개입이 있었다고 할지라도 무의미한 수준의 단순 개입이었다는 것이 운전자들의 주장이었다. 그러나 네덜란드 법원은 피고가 제공한 정보에 근거해, 무의미한 수준의 단순 개입이라 할지라도 그것이 완전한 자동화를 의미하지 않으며, 따라서 해당 조항을 위반한 것이 아니라고 해석했다. 다만 운전자의 소득이 공제된 오직 한 사례에 대해서만 인간의 개입이 없는 자동화된 결정에 해당한다며, 인간의 개입을 요구하고 의견을 표명할 권리와 사측 결정에 항의할 권리가 원고에게 있다고 밝혔다.[80]

유럽연합집행위원회는 2021년에 플랫폼 노동에 관한 새로운 입법 지침을 발표했다. 이 지침은 "플랫폼에 적용되는 알고리즘의 관리에서 정보의 투명성과 공정성, 설명 책임을 강화함으로써 플랫폼 노동의 투명성을 향상"하는 것을 목적으로 한다.[81] 기업은 디지털 감시 도구와 자동화된 의사 결정 시스템을 도입할 때 정보고지의무를 갖는다. 디지털 감시 도구를 도입할 때 노동자는 디지털 감시 도구 도입과 [고객]이 평가한 내용, 감시 도구가 감시·감독·평가하는 행동의 종류에 대해 고지받아야 한다.[82] 자동화된 의사 결정 시스템의 경우에는 도구의 도입 사실뿐 아니라, 자동화 결정의 범주, 고려되는 매개변수 및 상대적 가중치, 플랫폼 노동

---

* 유럽연합 일반정보보호법 제22조는 프로파일링 등 자동화된 개별 결정에 관한 조항으로, 자동화된 처리(알고리즘이나 인공지능 시스템 등)를 통해 개인에게 법적 영향을 끼치거나 중대한 영향을 끼치는 결정이 내려지는 것을 제한하고 있으며, 이와 관련한 세이프가드를 규정하고 있다(옮긴이).

자의 계정 제한, 계약 종료 결정의 이유, 수행된 작업에 대한 보수 지급 거부 이유, 플랫폼 노동자의 계약 상태에 관한 결정 혹은 비슷한 효과가 있는 어떤 결정에 대해서도 노동자에게 고지해야 한다.

이 입법 지침은 유럽연합 일반정보보호법에 따라 확립된 정보 보호 규정을 한층 강화한다. 이 지침은 자동화된 시스템이 직무에 대한 접근, 소득, 직업적 안전, 위생, 노동시간, 승진, 정직, 해고 등 노동조건에 중대한 영향을 끼치는 결정을 한 때(결정을 돕기만 한 때에도), 그 결정에 관해 설명받을 권리가 노동자에게 있음을 명확히 규정하고 있다. 입법 지침에 따르면, 데이터에 기반한 모든 결정은 노동자가 이의를 제기할 수 있도록 접근하기 쉬운 방식으로 제시돼야 하고, 노동자의 정신이나 감정 상태에 대한 데이터 처리, 노동자의 건강, 그리고 노동자 대표와의 대화를 포함한 사적 대화에 대한 데이터 수집을 금지한다. 이 조항들은 '알고리즘의 불가침성'이라는 신화(이 신화에서 투명성 결여는 가독성과 다툼 가능성을 해치는 변명으로 종종 인용된다)를 낱낱이 파헤쳐 노동자에게 특정 행위의 결과를 이해할 수 있도록 돕는 선제적 권리를 보장한다. 또한 이 지침에는 일반적인 고용주에게 적용되는 의무에 따른 '직장 내 적정 절차' 모델이 상정돼 있다.

그럼에도 이 입법 지침이 포괄하는 보호권은 더욱 강화돼야 한다. 입법 지침의 초안에 따르면, 요구 조건이 충족되는 한 알고리즘에 의한 관리는 원칙적으로 허용되기 때문이다. 그러나 알고리즘에 의한 관리는 '주어진 것'이 아닌 사회 구성원들 간 협상의 문제여야 한다. 업무 성과를 추적 관찰하는 테크놀로지 사용을 우려한 몇몇 유럽 국가들이 국내법을 도입하면서 이러한 접근 방식을 채택한 바 있다. 그 효력의 범위와 세기가 훨씬 강력했던, 알고리즘 관리 기술에 적용되는 규제의 기준을 완화해야 할 이유가 없다.

오류 없는 코드가 만들어낸 일련의 복잡한 행위들은 불성실과 자의성의 원천으로 비난받아 온 인간의 유연성을 급속도로 단순화한다. 이는 "법률이 갖는 불가피한 불완전성을 극복하는 데 필수적이라고 오랫동안 인식돼 온 (…) 인간의 재량과 판단, 활동의 미덕"에 대한 존중을 무시하는 처사다.[83] 확실히 인간 상사는 완벽함과는 거리가 멀지만, 현대의 법제도에는 인간이 내린 의사 결정의 오류에 맞설 수 있는 풍부한 경험이 녹아 있다.[84] 그러나 '보스 엑스 마키나'의 등장은 기본 메커니즘을 뿌리째 흔들고 있다. 배려와 자비를 찾아볼 수 없는 디지털 도구에 개발자의 명시적 또는 암묵적 편견까지 더해지면, 디지털 도구에 대한 인간의 통제는 더욱 어려워진다. 결국 "객관화를 위한 상호주관적 협상"으로 향하는 문은 닫히고 말 것이다.[85]

직장 내 자동화된 의사 결정 과정에 대항할 수 있는 가장 적절한 법적 전략은 무엇일까? 데이터를 모으고 은밀하게 평가하는 게이미피케이션(gamification) 프로그램 사용에 직원이 기꺼이 동의한다면 사전 승인 및 공동 결정 절차를 어떻게 수행할 수 있을까? 실망한 고객이 남긴 부정적인 피드백 때문에 비정규직 노동자들이 "일에서 쫓겨난다"면, 해고 규정은 어떤 역할을 할 수 있을까?[86] 피해자가 일상적으로 데이터에 접근할 수 없다면, 우리는 어떻게 입증책임을 간소화할 수 있을까? 정보 관리자가 비협조적이고 정보가 불균등하게 분포된 상황을 악용하는 사람이라면 어떻게 될까?

혁신이라는 표피를 쓴 코드 기반 거버넌스 시스템은 프로그램된 대로 작동하기 때문에 미리 정해진 해결책 외에 다른 대안을 제시하기 힘들다는 점에서 융통성이 없다. 다양한 상황에 유연하게 대처할 수 있는 적응 능력은 인간이 상대적으로 뛰어나다. 게다가 기술에 의해 코드화된 권한은 인간의 계급 구조보다도 폐쇄적이다. 코드 기반 시스템은 과거와 현재의 데이터에 내재한 편향과 차별을 그대로 반영·증폭할 뿐 아니라, 코드로 정당화된 이 불평등한 결과는 법적 구제책을 무력화할 만큼 높은 검증 가능성이 있기 때문이다.[87] 결국 시스템의 모호한 성격은 전략을 이해하려는 직원의 노력을 방해하고 쟁의 행위를 위축시킴으로써 이의나 소송 제기 가능성을 낮춘다. 시스템의 "정확성", "정밀성", "포괄성", "완전성", "공정성"은 피드백의 가능성을 낮추며 보이지 않는 결함을 더욱 공고히 한다.[88] 시스템의 이러한 특징이 현재 문제를 해결해 줄 것이라는 생각은 통계적으로 올바르기만 하면 결함이 있는 결과라도 상관없다는 말과 다름없다.

관리의 모든 기능을 일상화하는 것은 신뢰감을 줄 수 있다. 하지만 기업과 기술 제공 업체, 특히 지휘 체계가 정교한 대규모 기업에는 도전 과제이기도 하다. 설명하기 어려운 경영자의 선택은 이 법적인 관점에서 경영 책임의 면제 사유가 될 수 없다. 역설적으로, 의사 결정 과정의 구체적인 단계를 역설계하거나 설명하거나 문서화할 수 없다는 점은 고용 관련 소송에서 고용주에게 불리하게 작용할 수 있다.* 특히 차별금지법이나

---

* M.E. Kaminski, 'The Right to Explanation, Explained', *Berkeley Tech. L.J.* (2019) 34, 189-218. '평등한 대우' 규정을 준수하지 않았거나 그럴 가능성이 있음을 암시하는 사실을 제시하는 것만으로도 피해자의 이익을 위해 증거 간소화 절차가 시작될 수 있다. 다음도 참조할 것. G Gaudio, 'Algorithmic Bosses Can't Lie! How to Foster Transparency and Limit Abuses of the New Algorithmic Managers', *Comparative Labor Law & Policy Journal*.

불법 해고 사건에서 '추정이 작동하는 관할권(jurisdictions where presumptions)*이라면 더욱 그렇다.

알고리즘에 의한 관리는 게이미피케이션으로부터 도움을 받기도 한다. 예를 들어 아마존 창고에서 일하는 작업자들은 '미션 레이서(Mission Racer)'라는 아바타 프로그램을 통해 동료 아바타들과 짜릿한 대결을 벌임으로써 피곤하고 반복적인 작업의 지루함을 조금이나마 잊는다(노동자들은 드래곤과 장난감 차 중 하나를 아바타로 선택할 수 있다).[89] 주문을 처리하기 위해 선반 사이를 뛰어다니는 동안 직원의 아바타는 모니터 속에서 꾸물꾸물 움직이며 격려를 받고, 회사의 가맹점에서나 쓸 수 있는 점수를 쌓는다. 이 프로그램은 동기부여의 기초가 되는 신경전달물질인 도파민 분출을 촉진함으로써 생산성 향상을 도모한다. 노동력을 '유아화'하려는 의도가 내포된 것이다. 또한 이 프로그램은 회사의 규칙 등 어디에도 그 존재가 명시돼 있지 않다. 그러나 "민첩하고 눈에 띄지 않지만 매우 강력한" 설득력을 발휘함으로써[90] 직원들을 은근히 강제한다.[91] 이 프로그램은 노동자들이 해야 할 활동과 달성해야 할 목표를 즐거운 활동으로 포장함으로써 가장 쉬운 방식으로 노동자들의 생산성을 한계 이상으로 끌어낸다.

버밍엄대학에서 법학과 윤리학, 정보학을 가르치는 카렌 영 교수가 설명한 것처럼,[92] 의사 결정 선택의 맥락은 "인간의 의사 결정이 특정한 방향으로 체계적인 영향을 끼치도록 의도적으로 설계됐다." 이제 우리는 사회에 위험한 영향을 끼치는 기술에 대한 수용 여부를 자문할 때가 온

---

* '추정이 작동하는 관할권'이란 특정 조건이 충족되면 법이 어떤 사실을 우선적 사실로 간주하고, 그에 대한 반박 책임이 상대방에게 전가되는 법적 구조를 가진 지역을 의미한다. 이러한 관할권에서는 경영자나 고용주가 의사 결정의 투명성과 설명 가능성을 확보하는 것이 중요하다(옮긴이).

듯하다. 대부분 기술은 자율성의 영역을 과도하게 침범함으로써 일의 가치를 떨어뜨린다.[93] 창고, 풀필먼트센터,[94] 물류 허브, 패스트푸드 및 패스트푸드 가맹점, 청소 및 유지·보수 서비스 분야에서 비용 절감을 목적으로 관리자를 대체하는 디지털 도구가 도입되면, 업무나 조직에 대한 직원의 헌신에 악영향을 끼칠 수 있다. 반대로 전체적인 직무 경험을 개선하고 직원의 만족도를 높이기 위해 도입된 디지털 도구는 직원들의 호평을 받고 긍정적인 효과를 가져왔다. 디지털 도구의 도입으로, 조직에서 개인으로 권한이 이동함으로써 개인은 자신의 행동과 선택에 대한 자율성을 부여받기 때문이다. "자율성을 지원하는 맥락"에서[95] 훈련과 적절한 자원 배분을 통해 노동자에게 독자적인 결정을 내릴 수 있는 능력을 제공하는 것은 성공적인 업무 수행과 연관이 있다.[96]

알고리즘 관리 시스템이 가격과 사용성 면에서 갈수록 접근이 쉬워지므로 시스템을 도입하는 기업이 늘어나고, 그에 따른 파급 효과가 커질 것으로 예상된다. 하지만 우리는 개인의 자율성을 비정상적으로 침해하는 이 시스템 사용을 제한하려는 노력을 포기해서는 안 된다. 채용 전 선별 작업부터 지원서 선별, 회사 지침 결정, 실적 평가, 노동자의 해고에 이르기까지 인사 관리의 모든 기능을 자동화하는 '보스 엑스 마키나'를 도입할지는 우리가 결정해야 한다. 알고리즘이나 그 개발자들, 그리고 고용주들에게 휘둘려서는 안 된다고 생각한다면, 개인을 소외시키는 이러한 도구를 직장에 도입하는 일방적인 결정에 의문을 던질 필요가 있다.[97]

알고리즘 배후에서 일하는 유령 노동자들

긱 경제가 지난 10년 동안 사람들 입에 자주 오르내린 유행어였다면, 향후 몇 년 동안은 "인공지능"이 그 자리를 꿰찰 것이다.* 많은 사람들이 시류에 편승하고 있다. 호객꾼, 기업가, 이해 당사자들 모두 "차세대 대박 상품"을 손에 쥐고 있다고 큰소리친다. 그러나 차세대 대박 상품이라면 광고 DM 발송 따위는 필요 없을 테니, 이러한 주장은 경계해야 마땅하다. 어쨌든 인공지능의 신비성은 세상의 주목을 받고 있다. 2018년 6월 유럽위원회가 설립한 전문가 그룹이 발행한 문헌에 따르면, 인공지능은 대량의 정보에서 패턴을 추출하고 인간이 지성을 사용하는 방식을 모방함으로써 예측을 수행하는 분석 알고리즘 시스템이다.[98]

인공지능을 다음 몇 가지 시각에서 살펴볼 수 있다. 첫째, 이미 많은 인공지능이 우리의 일상 공간과 직장에 있다. 오늘날 존재하는 인공지능은 "약하"거나 "좁은" 버전으로, 전문가들은 이와 구별해 인간처럼 이해하고 대화할 수 있는 인공지능을 "강하"거나 "일반적"인 버전이라고 부른다.[99] 인공지능은 이메일함 스팸 필터부터 온라인 쇼핑 사이트의 '당신을 위한 맞춤 상품' 코너, 일기예보 분석을 통한 주가 계산, 예약 웹사이트의 고객 맞춤형 가격 서비스, 인기 있는 음성 도우미, 온라인 영상 속 자막, 즉석 번역 프로그램에 이르기까지 어디서든 찾아볼 수 있다. 개인의 음악 취향에 따라 제안되는 플레이리스트, 트위터의 '당신이 없는 동안'과 페이스북의 '당신이 알 만한 사람들' 기능, 여행 중에 튀어나오는 가 볼 만한 호텔(문제는 대부분이 여행이 끝난 뒤에야 알려 준다), 스마트폰의 철자 자동 수정

---

* AI HLEG, *A Definition of AI: Main Capabilities and Scientific Disciplines* (Brussels, High-Level Expert Group on Artificial Intelligence, European Commission, 2019). 2018년 유럽위원회는 향후 10년 동안 연간 200억 유로의 투자(공공 및 민간) 촉진 전략을 제시했다. 다음도 참조할 것. AI HLEG, *Ethics guidelines for trustworthy AI. High-level expert group on artificial intelligence* (Brussels, High-Level Expert Group on Artificial Intelligence, European Commission, 2019).

기능조차 인공지능을 활용한 애플리케이션이 우리에게 제공하는 것들이다. 이 혁신과 건전한 관계를 구축하려면, 인공지능을 독립적인 객체가 아니라 다양한 물리적 도구 또는 디지털 도구에 내장된 구성요소로 간주해야 한다.

앞에서는 인공지능이 인력 조직 및 감시에 얼마나 다양하게 활용되고 악용되는지 설명했다. 그만큼 인공지능이 사용되는 곳이 다양하며, 인공지능의 미래에 대한 기대, 더 나아가서 희망까지 존재한다는 뜻이기도 하다. 일반적인 믿음과는 반대로 인공지능에는 긴 역사가 있으며, 첫 번째 "붐"*이 일었다가 사그라진 뒤 긴 동면기를 경험했다(식자들은 "인공지능의 겨울"이라고 부른다). 따라서 인공지능의 미래는 풍부한 투자와 그 무엇보다도 "플랫폼"[100]이 대신할 직무가 결정한다고 해도 과언이 아니다.

설령 사실과 다르다고 해도, 인공지능에 대한 과장된 발언이 대중의 관심을 자극하는 현상을 나쁘다고 할 수는 없다. 대중의 관심이 인공지능을 똑똑하게 활용하는 길을 열어 줄지도 모르기 때문이다. 경제협력개발기구와 유럽연합 등 국제기구와 각국 정부는 목마르게 기다려 온 인공지능의 봄[101]을 앞당기기 위해 노력하고 있다. 여기에 투여되는 경제적 자원을 고려하면, 이 돌파구가 가져다줄 경제적 이익은 각국 정부에게 돌아가는 것이 마땅하다.

모두가 들떠 있지만,[102] 이 모든 현상을 바라보는 시각 가운데 아직 우리가 간과하는 부분이 있다. 제프 베이조스가 아마존의 대표적인 서비스

---

* 1956년 다트머스대학에서 이 용어를 처음 사용했다. 다음을 참조할 것. J Mccarthy, M Minsky, N Rochester and CE Shannon, A *Proposal for the Dartmouth Summer Research Project on Artificial Intelligence* (1955).

를 소개하면서 이것에서 영감을 받았다고 밝히지 않았더라면, 여기서 소개하려는 일화 덕분에 우리는 가상의 "네오 러다이트(Neo Ludite)"* 운동가 목록에 그의 이름을 올렸을지도 모른다.[103] 이 이야기는 우리의 우수한 동료들[104]이 여러 번 언급했는데도 그때마다 사람들에게 충격을 안겨 줬다.

1769년 오스트리아의 부유한 과학자인 볼프강 폰 켐펠렌(Kempelen Farkas)은 마리아 테레지아 황후의 요청으로, 과학과 서커스의 경계를 오가며 화려한 시연으로 왕실을 놀라게 한 어느 프랑스인의 발명품을 모방하는 작업에 착수했다. 그리고 1년 뒤 켐펠렌은 세계 최초로 인간과 체스를 두고 심지어 승리를 거둘 수 있는 장치를 발명했다고 선언했다. 켐펠렌이 만든 것은 흔히 '더 투르크'라고 불리는 체스 두는 인형(Mechanical Turk)이다. 나무 상자 안에 주술사를 연상시키는 터번과 동양식 튜닉을 착용한 실물 크기의 꼭두각시 인형이 들어 있다. 이 인형(투르크)의 눈은 나무 체스판에 고정돼 있고, 왼손은 담뱃대를 들고 있으며 오른손은 말을 움직일 준비를 하고 있다. 당시 기록에 따르면, 켐펠렌은 속임수가 없음을 청중에게 보여 주기 위해 공연할 때마다 상자를 열어 바퀴, 기어, 레버, 스프링 등의 복잡한 메커니즘을 공개했다. 제막식 때는 기계에 문제가 없다는 사실을 보여 주기 위해 촛불로 자동인형의 내부를 비추기도 했다. 이제 투르크가 작동하는 모습을 볼 차례다. 투르크는 장갑 낀 손으로 말을 조종하는 능력을 보여 줬는데, 상대를 곤란에 빠뜨리는 수를 놓은 뒤

* 새것을 뜻하는 네오(Neo)와 18세기 영국에서 산업혁명에 반대해 일어난 기계파괴운동인 러다이트(Ludite)를 합성한 용어로, 첨단 기술의 수용을 거부하는 현상을 의미한다(기획재정부 〈시사경제용어사전〉에서 인용, 옮긴이).

에는 신이 나서 신음하기도 하고 상대방이 속임수를 쓰면 고개를 저으며 실망감을 내비치기도 했다.

'더 투르크'는 약 15년 동안 유럽 땅의 절반을 여행했다. 기록은 상대방의 체스 실력이나 이 기계의 참신함이 상대방에게 즐거움을 안겨 줬는지에 대해 언급하지 않는다. 하지만, 어쨌든 '더 투르크'는 상대방을 그다지 어렵지 않게 제압했다. 켐펠렌은 자동 장치의 완전한 '자율성'을 강조하기 위해 대전을 진행하는 내내 투르크와 일정 거리를 유지했다.

1785년 켐펠렌은 체스 대전 투어를 중단했으나, 수십 년 뒤 '더 투르크'는 나폴레옹 보나파르트의 궁정에 다시 등장했다. '더 투르크'는 황제가 반칙을 저지르자 팔을 휘둘러 말들을 체스판 밖으로 밀어냈고, 무엇보다도 황제를 상대로 압도적인 승리를 거뒀다. 이 자동인형의 명성은 빠르게 퍼져나갔다. '더 투르크'와 나폴레옹의 대전을 기획한 기업가이자 메트로놈 제작자인 요한 네포무크 마엘젤(Johann Nepomuk Maelzel)은 곳곳에 이 장치를 전시했다. 미국 작가 에드거 앨런 포조차 큰 감명을 받아 〈마엘젤의 체스 플레이어(Maelzel's Chess Player)〉라는 에세이를 썼으며, 이 경이로운 기계의 작동 방식에 대해 몇 가지 가설을 세우기도 했다.

하지만 전체적인 구조는 기가 막힌 수준이었다. 안타깝게도 엉터리 톱니바퀴와 태엽 장치 말고는 언급할 만한 기술이 전혀 없었다는 점은 말할 필요도 없다. 나무 상자 안에서는 사람이 몸을 숨긴 채 자석, 거울, 타이로드((Tie Rod)*로 된 장치를 이용해서 외부와 소통하면서 인형을 움직였다. '더 투르크'의 역사를 보여 주는 도감을 검토한 〈뉴욕 타임스〉 기자가 지

---

* 차량의 스티어링 시스템에서 핸들 조작을 바퀴로 전달하는 데 중요한 역할을 하는 부품을 말한다 (옮긴이).

적한 것처럼, '더 투르크'에 사용된 속임수는 놀랄 정도로 진부했다.[105] 이 구조를 설계한 사람은 발명가가 아니라 마술사였으며, 그는 청중의 호기심이 기계의 비밀을 밝혀내는 것을 막기 위해 쇼를 기획했다. 톱니바퀴 뒤에는, 사람들이 탐내는 자동인형 뒤에는 사람이 있었다.

'더 투르크'는 예언적이라는 점에서 이 장에서 다루는 주제를 설명하는 훌륭한 사례다. 또 콘텐츠 관리, 프로그래밍, 화면 및 음성 기록과 같이 로봇이 해야 할 일을 인간이 빼앗은 확실한 사례다.[106] 더욱 아이러니한 것은 로봇은 정확한 파일과 오염되지 않은 트랙만 인식한다는 점이며, 인간 노동자에게는 로봇이 처리하기 가장 곤란한 부분이 할당된다는 사실이다.*

제프 베이조스는 2005년에 출시된 크라우드소싱 플랫폼을 미케니컬 터크(Mechanical Turk, MTurk)라고 명명한 뒤 그 사실을 선포했다. 완벽한 자동 메커니즘의 배후에는 케이블과 디지털 레버를 정교하게 잡아당기는 인간이 있음을 당당히 드러낸 것이다. 이것이 수많은 크라우드워크 애플리케이션의 배후에 숨어 있는 현실이다. 그렇다면 인력 분석 및 알고리즘 거버넌스와 미케니컬터크('더 투르크'와 베이조스가 고안한 플랫폼 모두)의 연결고리는 무엇일까? 둘 다 인간의 노동을 기술의 연막 뒤에 감춤으로써 사람들의 눈을 속인다는 사실이다. 베이조스가 고안한 미케니컬터크의 자산은 생성되고 수집된 방대한 양의 데이터다. 그 데이터들은 가공되지 않은 데이터로서 이해하기 어렵고 쓸모없는 경우도 많다.[107] 원래 아마존

---

* C Thompson, *Coders: The Making of a New Tribe and the Remaking of the World* (London, Penguin Books, 2020). 다음도 참조할 것. P Olson, 'Much "Artificial Intelligence" Is Still People Behind a Screen', *Bloomberg* (13 October 2021). 이 글에서는 "인공지능 시스템에서 인간이 입력한다는 사실을 숨기는 관행은 기계 학습 및 인공지능 업계에 여전히 공공연한 비밀로 남아 있다"라고 설명한다.

에서 판매하는 상품을 목록화하기 위해 인트라넷 플랫폼으로 만들어진 아마존 미케니컬터크가 그렇듯, 많은 플랫폼은 불필요한 정보를 삭제·정리하고 정보에 의미를 부여하는 일에 인간을 동원한다. 일부 플랫폼은 콘텐츠 관리, 해적 파일 삭제, '커뮤니티 기준'을 충족하지 못하는 자료를 걸러내는 작업을 인간에게 맡기기도 한다. SNS에서 감정, 반응, 경향성을 자세히 조사하는 일을 하는 사람들도 있다. 이런 일을 하는 인간은 '터크' 속에 감춰져 있으므로 우리 눈에 보이지 않는다. 아마존 플랫폼을 '미케니컬터크'라고 부르는 이유다.

이러한 관행의 반복은 참으로 놀랍다. 알고리즘에 의한 자동화 시스템은 데이터를 추출해 인력을 효율적으로 조직하고 고용부터 해고에 이르는 전 과정을 관리한다. 이 과정에서 의미 없는 데이터는 혼란을 줄이기 위해 "디지털 작업자(Digital Worker)" 또는 "데이터 청소부(digital janitors)"에게 위탁된다.[108] 미케니컬터크의 유사품이 굉장히 많다는 사실을 잊지 말아야 한다. 인간의 데이터가 알고리즘 개선을 위해 입력되고 있지만 이러한 인간들의 기여는 저비용 혹은 무보수로 이뤄지고 있으며, 심지어 테크놀로지의 장막 뒤에 감춰져 있다.[109] 학자들은 이러한 시스템 작동 방식을 "헤테로메이션(heteromation, 자동화(automation)의 반대어)"이라고 부른다. "인공적인" 인공지능은 순진한 인간의 그림자 노동으로 완료되는 무수한 작은 활동이라고 설명할 수 있다.[110]

또한 자동차, 건널목, 신호등, 버스 등 스크린상의 물체를 식별해 로봇이 아님을 증명할 것을 요구하는 구글 리캡챠처럼, 소프트웨어 데이터베이스에 입력하는 행위 또한 헤테로메이션에 해당한다. 사실, 재미있는 놀이로 포장된 작업 형태인 사용자 생성 콘텐츠에는 아이러니한 점이 있다.

사회학자 안토니오 카실리는 디지털 노동에 관한 저서에서 기계가 인간의 일을 빼앗는 것이 아니라, 인간이 기계의 일을 빼앗는다고 적고 있다.[111] 사실이 그렇다. 한때 우리는 문서를 내려받거나 뉴스레터를 신청하려면, 로봇이 아님을 증명하기 위해 납작하거나, 너무 팽창돼 있거나, 한쪽으로 누운 글자들을 식별해서 입력해야 했다. 컴퓨터가 이러한 일을 정확히 수행하지 못했기 때문이다. 결국 인간은 돈 한 푼 받지 않고 문서를 디지털화함으로써 소프트웨어의 아카이브를 가득 채우는 작업에 나섰다. 언뜻 자동화 서비스처럼 보이는 구글북스의 텍스트는 인간 개개인의 노동으로 디지털화된 것이다. 오늘날 로봇 인식 능력이 꾸준히 진화함으로써 이제 로봇 식별을 위한 항목은 글자 대신 다리나 자전거, 신호, 소화전과 같은 이미지로 바뀌었다. 오늘날에도 인간은 자율주행차 운전에 애를 먹고 있는 인공지능을 훈련시키고, 다른 서비스들을 개선하는 데 사용할 태그 이미지 수집을 강화하고 있다(여기에는 애플 페이스 아이디가 표준이 됨으로써 뜨거운 쟁점으로 부상한 얼굴 인식 기능도 포함된다).

누가 이렇게 추적 불가능하고 기록에 남지도 않는 작업에 무료 봉사로 힘을 보태는 것일까? 가짜 인공지능의 경이로운 얼굴 뒤에는 전 세계에서 동원된 노동자 집단이 존재한다. IBM과 구글은 무료 봉사자를 동원하기 위해 먼저 사람들의 호기심을 충족시키는 전략을 동원한다. 호기심을 유발하는 각종 '쇼'와 함께 체스 인공지능 딥블루와 바둑 인공지능 알파고를 설계한 것은 결코 우연이 아니다. 그런데도 노동의 비가시성은 임시직 고용과 노동자 보호 장치의 회피, 이 두 가지 필요에 따라 고안된 복잡한 계약 조항들에 힘입어 천천히 그러나 영구적으로 진행 중인 노동의 상품화 과정을 보여 준다. 오늘날 직장인들은 기계의 연장선상, 또는 인공지능 지원 도구와 알고리즘의 배후에서 일한다.[112] 화려한 시스템의 "외관" 뒤에 접근 불가능한 창고가 존재하는 것이다. 이제 난공불락으로 보였던 직종조차 위험에 처해 있다. 악시옴로는 저렴한 비용에 법적 조언을 제공하고,[113] 이노센티브를 통하면 연구 및 개방형 혁신 개발 활동을 외부에 맡길 수 있다. 우리는 암웰 덕분에 병원 대기실에 앉아 있을 필요가 없어졌으며, 비즈니스탤런트그룹은 사업상 문제를 해결할 매니저를 파견한다.

자동화 의사 결정 시스템 도입을 가능하게 하는 요소인 노동력의 동질화와 탈숙련화가 일반적인 추세임을 보여 주는 증거는 무수히 많다.[114] 그리고 자동화 의사 결정 시스템은 직무의 규격화, 분업화, 균질화 과정을 동시에 촉진한다. 이는 육체적으로 힘들고 정신적으로 위태로운 일자리가 자동화로 대체될 것이라는 기존의 이론과 일부 상충한다.[115] 기술 전문화는 현대 경제 성장의 기반으로 평가되지만,[116] 기술 전문화에 이바지한 노동자들은 여전히 고정되고 반복된 환경에서 표준화된 규칙을 준수해야 한다.[117] 이 왜곡된 추세에 따라 업무에서 추상적이고 창의적인 요소가 제거된다면, 그 업무는 광범위한 교육을 받지 않은 개인이나 보이지 않는 노동자의 손으로 돌아가는 기계에 언제든지 맡겨질 수 있다. 후자의 경우 인간이 할 수 있는 일은 알고리즘 감시, 오류 수정, 예외 처리, 또는 기계 뒤에서 기계인 척하는 것뿐이다.[118] 이것은 기계에 의한 더욱 광범위한 대체를 위한 전주곡이자 장려책이기도 하다.[119]

릴리 이라니는 구글의 혁신적인 프로젝트에 참여했고, 그 뒤 학자로서 이 현상을 가장 먼저 다룬 인물이다. 이라니는 기술 중심 기업의 거대한 외주 구조와 무수히 많은 서비스 유지를 위해 꼭 필요한 비공식 계약을 전면적으로 다루면서 "웹의 지저분한 작업"의 도래를 설명했다. 이라니가 설명한 작업은 필요에 따라 지속적으로 재구성되거나 보정·조정돼야 하는 "기술 서비스에 의한 작업"의 또 다른 사례다. AMT 직원의 사례는 빙산의 일각일 뿐, 자동화된 공장에서 일하는 유지·보수 기술자부터 폭력적인 콘텐츠를 걸러내는 일을 하다가 트라우마에 시달리는 관리자에 이르기까지 보이지 않는 노동에 의존하는 시스템은 무궁무진하다. 이렇듯 반짝거리는 디지털 인터페이스 너머에는 성별과 인종으로 차별받는 유령 노동자들이 존재한다. 하지만 이 디지털 인터페이스 덕분에 고객과 소비자는 노동자의 열악한 환경을 마주할 기회가 없다.[120] 이제 노동자들은 자신의 모습을 드러내고 권리를 주장하며 작업 스트레스와 차별, 트라우마, 고용 불안에 대해 목소리를 높이기 시작했다.

테크놀로지에 비판적인 잡지인 《리얼 라이프(Real Life)》에서 자탄 새도우스키는 포템킨 마을처럼 아날로그와 디지털 특성을 동시에 가진 혁신에 관해 이야기한다.[121] 러시아 관료 그레고리 포템킨은 순방에 나선 예카테리나 2세의 마음을 사기 위해 가짜 마을을 만들었는데, 배에서 바라본 그 마을의 겉모습은 화려했으나 실상은 초라하기 그지없었다고 한다. 이와 마찬가지로 우리가 보통 사용하는 다양한 서비스는 겉에서 보면 소프트웨어와 알고리즘을 기반으로 하는 것처럼 보인다. 하지만 수많은 유령 노동자 군대가 유지하고 있으며, 다양한 서비스는 기만과 사기의 실로 연결돼 있다. 직원들 대부분은 로봇 기기 혹은 인공지능인 척하고, 기계가 저지르는 흔한 실수를 흉내 내도록 요구받기도 한다. 한때 기술자가 자율주행 중인 자동차의 운전석에 위장한 채 숨어 있는 사진이 여기저기에 돌아다닌 적이 있다.[122] 이 '인공지능 워싱(AI washing)' 사례만큼 극단적이진 않지만, 오늘날 도시에서 운행되는 수많은 지하철이 그렇듯 자동화된 것처럼 보이는 차량을 실제로는 인간이 원격으로 운전(또는 감시)하고 있다.

또한 일부 플랫폼은 스팸 메일 필터링 서비스와 맞춤형 메시징 솔루션 성능 개선을 위해 직원들이 이메일을 읽고 컴퓨터 언어 소프트웨어에 그 내용을 입력하도록 한다는 사실도 밝혀졌다.[123] 자동번역이라고 광고되는 음성 번역 서비스는 사실 번역자들이 제공한 것이다. 우리는 구글 번역기가 보여 주는 오류를 수정하거나 새로운 텍스트를 입력하는 행위를 통해 데이터베이스 성능 개선에 이바지하고 있다. 결국 구글을 위해 이중 노동을 하는 셈이다. 요즘 많은 사람이 거실에 인공지능 비서를 두고 있는데, 이 디지털 비서의 막후에 있는 노동자들이 그 사실을 증명한다.[124] 더 우려스러운 점은 이 애플리케이션들이 개인정보를 훔치기에 안성맞춤이라는 사실이다. 페이스북 역시 매우 효과적인 가상 비서 기능을 선보인 바 있는데, 사실은 진짜 인간들로 구성된 팀이 그 배후에 있었다.[125] 페이스북 트렌딩 토픽 칼럼 역시 인간이 운영했다는 사실이 최근에 폭로됐다.[126] 그동안 기술 박람회를 돌며 새로운 미케니컬터크를 홍보하는 허풍쟁이들에게 얼마나 많은 투자자와 고객이 속았을지는 아무도 모른다.

일의 변화에 관한 논의가 주로 도시에서 일하는 긱 경제의 '최전선' 노동자에게 초점이 맞춰져 온 데 반해, 최근에는 그 존재가 드러나지 않는 디지털 작업자에 관한 실증 연구가 활발해지고 있다. 아마존은 이 기만적 방식을 이용해 돈 버는 방법을 찾아냈는데, 그것은 가상 게시판을 통해 '서비스 제공자'(이 정의 역시 제프 베이조스가 제공했다)를 찾아 주는 단순한 방식이었다. 이제 기업이나 개인은 이 가상 게시판을 이용해 전 세계에 흩어져 있는 노동자를 고용할 수 있다. 가상 게시판을 통하면 인건비가 훨씬 낮은 지역에서 인력을 쉽게 구할 수 있는 장점이 있다. 고용 계약이 체결되면, 아마존에 내야 하는 수수료는 기껏해야 몇 센트에 불과하다. 주로 미국인과 인도인(인도인은 최근까지 플랫폼 노동력의 40%를 차지했다)이 24시간/7일 동안 이 가상 게시판을 통해 대규모 노동력을 제공한다.[127] 사회학자인 제나 버렐과 마리옹 푸르카드는 "코딩 엘리트에 맞서는 새로운 노동자 계층"을 설명하면서 이렇게 썼다. "인공지능에 대한 숭배의 배후에는 조용하고 눈에 보이지 않는 사람들로 구성된 글로벌 디지털 조립 공정이 있다. 이들 중 많은 수는 노동조건이 불안정하며 후기 식민지인 제3세계에 거주한다."[128]

아마존 미케니컬터크는 파일럿 프로젝트이며 개발이 마무리된 적이 없다. 또한 저부가가치 서비스를 수행할 (아마존 용어에 따르면) 노동자를 모집하는 플랫폼이다. 이 노동자들이 수행하는 서비스는 사진 태그, 데이터 기록, 음성 해독, 청구서 고쳐 쓰기, 설문 조사, 짧은 텍스트 번역, 오류 추적, 기사 편집, 초안 수정, 주소 검색, 시장조사 참여 등 일상적인 잡일(인간 지능 태스크)로, 어떤 알고리즘도 완벽하게 처리할 수 없는 작업이다. 더욱 정밀한 세분화 과정을 거쳐 인간의 노동력에 의존할 수밖에 없는 일이며, 너무 지루한 나머지 컴퓨터조차 수행하기를 거부하는 작업이다. 온라인 플랫폼을 통해 대면 없이 작업하는 노동자들에 관한 연구는 크게 부족한 실정이며, 이 현상은 예외적인 경우를 제외한다면 현실 세계의 제도나 정책에도 그대로 투영된다.

놀랄만한 성취를 이룬 아마존 미케니컬터크에 대해 평가하기는 쉽지 않다. '터크인들(미케니컬터크 노동자를 가라키는 용어)'이 실제로 몇 명이나 되는지는 알려진 바가 거의 없지만, 우리는 광범위한 연구 조사 결과를 통해 그들의 생활 여건이 어떤지는 알고 있다. 그들은 대체로 젊고, 고도로 훈련받았으며, 응용프로그램 인터페이스(API)를 통한 온라인 고용에 익숙하다. 그들은 소액의 수입을 기대하며 친척이나 친구를 대신해 여러 계정을 관리하고, 출퇴근 시간 같은 비활동 시간대에 작업을 완료하는 등 이용약관을 위반한다. 또한, 사실상 디지털 노동 착취 현장이라고 할 수 있는 클릭팜*에서 가짜 '좋아요'를 누르기도 한다. 이들은 인터넷에 한 번만 접속해도 지구 반대편에 있는 회사로부터 간단한 작업을 수주할 수 있다. 한편, 몇몇 주요 회사가 작업 요청을 독점하므로 시스템은 복잡한 송금 과정을 개선해 달라는 노동자들의 요구를 의도적으로 무시한다.

몇 년 전 성탄절에 제프 베이조스가 이메일 폭탄의 표적이 된 적이 있다. 아마존 직원들이 이메일로 '우리는 아바타가 아니라 사람입니다'라는 메시지를 보낸 것을 시작으로, 연판장 서명을 통해 그동안의 침묵을 깨고 한 번도 실현된 적이 없는 노동 환경 개선을 요구하고 나섰다. 노동자들은 거대한 시스템 뒤에 감춰져 있고, 노동자가 해외에 기반을 둔 플랫폼에서 온라인으로 작업하면 법과 관할권 사이에 갈등이 발생한다. 이런 점 때문에 온라인 작업은 전체적인 문제를 파악하기 어렵다는 특성이 있다. 최근에 파괴된 캠프 난민들 이야기가 알려진 적이 있다. 이 난민들은 자신들을 괴멸시킬 전쟁 작전에 사용될 가능성이 있는 인공지능 장치 유지를 위한 반복적이고 지루한 작업에 매여 있었던 것으로 보인다. 이러한 활동은 다른 비공식적인 작업보다는 안전하고 수익성이 높지만, 답답한

* 클릭팜은 여론 조작을 목적으로 조회 수, 팔로어, '좋아요'의 클릭 수, 앱 내려받기 수를 늘리는 조직을 말한다(옮긴이).

공간에서 강제 노동을 할 수밖에 없는 구조를 그대로 답습한다. 형을 선고받은 뒤 투옥돼 감금된 수감자들을 취급하는 방식도 이와 비슷하다.[129]

온라인 플랫폼을 통한 노동 방식은 확실히 극적인 패러다임의 전환을 보여 준다. 미래에는 중산층 일자리의 대부분이 전 세계의 저임금 프리랜서들에게 외주로 맡겨질 수 있으며, 이는 자동화를 수행할 인적 자원의 도래를 의미한다.[130]

3부
디지털 시대의 사회권

6

플랫폼 노동을 말할 때 말하는 것들

언뜻 보면 알고리즘 상사와 '가짜 인공지능'의 출현이 우리의 일상생활과 동떨어진 것처럼 보일지 모른다.[1] 그러나 이러한 기술을 활용한 일자리가 확산되고 있는 노동시장을 보면, 대중의 관심과 격렬한 논란의 중심이 되고 있는 고용 형태인 플랫폼 노동*을 검토할 필요가 있다. 플랫폼이 중개하고 관리하는 노동자들이 빠르게 성장하는 이 부문에서 나타나는 모순을 직접 경험하고 있다는 것은 이 사회가 지금까지 긱 경제와 그 사회

* 플랫폼 생태계는 결제 시스템(페이팔 또는 레볼루트), 소셜 네트워크(페이스북, 틱톡), 엔터테인먼트 비즈니스(스포티파이, 넷플릭스) 또는 정보 제공 업체(구글뉴스, 레딧), 이동 및 숙박 관련 서비스(쉐어나우, 에어비앤비) 등 다양하다. 재화의 대여 또는 구매 요소가 우세하면 교환과 관련한 개인 서비스는 주요 활동에 부차적으로 제공된다. 다음을 참조할 것. J Van Dijck, T Poell and M De Waal, *The Platform Society. Public Values in a Connective World* (Oxford, Oxford University Press, 2018). 이 장에서는 주변 분야에 대한 간략한 소개를 제외하고는 주로 노동이 교환되는 플랫폼에 대해서 다룬다.

적 영향에 보여 온 높은 관심을 대변한다.

플랫폼 노동이 등장하면서 우리 경제 전반에 새로운 변화의 지표가 등장했다. 플랫폼 비즈니스 모델은 지속적인 실험으로 봐야 한다. 왜냐하면 이런 고용 형태에서 나타나는 자동 프로파일링, 알고리즘 관리, 불투명한 평가, 작업량에 대한 소액 결제, 가짜 자영업 등은 지배적인 조직 패러다임을 정의하는 중요한 특징으로, 다른 분야에 쉽게 적용될 수 있기 때문이다.[2] 페디도스야의 라이더들, 우버의 운전자들, 파이버의 프리랜서들, 고필러의 디자이너들, 업워크의 소프트웨어 개발자들, 헬핑의 가사도우미들, 태스크래빗의 인부들처럼 직무에 기반한 새로운 기업 조직의 핵심 인력들이 이러한 특징을 이미 경험하고 있다.[3] 가장 흔한 모델은 간단하고 일시적인 작업으로 나뉜 작업이 수많은 독립 사업자에게 할당되는 방식이다. 노동력의 공급이 수요를 초과할 때가 많아서 독립 사업자는 언제든 일감을 맡을 준비가 돼 있다. 한편, 관리자에게 부여된 높은 수준의 권한은 다양한 법적 전략을 통해 관리자의 책임을 가볍게 만든다.

이러한 시스템을 이용하는 노동자는 잔업비용, 질병 수당, 유급휴가, 불법 해고에 대한 보상, 퇴직금, 법정(또는 단체 협상을 통한) 최저임금 보장 등 어떠한 권리도 보장받지 못한다. 또한 결사의 자유, 단체교섭, 차별로부터 보호 등 기본적 권리를 행사하려 해도 법적 또는 실제적 장벽에 직면한다. 불분명한 고용 상태뿐 아니라 과세나 사회보장에 관한 책임의 투명성 부족 역시 노동자들이 대처해야 할 어려움이다.[4]

플랫폼 노동에 대한 논의가 지루하게 이어지자, 대중은 이 쟁점에 대해 충동적이고 성급한 반응을 보이기 시작했다. 이러한 대중의 반응은 플랫폼 노동력 내부의 다양한 하위 집단들 간에 존재하는 중대한 차이를 간과하고, 플랫폼 경제가 노동시장에 가져온 변화의 규모와 중요성을 과소평가하도록 한다. 이 피상성의 원인은 기술에 대한 선험적 반대, 혁신에 대한 맹신, '내로남불', 소수의 강력한 기업이 압박할 때마다 발휘되는 기업 친화적 가부장주의, 오랜 신념을 선제적으로 고수하고 항상 눈감아 주는 경향 등에서 찾을 수 있다.[5]

플랫폼 노동의 강점은 다양하고 가변적이며 동시에 전형적이기도 한 그 형태에서 나온다. 우리는 이런 종류의 노동이 초래하는 부작용을 성찰함으로써 기술이 노동에 끼치는 부정적인 영향을 설명했고, 이는 학계와 정책 입안자, 대중으로부터 큰 관심을 받았다. 플랫폼 노동이 이렇게 빠른 속도로 사회경제적 의제의 중심으로 떠오른 원인을 확실히 설명하기는 어렵다. 다만 그 부러운 명성의 원인을 몇 가지 찾아본다면 우선, 청년들과 이민자들로 구성된 노동력의 등장(입고 있는 형광색 옷 덕분에 그들의 존재는 더욱 눈에 잘 띈다)과 이 노동자들이 경영진에 제기한 강력한 요구 사항, 그리고 그들의 행동이 가진 '뉴스 가치'를 들 수 있다. 다음으로, 지속해서 이어지는 고용의 불안정화와 단편화, 임시직화는 플랫폼 노동을 지탱하는 기반으로서, 플랫폼 노동은 수십 년 동안 전개돼 온 외주, 구조 조정 및 인원 축소 경쟁의 또 다른 단계라고 할 수 있다. 우리는 그동안 '긱 경제'로 통칭되는 일의 형태가 임시직이나 가짜 자영업과 많은 접점을 가지고 있음을 강조해 왔다.[6] 비용 절감을 목적으로 의도적인 고용 규제 회피 시도가 다양한 부문에서 횡행하면서, 많은 노동자가 노동 규제의 비효율성이라는 불길한 결과에 직면했다. 플랫폼이 복지국가를 무너뜨렸다고 비난할 수는 없지만, 어느 정도 이바지했음을 부인할 수는 없다.

몇 년 동안 도시의 거리는 커다란 유색 배낭을 메고 자전거, 드물게는 스쿠터나 소형차로 이동하는 배달 택배 노동자로 붐볐다.* 동시에 스마트폰에는 다양한 서비스를 위해 설계된 새로운 애플리케이션으로 가득했다. 소비자들은 스마트폰을 통해 음식, 식료품, 술 등을 배달 주문하고, 사소한 유지 관리 작업이나 간단한 집안일을 맡길 사람을 찾고, 요리사와 바텐더, 아기 돌보미, 번역가, 편집자, 그래픽 디자이너 등 모든 종류의 컨설턴트와 프리랜서를 원격으로 고용할 수 있다. 유럽에서 신문에 광고를 내거나, 젊은 소비자가 밀집한 지역에 할인 코드를 인쇄한 전단을 뿌리거나, 형광색 유니폼을 입은 수십 명의 라이더를 곳곳으로 보내는 등의 판촉이 시작됐다.

하지만 미국에서는 어느덧 긱 노동자의 분류를 둘러싼 첫 번째 분쟁이 마무리 단계에 이르렀다. 분쟁 대부분은 중재나 합의를 통해 종료되고 그 내용은 종종 기밀에 부쳐졌다. 그러나 법정에 제출한 서류를 통해 그 내용과 방향을 가늠해 볼 수는 있다. 가장 충격적인 두 사건을 예로 들어 보자. 캘리포니아주 법원 판사인 첸(Chen)과 챠브리아(Chhabria)는 도시 운송 대기업인 우버와 경쟁 업체 리프트의 비즈니스 모델을 해부한 뒤, 두 회사가 운송 행위에 관여하지 않는 단순 중개인이라는 주장은 사실이 아니라고 판단했다.[7]

이제 플랫폼 노동의 규모에 대해 알아보자. 가장 신뢰할 수 있는 추정치에 따르면, 중개 플랫폼을 통해 일자리를 얻는 노동자 수는 전체 고용 인구의 1~3%를 차지한다.[8] 생산 가능 연령대(16~74세)의 약 1.5%가 플랫

---

* 〈가디언〉에 따르면 새해 전날에는 감자튀김과 보드카, 새해 첫날에는 아스피린을 배달시킬 수 있다. S Subramanian, 'How our home delivery habit reshaped the world', *The Guardian* (21 November 2019).

폼 노동에 종사하는 것으로 나타났다.[9] 일부 연구자의 추정에 따르면, 전체 성인의 11%가 플랫폼 노동을 통해 돈을 번 경험이 있다(유럽연합에서 2,800만 명 이상의 노동자를 플랫폼이 중개하고 있다).[10] 특히 경제 불황 시기에 많은 노동자들이 주 수입을 플랫폼 노동에 의존하고 있음을 보여 주는 연구들도 많다.[11] 유럽연합 내 플랫폼 노동시장 규모는 2016년 약 30억 유로에서 2020년 약 140억 유로로 5배가량 성장했다.[12]

이 수치는 어쨌든 플랫폼 시장이 지속해서 성장하고 있음을 나타낸다. 실제로 이 시장의 규모는 2017년에 비해 6배 이상 커졌다. 국제노동기구에 따르면, 지난 10년 동안 전 세계적으로 운송과 배달 플랫폼 수가 10배나 급증했다.[13] 하지만 이제는 '모두가 알고 있지만 언급하기를 꺼리는 문제', 즉 방법론과 재현 가능성의 문제에 대해 간략하게나마 논의해야 한다. 이러한 플랫폼에 대해 신뢰할 만한 조사 분석이 가능한지는 다소 복잡한 문제다. 직원의 이직률이 높기 때문이기도 하지만, 무엇보다 믿을 만한 정보와 투명성이 부족하기 때문이다. 이 모든 것이 상당히 역설적으로 들린다. 정보는 넘쳐나는데 플랫폼 노동자에 관한 통계는 여전히 금단의 영역이다. 국제기구가 수행한 소수의 연구를 제외한 기존의 정량적 연구들은 플랫폼이 제공한 제한적인 정보를 기반으로 이뤄졌다.

이러한 연구 결과가 종종 플랫폼 노동을 옹호하는 세력의 주장을 뒷받침한다고 항의하는 사람들의 주장을 반박하기는 어렵다. 정책 입안자들을 설득하기 위해 우버가 전가의 보도처럼 인용하는 특정 논문에 대해 자닌 베르크와 한나 존스턴이 지적한 것처럼, 몇 가지 중요한 문제가 미해결 상태로 남아 있다.* 첫째, 정보를 소유한 플랫폼이나 그 정보를 다루는

---

* J Berg and H Johnston, 'Too good to be true? A comment on Hall and Krueger's

연구원이 정보를 공유하지 않는다는 사실은 정보의 검증이나 연구 결과의 재현을 불가능하게 만들고, 제공한 정보에 대한 믿음을 떨어뜨린다. 둘째, 조사 연구 대상이 되는 회사 직원이 연구에 참여하거나, 심지어 논문의 공동 저자로 이름을 올리기도 한다. 일반적으로 이러한 논문은 자문 기업의 조언을 받거나 조사 대상 기업의 후원을 받았을 가능성이 크므로, 연구 결과에 대해 의심의 눈길을 거두기 힘들다. 경제학자 루이지 진갈레스가 쓴 것처럼, 이런 현실을 한마디로 정리하는 효과적인 방법은 셜록 홈스의 추리 원칙을 적용하는 것이다. 즉, 개가 짖지 않은 이유는 도둑이 아는 얼굴이었기 때문이다.[14]

더욱이 설문 조사는 질문이 주도적이거나 편향된 때가 많고, 그 결과 응답자의 답변이 예측 가능한 때가 많다. 마찬가지로 많은 설문지의 선택지는 거의 항상 두 가지로 제시되는데, 이러한 형식은 응답률을 떨어뜨리거나, 불이익을 염려해 회사에 유리한 답변을 선택하거나, 자신의 의견이 무시되리라는 판단하에 답변을 거부하게끔 한다. 무엇보다 의도적인 오해를 불러올 수 있다. 예를 들어, 이탈리아 음식 배달 라이더들은 설문 조사에서 다음과 같은 질문을 받은 적이 있다. "고용 계약에 다음 내용이 포함돼 있다면 플랫폼 노동을 받아들이겠습니까? (a) 순소득이 감소할 것입니다. (b) 언제, 어디서, 얼마나 많이, 어떤 방식으로 일하라고 요구하는 상사의 요구에 응해야 합니다." 로베르토 베니니 감독의 〈인생은 아름다워(La vita è bella)〉의 한 장면이 바로 떠오르지 않는가? 늦은 밤, 주방이 이미

analysis of the labor market for Uber's driver-partner', *ILR Review* (2019) 72(1), 39-68. 우리는 수년간 긱 경제를 연구해 온 다른 연구자, 학자와 함께 '윤리적으로 지속 가능한 긱 경제 연구를 위한 원칙에 관한 공개편지'를 작성했다.

문을 닫은 식당에 놓쳐서는 안 되는 중요한 손님 한 명이 찾아온다. 주방에 남아 있는 음식은 다른 손님이 먹다 남긴 연어 요리뿐. 손님이 가벼운 요리를 부탁하자 베니니는 연어 요리 주문을 유도하기 위해 다른 메뉴들을 늘어놓기 시작한다. "두툼하고 질 좋은 스테이크와 양고기 콩팥, 빵가루를 묻혀 튀긴 간이나, 그렇지 않으면 지방이 풍부한 가자미나 소시지로 속을 채워 그랑 마르니에를 발라 구운 기름진 장어도 괜찮고요. 아니면 기름기가 적은 연어도 있군요!" 물론 손님은 대답한다. "연어가 좋겠군. 고맙소!"

안타깝게도 플랫폼 노동 분야의 범위와 역학 관계를 제대로 파악하기 어려워 플랫폼 노동자들에 관한 입법 개입은 도박에 가깝다. 그리고 이러한 플랫폼 노동에 대한 명쾌하고 중립적인 분석의 부재는 이해 당사자인 기업의 입법 개입 반대 압력에 정당성을 부여하는 빌미가 된다. 설문 조사 대부분은 그 유용성과 별개로 완벽하지 않다. 플랫폼 노동자들을 파악할 수 있는 완벽한 통계 시스템은 존재하지 않는다. 게다가 통계에 사용되는 분류 항목들이 낯설다 보니 이 분야에 속한 사람들조차 자신의 정체성을 인식하는 데 어려움을 겪는다.[15] 많은 노동자, 특히 돌봄, 물류, 출장 급식 서비스에 종사하는 노동자들은 실제로 플랫폼 애플리케이션이 등장하기 전과 같은 서비스를 제공한다. 자신을 플랫폼 노동자로 인식하지 못하는 사람들은 아예 설문 조사에 참여하지 않을 때가 있고, 긱 노동자 중 다른 직업을 가진 사람들은 통계에 잡히긴 하지만 다른 항목에 표시된다. 결국 이러한 설문 조사는 사회보장이나 세금 같은 문제를 제쳐 놓고라도 (노동자들이 잘 모르거나 종종 문제 삼지 않는) 계약 내용의 미묘한 사항조차 제대로 파악하지 못한다.

합의된 정의가 존재하는 것은 아니지만, '플랫폼 노동'이라는 용어는 매우 다른 활동들이 교환되고 조직되며 보상이 주어지는 경로에 초점을 맞춤으로써 이 활동들을 통합하는 장점이 있다. 동시에 이 용어는 많은 특징을 공유하고 있음에도 사회에 끼치는 영향은 매우 다른 다양한 유형의 경제활동을 포괄하고 있다. 요컨대, 학자인 코엔 프렌켄과 줄리엣 쇼어가 언급했듯이 플랫폼의 포괄적 정의는 "빅 텐트"라고 할 수 있다. 따라서 플랫폼 노동을 강력하고 획일적인 현상이라고 부르는 것은 부정확하고 기만적이다.[16] 수많은 변수를 고려해야 하며, 이 변수에 따른 변동성은 유사성을 뛰어넘는다.[17]

본론으로 들어가기 위해 누구나 동의하는 정의를 도출하고자 하는 욕구를 내려놓고, 생활과 노동조건의 향상을 목적으로 하는 유럽재단이 내린 정의를 빌리기로 하자.[18] 우리가 공동으로 작성한 초기 보고서에 따르면, "플랫폼 노동"은 뉴 밀레니엄 초기 이후 유럽에서 출현한 9개의 비표준 업무 형태 중 하나다.[19] 플랫폼 노동이란 온라인 플랫폼을 사용해 조직 또는 개인(노동자)이 다른 조직 또는 개인(고객)에 접근해 지급을 대가로 문제를 해결하거나 서비스를 제공할 수 있도록 하는 고용 형태다. 따라서 노동법 관점에서 볼 때 가장 문제가 되고 주목할 만한 디지털 플랫폼은 노동자와 고객 간에 일시적인 노동 행위가 교환되고 그러한 교환이 조직되며, 공모(open call) 또는 작업 할당을 통해 온라인 또는 오프라인 활동이 유통되는 플랫폼이다. 이 디지털 플랫폼에 관여하는 경제 주체를 세 집단으로 나눌 수 있다. (a) 임시직 노동자 혹은 '서비스 제공자'(아마추어와 전문가가 혼재함). (b) 고객(개인이나 가구, 기업이며 사용자나 '요구자'라고 불린다). (c) 소프트웨어를 사용해 작업과 서비스의 수요와 공급을 연결하고 실적을 정리하는 기업.*

합의된 정의에 따르면, 플랫폼 노동은 두 가지 주요 범주, 즉 '원격'으로 실행되는 활동과 '지역'에서 실행되는 활동으로 나뉜다. 이 두 범주는 각각 "크라우드워크, 그리고 애플리케이션을 통한 온디맨드 작업"으로 불린다.** 둘 다 불안정하고 흩어져 있는 노동력에 기반을 둔다. 전자가 주로 개인 혹은 개별 기업이 특정 업무를 해결하기 위해 전 세계 노동자들을 활용한다면, 후자는 수 킬로미터 이내의 지역 노동력에 의존한다. 두 범주는 작업 혹은 서비스를 이행하는 장소에 차이가 있다. 우리는 애플리케이션을 통한 온디맨드 작업에 더 많은 주의를 기울이는 경향이 있지만, 크라우드워크의 규모와 영향을 과소평가해서는 안 된다.[20]

크라우드워크와 온디맨드 작업의 공통점은 비정상적인 일자리를 양산한다는 점이다. 푼돈을 대가로 사회적 보호망은 제거되며, 저렴한 가격에 빠른 결과를 원하는 디지털 거인들이 달콤한 열매를 가져간다. 디지털 거인들은 분야를 침범해 돈을 물 쓰듯 하는 벤처 자금에 의존해 인위적으로 수수료를 낮추고 장기적인 시장 지배력을 키워 나간다.

---

* 플랫폼이 할당하면 노동자가 작업 뒤 배달하는 저숙련 작업인 '현장 플랫폼 결정 작업(on-location platform-determined work)'과 저숙련에서 중간 숙련노동으로 노동자가 작업을 선택하고 결과물을 배달하는 '현장 작업자 주도 작업(on-location worker-initiated work)', 고객이 경쟁을 통해 노동자를 선발하는 고숙련 온라인 작업인 '온라인 경쟁 작업(online contest work)'이라는 세 가지 유형의 플랫폼 작업에 초점을 맞추고 있다. 이 연구는 인력 구성, 규제 환경, 자율성 및 통제 강도, 사회 보호에 대한 접근성, 기술·훈련·경력 전망과 관련한 문제, 소득 및 관련 세금, 사회보장 등을 고려해 다양한 플랫폼 작업의 복잡성을 분석한다. Eurofound, *Employment and working conditions of selected types of platform work* (Luxembourg, Publications Office of the European Union, 2018).

** '크라우드소싱(Crowdsourcing)'이라는 용어는 2006년에 처음 등장했다. 다음을 참조할 것. J Hove, 'The Rise of Crowdsourcing', *Wired* (1 June 2006).

7

공유 신화의 거짓말

처음 시작은 드릴이었다. 드릴 이미지는 2014년쯤 나타나기 시작한 이 현상을 분석하는 모든 발표 자료에서 유난히 돋보였다. 이 현상의 숭배자들은 곧 우리의 라이프스타일에 혁명이 일어나고, 시장의 규칙이 다시 쓰일 것이며, 심지어 자본주의가 끝날 것처럼 이야기했다. 이렇듯 한때 공유 경제는 세상의 전부였다.

드릴 비유가 전하는 메시지는 단순하고 명쾌했다. '벽에 구멍 하나 뚫거나 기껏해야 서랍 몇 개를 조립하려고 드릴을 사야 할 이유가 없지요. 평균 6~20분 정도 사용할 뿐인데 드릴을 소유하는 것이 무슨 의미가 있나요?' 자원 공유를 중심으로 구축된 '공유 경제' 종교는 세계 무대에 등장할 때부터 이러한 도발적인 비유를 통해, 어두웠던 소유의 시대가 끝나고 멤버십이 중심인 계몽의 시대가 밝았음을 분명히 했다. 사람들은

'내 것이 곧 네 것'이라는 계몽 시대의 첫 번째 계명을 단순하게 받아들였다. 타인의 소유물을 탐내는 것이 기꺼이 허용될 뿐 아니라 장려됐으며, 공유 임대는 영혼이 아니라 지갑을 살찌우는 수단이 됐다. 이 종교의 교리는 사용하지 않거나 충분히 활용하지 않는 자원을 공유하라고 명령한다. 물론 지하실에서 썩고 있는 처치 곤란한 목공 장비들이 명령의 대상이라면 아무 문제가 없다. 하지만 그 대상이 전 세계의 노동력이라면 이야기는 달라진다.[1]

"공유" 복음은 그 불합리성에도 불구하고, 완벽한 "TED 토크" 형식을 띤 몇몇 영상을 통해 소셜 미디어의 파도를 타고 메시아의 말씀인 양 빠르게 퍼져 나갔다.[2] 전 세계 도시를 식민지화한 플랫폼 기업에 현혹된 관리자들과 수많은 팔로워를 거느린 소셜 미디어의 이야기꾼들이 파리에서 저렴한 방을 구하기 위한 앱, 공항까지 타고 갈 차량을 구하기 위한 앱, 가지 못하는 콘서트 입장권을 교환할 수 있는 앱, 비 오는 일요일에 집에서 초밥을 배달받기 위한 앱, 수학 과외 선생을 구하기 위한 앱 등의 전도사가 됐다. 많은 사람들이 그들을 믿었다.[3] 싼값을 치르고 에덴에 입성했다는 환상에 위로받았고, 침실, 탈 것, 도구, 시간, 재능 등을 조금씩 공급할 기회에 매료됐다.

공유 정신을 정당화하기 위해 몇몇은 대담하게도 공공기관에 대한 신뢰 붕괴를 언급했고, 플랫폼이 고안한 작은 속임수들, 무엇보다도 소비자들이 제공한 별점의 신뢰성을 높게 평가했다. 일면식도 없는 사람들의 상호주의에 입각한 '별점'을 공공기관의 신뢰성 붕괴에 대한 대안으로 제시한 것이다. 이러한 논의는 새로운 소비자 세대의 선호와 태도가 이전 세대와 분명히 다르다는 점을 일부나마 반영한다. 복음주의에 가까운 열광

이 어느 정도 가라앉은 뒤 이뤄진 연구들은 P2P* 교환에 대한 순진하고 때로는 거짓에 가까운 수사의 성공 원인 중 하나로 2008년 금융 위기의 후유증을 지적한다. 많은 사람들, 특히 밀레니엄 세대는 정신없이 바쁜 직장 일과 씨름하면서도 생계유지가 만만찮았다. 그들의 급여는 최소한의 사치를 누리는 것조차 불가능한 수준이었다. 그들이 처한 상황에서 공유 경제를 통한 "용돈벌이"는 신이 보낸 구원과 다름없었다. 하지만 구원으로 통하는 길이 고행이라는 점은 이내 현실로 드러났다.[4]

진실이 은폐된 채 10년의 세월이 흘렀다. 10년의 흐름에 비춰 볼 때 우리의 어투에 담긴 공유 경제에 대한 약간의 조롱은 정당한 것으로 보인다.[5] 공유 경제라는 약속된 기적이 날조였음이 널리 알려진 지금, 우리는 진실을 밝히기 위해 수년 동안 지속된 과도한 흥분에 대해 찬찬히 살펴보려고 한다. 법적인 측면에 초점을 맞추기에 앞서 법학자, 사회학자, 경제학자, 의사 결정권자의 태도 변화를 파악하기 위해 이 현상에 붙여진 이름이 어떻게 진화했는지 살펴볼 것이다.

각 기관은 공유 경제의 새로움과 변동성을 고려해, 독자적으로 개발한 분류법을 개략적으로 설명하기 위해 노력했다. 그리고 비슷비슷한 동의어와 '거짓 친구들'을 구별하기 위해 수많은 지면을 할애했다. 최근까지도 이 미로를 빠져나오는 길을 찾아내기가 매우 힘들었다. 하지만 우리가 책의 첫 단락에서 분명히 밝혔듯이, 시간이 지남에 따라 '플랫폼 노동'이라는 중립적 표현이 자리를 잡았다. 우리는 플랫폼을 옹호하는 주장들을 살펴볼 가치가 있는데, 책임에 직면할 때마다 이들이 인용하는 일련의 상

---

* 'Peer-to-Peer'의 약자로, '개인 대 개인'의 연결을 뜻한다(옮긴이).

투적인 주장들이기 때문이다. 플랫폼을 방어하는 주장의 목록은 매우 다양하며, 상황에 따라 양극단에서 한목소리로 플랫폼을 옹호하기도 한다. 용어의 정의와 그곳에 내재한 아이디어는 규제 개입만큼이나 일반적인 인식에 영향을 끼치며 막강한 사회적 영향력을 가진다는 사실을 간과해서는 안 된다. 말은 상당한 무게를 지닌다.

지배적인 거짓 수사(修辭)의 덫에 맞서기 위해서는 허위를 드러내기 위한 연합 작전을 전면적으로 펼칠 필요가 있다. 가장 먼저 불식시켜야 할 신화는 우리가 새로운 비전문적인 유형의 관계를 다루고 있다는 인식이다. 도시의 이쪽 끝에서 저쪽 끝으로 소포를 배달하는 사람이 있고, 사람을 차에 태워 운송하는 사람이 있고, 컴퓨터로 반복 작업을 수행하는 사람이 있고, 원격 컨설팅을 하는 사람이 있다. 이 모든 작업은 보상을 위한 것이지만, 그 보상은 미미하다. 그런데도 이 모든 작업은 노동이며, 노동으로 간주하지 않는 생각은 터무니없다. 무엇보다도 이러한 활동을 노동으로 보지 않는 시선은 과거에 인력 파견 회사 같은 곳에서 일어난 관행 및 시간제 여성 노동자의 가치를 과소평가하던 인식의 연장선에 있다.[6]

옥스퍼드대학의 예레미아스 프라슬은 긱 기업이 늘어놓는 "이중언어"에 대해 정확하게 지적한다.[7] 플랫폼 노동의 정체는 "호의"와 "작업", "파트너십", "도움", 심지어 "게임"의 가면으로 가려져 있고, 노동자들은 "닌자"부터 "동료", "고릴라", "토끼", "파트너", "친구"에 이르기까지 익살스러운 이름으로 불린다.[8] 이렇듯 평행현실을 만들어내기 위해 사용되는 업계의 내부 용어들은 기자들의 활약과 내부고발자들이 유출한 문서로 밝혀졌다. 용어들의 면면을 살펴보면 다음과 같다. "독립적인 공급 업체"는 플랫폼을 "이용"해서(플랫폼'에서'가 아니다!) 일할 때 "공급 계약"('고용한다'라고 말해서는 안 된다)에 서명함으로써, "계약을 받아들이"고 작업이 가능하다는 사실을 공지한다(근무시간을 따로 정하지 않는다). 그들은 "상표가 부착된"(유니폼이 아니다) 의상을 착용하며, "공동체"의 일원이다. 그들은 "선택된 지역"에서 "로그인"함으로써 근무를 시작하고, 청구서가 처리되면 "요금"(월급이 아니다)을 받는다. 단, 제공한 서비스가 기준을 만족시키지 못하면('실적 평가'라고 말해서는 안 된다), 그들의 계정은 "종료"된다(이 말은 '해고'를 뜻하는 플랫폼 업계 용어다).[9]

이어서 "온디맨드 경제"와 "적시생산인력(just-in-time workforce)" 방식이 등장했다. 둘은 린 생산(lean production)*에서 쓰이는 용어를 빌린 것으로, 즉각적인 성과와 노동력의 파편화를 강조한다. 지속적 편리성을 바라는 고객의 요구에 초점을 맞춘 '히트 앤 런(hit and run)' 모델로, 서비스 속도에 중점을 두고 있다. 예외가 표준이 되는 방식으로 작동하는 플랫폼 노동의 세상에서 "온디맨드", "온콜", "온탭" 같은 용어는 근본적으로 위선을 은폐하는 가식적 표현이다.** 온디맨드 방식으로 일하는 카페의 웨이터를 상상해 보자. 이 방식에 따르면, 웨이터가 주문을 받고 테이블에서 바로 이동해 맥주 한 잔을 따르는 시간은 노동시간이다. 하지만 그 밖의 시간, 즉 앞치마를 두른 채 손님을 기다리는 시간은 노동시간이 아니다. 정말 어처구니가 없는 일이 아닌가! 하지만 지나친 관용 속에서 현실

---

* 공급자와 소비자로부터의 응답 시간, 그리고 생산 체계 안에서의 시간 줄이기를 주된 목표로 하는 제조 방법을 말한다(옮긴이).

** The Economist, 'Workers on tap', *The Economist* (30 December 2014). 이 표현은 수돗물처럼 믿을 수 있는 운송 수단을 만들겠다는 우버의 약속과 연결된다. 우버에 대해서는 다음을 참조할 것. Uber, 'Transportation That Is As Reliable As Running Water', *Uber Blog* (4 September 2015). 다음도 참조할 것. J Ticona, *Left to our own devices: Coping with insecure work in a digital age* (Oxford, Oxford University Press, 2022).

은 빠르게 왜곡되고 있다.

전통 산업의 그 어느 분야에도 이렇게 오만한 위선을 구조적으로 내포한 유형의 기업이 존재한 적은 없었다. 그런데 이러한 '스타트업'이 시작된 지 몇 년이 지난 지금도 우리는 규정을 준수한다면 저부가가치 산업 분야가 급속도로 붕괴할 것이며, 그 결과 고용 위기에 처한 많은 노동자가 생계를 박탈당하거나 사회적 보호의 안전망 밖으로 쫓겨날 것이라는 주장에 답해야 한다. 또한 현행 규정을 준수하라는 요구는 형식주의에 알레르기가 있는 기업가의 창의성에 족쇄를 채우는 결과를 초래할 것이므로, '이 공식화된 비공식 경제'를 유지하고 그것에 만족하는 것이 최선이라는 주장에도 답해야 한다. 그들의 주장을 수용한다면, 이미 만연해 있는 노동 상품화와 노동 가치 저하 추세에 어떤 영향을 끼칠지는 불 보듯 뻔하다. "규제의 변화를 틈탄 창업"[10]의 증가와 더불어 소소한 혁신이 확산되고 있다. 그러자 기존 규정은 흑백 논리의 유산으로 취급되고, 그림자 경제와 불법적인 대체 수단이 논란의 여지가 있는 비즈니스 모델의 타당성을 평가하는 새로운 척도로 사용된다.

여기서 음식 배달 플랫폼에서 일하는 한 매니저의 발언을 기록으로 남기는 것이 적절하겠다. 그에 따르면, 배달 플랫폼 푸도라에서 일한다는 것은 자전거 타기를 즐기는 사람들이 용돈을 벌 수 있는 "기회"를 의미한다.[11] 다시 말하면 자전거 애호가들을 위한 '선물'이거나, 비 오는 밤에 시내 중심가의 자갈길을 한 바퀴 돌고 싶은 욕구를 실현하며 돈도 벌 수 있는 기회다. 말하자면 공짜 체력 단련인 셈이다.

오늘날에도 의회 청문회에 참석한 플랫폼 관리자들은 누구 한 명 눈살도 찌푸리지 않은 채 플랫폼 노동이 '여가 활동'이라는 주장을 펼친다. 그러나 법적인 관점에서 볼 때 사람들이 생계유지를 위해 일하든 취미생활로 일하든 아무런 상관이 없다. 거액의 재산을 상속받은 뒤 날마다 뒹굴뒹굴하며 지낼 만큼 여유가 있는데도 열정적으로 일하는 사람은 고용권을 보장받을 자격이 없다고 말할 사람은 한 명도 없을 것이다. 노동에 대한 자발성이나 동기는 고용 보호의 근거가 될 수 없으며, 특정 활동에 참여하는 이유 역시 작업 방식을 분류하거나 적용 규칙을 판단하는 데 아무런 영향을 끼치지 않는다. 비전문적 활동이라고 해서 이를 그저 선의의 봉사 활동으로 여겨서는 곤란하다.

이 누벨바그*에는 '긱 경제'라는 용어도 포함된다. '긱'은 미국 재즈 공연장 주변에서 단기 공연을 위해 섭외했던 임시 연주자를 일컫는 말로, 연주자는 작은 보상(무료 음료나 팔린 입장권 가격의 일정 비율에 해당하는 돈)을 대가로 공연했다. 관객의 반응이 좋으면 다음 날 밤에 다시 무대에 설 수 있었지만, 그렇지 않으면 감사 인사를 하고 작별을 고해야 했다. 임시로 하는 일을 뜻하는 '긱'은 용어의 태생적 의미 때문에 그에 대응하는 현상을 쉽게 수용하게 만들고, 그 의미의 중요성을 축소한다. 태생적으로 불연속적이며 일시적인 현상을 왜 규제한단 말인가? 이 진부한 물음은 기존 규제를 회피하는 행위를 정당화하고, 결국 합법적인 위험 지대에 놓이는 사람의 수를 늘리는 끝없는 악순환을 완성한다. 게다가 플랫폼 노동을 '단순한 잡일'로 치부하는 이 허구적인 수사는 플랫폼 지지자들이 자주 사용하는 주장인 자영업자들의 '기업가 정신'과 충돌한다. 플랫폼 노동은 하찮은 임시 일자리로 폄하되지만, 기업들은 플랫폼 노동자를 열심히 일

---

* 누벨바그(La Nouvelle Vague)는 전 세계 영화에 큰 영향을 준 프랑스의 영화적 경향이다(옮긴이).

하면 성공할 수 있는 자영업자로 포장한다. 힘없고 돈 없는 학생으로 피자 배달을 시작한 최고경영자의 (거짓말로 도배된) 전기는 "기업가 르네상스" 서사의 일부다.[12]

민주화된 기업가 정신을 강조하는 것은 플랫폼 기업들의 일반적인 수사적 속임수다. 그들의 주장은 세 가지 메시지를 전달한다. 플랫폼이 고객과 제3의 공급자 간의 단순한 접점 역할을 한다는 첫 번째 주장은 이미 유럽연합사법재판소가 반박했다. 두 번째는 플랫폼 노동자를 자영업자로 분류하는 것이 합법적이라고 주장하지만, 플랫폼 노동자를 고용된 직원으로 분류한 판례들이 있음을 고려할 때 타당하지 않다. 플랫폼 노동자의 법적 분류가 달라지면 노동력에 대한 더욱 엄격한 관리가 의무화돼 결과적으로 유연성을 발휘할 여지가 아예 사라진다[13]는 세 번째 주장 역시 억지에 불과하다.

요약하면, 대부분의 서비스가 독점 조항(대체는 사실상 불가능하다) 아래서 제공되고, GPS로 끊임없이 추적되며, 유니폼과 회사 장비를 개인 비용으로 대여하고, 기술의 오작동에 따른 불편까지 개인이 감내해야 하는 등 플랫폼 서비스의 개인적인 특성들은 기업가 정신과 대척점에 있다.[14] 타인이 부과한 마감 기한과 근무시간, 지시 사항을 지킬 의무가 있는 플랫폼 노동자들을 독립 사업자로 보기는 힘들다.* 까다로운 상사 밑에서 일하는 지겨운 직장의 대안으로 플랫폼을 소개하는 광고 캠페인이 플랫폼 노동자들이 겪는 수난을 미화하기 시작했다. 한 예로 머리기사를 장식한,

---

* 켄 로치 감독은 〈미안해요, 리키(Sorry We Missed You)〉(2019년)에서 택배 회사의 제로 아워 계약(고용주가 직원에게 정해진 근무시간을 보장하지 않는 고용 계약-옮긴이)을 '받아들인' 노동자가 관리자의 통제 아래 경로, 근무시간, 목표 등을 지시받는 비인간적인 상황을 묘사한다.

시대정신을 담은 충격적인 파이버의 광고를 보자. "점심은 커피 한 잔으로. 한번 시작한 일은 끝을 본다. 수면 부족은 당신이 선택한 약물이다. 당신은 해내는 사람(doer)이니까."[15] 당연하다!

유럽연합사법재판소의 말을 인용하자면, 시장에서 사업 활동의 독립성을 획득하지 못하고[16] 플랫폼 관리자에게 전적으로 의존하고 있다면 플랫폼 노동자는 독립 사업자가 아니다. 우선 플랫폼 노동자는 플랫폼이 결정하는 가격 정책을 받아들여야 한다. 시장이나 고객에 직접 접근할 수도 없다. 이 모든 조건은 자영업자의 성격과는 거리가 멀다. 영국의 고용재판소는 "런던의 우버는 공통 '플랫폼'으로 연결된 3만 개 중소기업의 모자이크"라는 아이디어가 "터무니없다"라고 일갈한 바 있다.[17] 우버의 발언이 사실이라면, 모든 고객은 노동자와 요금 및 수수료를 자유롭게 협상할 수 있어야 한다(당신이 상담을 받기 위해서 혹은 물이 새는 수도꼭지를 수리하기 위해서 프리랜서를 찾는다면, 언제든지 가격 협상이 가능하다). 하지만 당신이 플랫폼에 서비스를 예약했을 때 당신을 데리러 오는 것은 '기사 토니'가 아니라 '글로브' 택시다.

마찬가지로, 플랫폼 노동자에게 정규직 고용 규정을 적용한다면 비즈니스 모델의 유연성이 떨어질 것이라는 주장은 노골적인 거짓말이다. 더욱이 우리가 의료계 종사자들 대신 플랫폼 기업들을 응원하기 시작한 팬데믹 봉쇄 기간에 깨달았듯이, 플랫폼 기업은 비즈니스 모델의 중심인 노동자들의 기여 없이는 존속할 수 없다. 기계나 자본 요소보다 노동 요소가 훨씬 중요하기 때문이다.[18]

초반의 후끈했던 흥분이 가라앉고 광범위한 연구를 통해 냉엄한 현실이 밝혀진 지금, 플랫폼 옹호 주장의 확산은 주춤해진 상태다. 빨리 돈을 벌고 싶어 하는 대학생들이 음식 배달 기사의 대부분을 차지한다는 주장은 설문 조사 결과와 어긋난다. 물론 그런 사례도 있겠지만, 배달 기사의 평균 연령은 올라가고 있으며(2018년 현재 33.9세) 플랫폼 노동자 대부분은 주당 60시간 이상 일하고 있다.[19] 길거리나 교외의 전철에서 쉽게 볼 수 있듯이(특히 근무시간이 끝난 뒤), 그리고 사법 당국이 밝혔다시피 일부 배달 플랫폼은 수많은 이민 노동자와 복잡하고 수상한 계약을 맺는다. 현지 언어에 대한 미숙함과 이민자 지위를 잃을지도 모른다는 두려움, 굶주림을 피하려면 돈을 모아야 한다는 절박함에 사로잡힌 이민 노동자들은 학대와 침묵과 통제의 현장으로 내몰린다. 스마트폰이 곧 노동력 착취의 현장이다. 보복과 폭로가 두려운 노동자들은 사고가 나도 침묵할 수밖에 없다. 문제아를 제거하는 일은 손바닥 뒤집기만큼 쉽고, 불만의 싹을 일찌감치 잘라 버릴 수도 있기 때문이다.

한편, 팬데믹이 초래한 이례적인 상황은 많은 플랫폼 기업에 절호의 기회를 안겼다.[20] 시민 수백만 명이 사회적 거리 두기를 해야 하는 가혹한 조치가 시행되는 동안, 배달만으로 기업이 운영될 수 있다는 아이디어는 많은 기업을 부도의 위기에서 구했다. 돌발상황 속에서 사업 기회를 포착한 플랫폼 기업들은 중요한 개인정보가 들어 있는 대량의 데이터 흐름을 제어하고 수익화함으로써 사회 기반 시설로서의 입지를 굳힐 수 있었다.

그들은 팬데믹 상황을 이용해서 소비자의 욕구를 자극하고,[21] 인위적인 저가 정책[22]과 관대한 유인책으로 사업을 부양하며 투자자들의 비판을 무마했다. 특히 오프라인 경쟁 업체들을 완전히 따돌리기 위해 막대한 자본 확충을 감행하면서 투자자들이 대차대조표상의 적자를 감수하도록 했다. 우리는 플랫폼이 단 한 번의 통화만으로 소비자의 식사 시간, 식사 메뉴, 이동 목적지, 비용을 지급한 시각, 지급한 금액 등 수많은 자료를 수집·사용·판매할 수 있다는 사실을 과소평가해서는 안 된다. 수집된 데이터는 당연히 쉽게 현금화할 수 있다. 플랫폼은 교통 관련 자료를 대중교통 당국에 판매하거나 자율주행차를 비롯한 여타 프로젝트 개발에 사용하기도 한다. 지속해서 큰 손실을 내는 기업이 투자자들에게 매력적인 이유는 다름 아닌 데이터라는 거대한 자본 때문이다.

축적된 막대한 데이터를 이용해 비용을 낮추고 가격을 올림으로써 수익을 향유하고 경쟁자들을 밀어내는 것은 어린애 장난처럼 쉽다.[23] 이때가 돼서야 규제 당국의 눈을 가렸던 디지털 황제의 새 옷이 도금 시대의 가장 공격적인 자본가들이 입었던 옷과 똑같다는 사실이 밝혀진다. 일부 플랫폼 기업가는 "독과점 체제를 확립함으로써 모든 사람이 평생 사용하는 운영체제가 되는 것"[24]이 장기적인 목표임을 공공연하게 인정한다. 이 목표야말로 고군분투하는 기업가들이 모험을 지속하는 유일한 동력일지도 모른다. 기업가들이 원하는 시대가 도래한 뒤에야 한 줌밖에 안 되는 할인 쿠폰에 속아 넘어갔다는 것을 깨닫고 흘리는 눈물은 아무 의미가 없다.

이것은 심각한 문제이며, 겉치레 말은 아무런 도움이 되지 않는다. 먼저 용어에 존재하는 덫을 제거하는 것이 필수다. 그러기 위해서는 사실 그대로 전달하는 것부터 시작하자. 문제 해결은 사실을 아는 것에서 시작된다.

로그인할 준비가 돼 있는 노동자와 끝없는 욕망

여기에서는 플랫폼이 조직하는 작업 방식을 검토하고자 한다. 논의를 단순화하기 위해 우리는 전형적이면서 현실적인 모델의 개요를 설명한 뒤,

전형적인 모델에서 파생된 다양한 모델의 차이점을 설명할 것이다. 정보는 풍부하다. 과거에는 얻을 수 있는 정보가 회사의 웹사이트에 게시된 계약이나 법적 고지 정도였다. 하지만 시간이 지나면서 더 자세한 연구가 진행됐고, 기자들의 탐사 보도가 이뤄졌으며, 노동자들의 폭로가 추가됐다.

대부분의 플랫폼에서 서비스를 공급하는 공급자는 거의 자영업자로 분류된다(여기에는 '의존형 자영업자'도 포함된다. 이들에 대해서는 아래에서 분석할 것이다). 앞으로 살펴보겠지만, 많은 플랫폼은 직접고용에 따른 의무와 비용을 회피하면서, 정교하고 오해의 소지가 있는 방법으로 관리 특권을 행사한다.

전 세계의 노동 규정은 계약상 명칭과 현실 사이의 모순을 해결하는 효과적인 "항체"를 개발했다. 간단히 말하면, 서류에 명시된 직무의 법적 분류는 수행하는 직무의 특성과 일치해야 한다.* 그런데 자영업자로 명시된 노동자의 직무 형태가 직원과 유사하면, 즉 관리인이 직무 수행을 통제하고 노동자가 고용 주체에 의존하면 법원이나 노동 당국이 서류상의 직무를 재분류함으로써 상황을 바로잡을 수 있다. 이러한 원칙을 '사실우선주의'라고 한다. 사실우선주의는 전 세계의 수많은 국가와 법제도에서 다양하고 다면적인 형태로 널리 확립·적용하고 있는 원칙 또는 관행이다. 이 원칙에 따르면, 현실과 일치하지 않는 계약상의 (잘못된) 분류는 구

---

* 이 규정은 입법부에도 적용된다. 2019년 프랑스 국회가 통과시킨 사회 이동성 지향 법안에는 플랫폼 기업과 행정 당국 간에 '사회적 책임 헌장'이 승인되면, 그 협약 내용을 법정에서 재분류 소송의 근거로 삼을 수 없다는 조항이 포함돼 있다. 이는 운전기사나 배송 기사가 부적절한 계약 형태에 대해 법정에서 다투는 것을 사실상 불가능하게 만들었다. 프랑스 헌법재판소는 이 조항이 재분류 소송 시 심리 절차를 방해한다고 보고 위헌 결정을 내렸다. Law 2019-1428 (24/12/2019) on mobility orientation (LOM). Conseil Constitutionnel, Decision n° 2019-794 DC 20/12/2019를 참조할 것.

속력이 없다.

이는 2006년 국제노동기구가 채택한 고용관계 권고(제198호)에서도 인정된다. 고용관계 권고는 다음과 같이 규정한다. "[고용관계] 여부는 당사자들이 합의한 계약이나 다른 형태의 협정이 어떻게 규정했는가에 관계없이 먼저 직무 수행이나 노동자의 보수에 관한 사실에 따라 결정돼야 한다."* 새롭게 제안된 플랫폼 노동에 관한 유럽연합 지침 역시 똑같은 문구를 채택하고 있다. 다만 관계가 어떻게 분류되는지에 관계없이, "플랫폼 노동의 조직화를 위해 알고리즘 사용을 고려"할 필요성에 대해서만 언급하고 있다.[25] 계약서상 노동자가 독립 사업자로 분류됐더라도 실제 직무 수행이 그 분류와 일치하지 않는다면, 그 계약 조항은 노동자의 고용 상태나 그에 수반되는 노동권을 박탈할 근거가 될 수 없다.

국제노동기구의 위탁을 받아 루벤카톨릭대학교가 수행한 최근 연구 결과가 보여 주듯이, 일반적으로든 플랫폼 노동에 관해서든 사실우선주의 원칙에 대한 폭넓은 국제적인 공감대가 형성돼 있다.[26] 이 연구는 전 세계 플랫폼 노동자의 고용 상황에 대한 소송과 법률을 검토했다. 러시아와 중국 그리고 '주민발의안 제22호'에 대한 투표를 마친 캘리포니아 등

---

* Paragraph 11, Rl 98-Employment Relationship Recommendation, 2006 (No. 198). 다음을 참조할 것. International Labour Office, Regulating the employment relationship in Europe: A guide to Recommendation No. 198 (Geneva, International Labour Office, 2013). 유럽연합사법재판소는 "고용관계의 본질적인 특징은 노동자가 일정 기간 타인을 위해, 그리고 타인의 지시에 따라 서비스를 수행하고 그 대가로 보수를 받는 것"이라고 반복적으로 판시해 왔다. Case C-216/15 Betriebsrat der Ruhrlandklinik v Ruhrlandklinik [2016] EU:C:2016:518.N Countouris, 'The Concept of "Worker" in European Labour Law: Fragmentation, Autonomy and Scope', *Industrial Law Journal* (2018) 47(2), 192-225. E Menegatti, 'Taking EU Labor Law Beyond the Employment Contract: The Role Played by the European Court of Justice', *European Labour Law Journal* (2020) 11(1), 26-47. S Deakin, 'The Comparative Evolution of the Employment Relationship' in G Davidov and B Langille (eds), *Boundaries and Frontiers of Labour Law* (Oxford, Hart, 2006).

을 제외하고, 플랫폼이 사실상 고용자 역할을 하면 대부분의 법원은 플랫폼 노동자를 고용된 직원으로 재분류할 준비가 돼 있었다.

간단한 논의를 위해 등록과 모집 단계부터 시작해 보자. 노동자가 플랫폼에 참여하는 데 필요한 것은 고속 인터넷뿐이다. 진입장벽은 따로 없다. 플랫폼 모델은 가격을 낮게 억제하면서 수요를 충족시키기 위해 24시간 이용할 수 있는 대규모 노동자 집단이 필요하기 때문이다. 노동자가 플랫폼 웹사이트에 등록하려면 다음 과정을 필수적으로 거쳐야 한다. 첫 번째 단계는 프로필 사진과 세금, 재무 사항과 같은 개인 기본 정보를 입력하는 것이다. 두 번째 단계에서는 표준화된 형식의 계약이 이뤄진다. 이 단계에서 지원자는 일방적으로 결정된 계약 조항에 동의해야만 다음 단계로 넘어갈 수 있다.* 계약 조항은 모두 의도적으로 모호하게 쓰여 있어 내용을 파악하기 힘들고, 고용관계를 부정하기 위한 불필요한 노력을 포함하고 있다. 또한 법정 다툼에서 노동자의 권리 주장을 무력화할 수 있는 조항이 들어 있기도 하다. 운송, 배송 및 잡역부 분야는 계약 단계가 끝나면, 대면 또는 온라인 사용 지침서를 통해 교육이 이뤄지기도 한다. 차량의 청결 상태, 직무 시 갖춰야 할 복장, 장비, 권장하는 음악 장르, 고객 지원 등이 포함된 행동 규칙이 적극적으로 공유된다.

---

* 기업의 편에서 일방적으로 쓰여진 계약서 문구에는 기업이 작성했거나 구상한 것보다 더 나은, 혹은 다른 대우를 협상할 여지가 없다. 서구권에서는 이러한 계약 유형을 클릭랩(clickwrap) 또는 클릭스루(clickthrough)라고 한다. J Tomassetti, 'Algorithmic Management, Employment, and the Self in Gig Work' in D Das Acevedo (ed), *Beyond the Algorithm: Qualitative Insights for Gig Work Regulation* (Cambridge, Cambridge University Press, 2020); NJ Davis, 'Presumed assent: The judicial acceptance of clickwrap', *Berkeley Technology Law Journal* (2007) 22(1), 577-98; MJ Radin, *Boilerplate: The Fine Print. Vanishing Rights, and the Rule of Law* (Princeton, Princeton University Press, 2014).

플랫폼은 일반적으로 특정 요청(요청에 응답할 수 있는 노동자의 자격 기준을 고객이 정한다) 또는 지리적 근접성을 기반으로 노동자를 고객과 연결하는 자동화 관리 시스템이다.[27] 입찰에 의한 고객과 노동자의 연결도 가능하다(다시 말하지만, 핵심 조건을 설정하는 것은 플랫폼 또는 최종 사용자다). 경매 기반 프로세스를 포함한 플랫폼(특히 창작 활동을 교환하는 플랫폼)에서는 드물게 플랫폼 안에서 노동자가 고객과 직접 접촉할 수 있다.

플랫폼 등록 절차가 끝나면 노동자는 모든 업무 요청을 수락할 것을 요구받는데, 그렇지 않으면 내부 평가 순위가 강등된다. 이 목적을 위해 도입된 애플리케이션은 그 메커니즘상 노동자에게 끊임없는 알림을 보내므로, 노동자는 소환이나 온갖 벌칙을 감수하면서 기기를 종료하거나 쇄도하는 알림의 늪에 빠진다. 방문 배달 서비스에 종사하는 노동자들은 메시지 애플리케이션이나 그룹 채팅 프로그램을 통해 회사와 연락한다. 작업자는 예고 없이 예상 배달 시간에 따라 호출되고, 교대 근무나 단순 반복 업무에 배치되기도 한다. 제한적으로 교대 근무를 취소할 수 있는데, 너무 늦게 취소하면 자동화 평판 시스템에 따라 신뢰도가 떨어지고 새로운 채용 기회에서 배제될 수 있다. 플랫폼이 정보 보호 규정을 준수할 것이라는 생각은 애당초 환상이다. 플랫폼은 GPS로 추적한 위치, 온라인 접속 기록, 특정 시간에 영업 중인 레스토랑 수처럼 매우 정교한 감시 장치들을 활용한다. 그런데도 노동자가 고객의 요청을 승인하기 전에는 고객의 주소나 배송 목적지가 공개되지 않으므로, 노동자는 배송을 위한 효율적인 경로를 선택하기 어렵다.[28]

팬데믹 기간에 많은 플랫폼 노동자가 경제적 어려움과 등급 강등을 피하려고 노동을 이어 나감으로써 감염 위험에 노출되고, 가족과 지역사회

내 감염의 매개체가 될 수밖에 없었다.[29] 비상사태의 심각성에도 불구하고 일부 플랫폼은 팬데믹이 시작된 뒤 몇 주가 지나서야 배달 노동자들에게 개인 방역 장비를 제공했다. 개인 보호 장비의 제공이 플랫폼과 배달 노동자의 관계가 사실상 고용관계임을 보여 주는 사례로 해석되는 것을 우려한 탓이었다. 그전까지 배달 노동자들은 마스크와 손 세정제, 장갑 등을 개인 돈으로 마련해야 했다.[30] 몇몇 국가에서는 법원의 명령 뒤에 계약상 분류와 관계없이 배달 노동자에게 기본 안전 장비를 공급받을 권리가 있음을 인정했다.[31] 코로나19에 따른 노동자들의 위험은 동료 노동자와 고객의 건강 상태에 대한 정보 부족으로 더욱 커졌다. 긴 봉쇄는 플랫폼이 고객 충성도를 구축할 수 있는 천재일우의 기회였다. 배달에만 식당과 슈퍼마켓 영업이 허용됐고, 중산층 엘리트들은 트래픽 과부하로 기능이 저하된 시스템 속에서 주문 전쟁의 승자가 됨으로써 신속한 비대면 배달의 특권을 누릴 수 있었다.[32]

청소나 가사 분야의 많은 애플리케이션이 집안 일 예약과 비용 계산, 송장 관리, 청소 용품 판매와 같은 보완 서비스를 제공하는 데 특화돼 있다. 노동자와 고객이 개인적인 유대감을 형성함으로써 직접 거래를 트는 위험을 방지하기 위해 몇몇 회사는 계약에 플랫폼 회피 금지 조항을 삽입하고 있으며, 플랫폼을 거치지 않고 직접 거래할 때는 벌칙을 부과한다. 고객의 일방적 감시가 이뤄지는 청소나 가사 서비스의 특성을 고려한다면, 노동자에 대한 플랫폼의 감시 범위는 크게 줄어들어야 한다. 특히 평가와 관련해 고객의 기회주의적인 행동을 막을 수 있는 메커니즘은 사실상 없다.

노동자와 고객에 대한 자료 수집은 플랫폼의 핵심 비즈니스 중 하나다.³³ 내부 평판은 노동자의 보수에 큰 영향을 끼친다. 단일 플랫폼을 통해서만 거래가 이뤄져야 한다는 독점 조항이 있으면 더욱 그렇다. 불투명한 내부 평가 시스템은 통제와 징계 권한을 강화한다. 시스템은 수락한 주문 수, 주문 접수 뒤 완료하거나 거부한 배달의 비율, 가장 불편한 시간대에 요청한 배달 주문을 수락한 비율, 고객의 전반적인 평가 등을 수집해 내부 평가 요소에 반영한다. 평가에서 뒤처지는 노동자는 징계 조치를 받으며, 방어할 기회나 불복 절차 등은 주어지지 않는다.³⁴ 작업이나 역할이 여러 중개자를 통해 전달될 때 발생하는 대체 사슬(substitution chains)이 일상적으로 나타나는 플랫폼 모델에서는 노동자의 신원과 자격 검증이 힘들다는 사실이 최근 연구를 통해 밝혀졌다. 하지만 플랫폼이 처방하는 치료법은 질병보다 더 치명적일 수 있다. 예를 들어 우버는 운전자가 사용하는 가짜 신분증과 승객의 '확인되지 않은 계정'에 속수무책으로 당하지 않기 위해 안면 인식 메커니즘 실험에 들어갔다. 그러나 이 실험은 허용 범위를 넘어서는 대량 감시 관행과 차별적인 결과를 낳는다.

2019년 이탈리아의 주요 노동조합은 영국계 음식 배달 기업인 딜리버루를 상대로 소송을 제기했다. 그리고 1년 뒤 차별적인 알고리즘을 사용한 딜리버루에 전례 없는 패소 판결이 내려졌다. 법원의 명령에 따라 플랫폼의 알고리즘이 어떻게 작동하는지 밝혀졌다. 플랫폼에 등록된 배달원에게는 고객이 평가한 신뢰도와 근무 기간을 기준으로 내부 순위가 매겨졌으며, 이 두 가지 변수의 조합에 따라 배달 요청 가능성이 결정됐다. 일자리에 가장 먼저 지원하고 가장 많은 주문을 받은 배달원은 가장 높은 평가를 받으며, 원치 않는 배달을 거절할 기회를 가질 수 있다. 결근 뒤 복귀한 배달원은 결근 이유가 파업이든, 병가든, 장애인이나 아픈 미성년자를 돌봐야 했기 때문이든 상관없이 알고리즘에 따라 자동으로 등급이 낮아져 바닥부터 다시 시작해야 했다. 헌법이 보호하는 이유로 결근한 사람을 그렇지 않은 이유로 결근한 사람과 구별하지 않고[35] 똑같이 평가 점수를 낮추는 것은 차별적이라고 법원은 판단했다.

플랫폼은 노동자들이 자기 선택에 따라 소프트웨어를 '종료'하거나 앱에 로그인하지 않음으로써 '콜'을 받지 않을 자유가 있으므로, 그들을 자영업자로 분류해야 한다고 주장한다. 그러나 스페인과 프랑스 대법원[36]을 비롯한 사법 당국은 노동자의 활동 가능 여부가 다른 요소들과 함께 노동자의 순위를 정하는 데 영향을 끼친다며 플랫폼의 이 주장에 반대해 왔다. 노동자의 순위는 그 성격상 고객의 임의적 후기에 크게 의존하므로 변동성이 크고, 평가 점수 역시 매우 비일관적이다. 결국 이 방식은 사은품과 아부를 좋아하는 고객과 불투명한 평가 시스템에 대한 노동자의 복종으로 이어진다.

노동자들은 입소문을 통해 블랙박스 같은 알고리즘에 대응하는 행동 규범을 확립했지만(음식 배달원은 가장 좋은 근무시간을 선택할 기회를 얻기 위해서는 특정 근무시간을 채워야 한다는 사실을 알게 됐고, 운전자는 긍정적인 후기를 받기 위해 고객에게 사은품으로 물과 사탕을 나눠 준다), 많은 규정은 여전히 불투명하다. 시간이 지나면서 노동자는 주문 공백 시간을 피하려고 여러 플랫폼에서 활동하기 시작했다. 그러나 이 속임수가 항상 효과적인 것은 아니며, 발각되면 제재받을 위험이 크다.[37] 또한 여러 플랫폼을 동시에 이용하는 '멀티호밍(multi-homing)'은 법정에서 플랫폼과 플랫폼 노동자의 관계가 고용관계라는 주장을 무효로 만들기 위한 근거로 사용될 수 있다.

기술을 통해 노동자의 위치와 특정 작업 수행 속도를 초 단위로 감시하는 것도 가능해졌다.³⁸ 온라인 크라우드워크에서 고객은 서비스의 품질을 확인하기 위해 같은 작업을 여러 노동자에게 할당하고, 최고의 결과물을 낸 노동자에게만 보상할 수 있다. 또 특정 시각에 실제로 작업 중인지 확인하기 위해 노동자의 화면에 접근할 수도 있다. 납품받은 서비스가 기대에 못 미치면, 계약에 삽입된 고객 만족 조항에 따라 고객은 서비스에 대한 지급을 거절할 수 있다. 이러한 방식은 노동자에게 규정을 강제로 준수하게끔 하며, 고객의 기회주의적 행동의 빌미가 되기도 한다.³⁹ 결국 노동자는 고객의 만족도가 낮으면 보상을 받지 못하고, 때에 따라서는 산출물에 대한 지적재산권마저 포기해야 하므로 변덕스러운 "복권"을 손에 들고 있는 셈이다.⁴⁰

서비스에 대한 지급 방식도 논란의 대상이다. 갑작스러운 계약 조건의 변경에 따라 시간제로 계산되던 지급 방식이 최근에 별다른 이유 없이 주문별 계산으로 바뀌었다. 진부하기 짝이 없는 "사용한 만큼 내는 방식(pay-as you-go)"이 화려하게 부활한 셈이다.⁴¹ 지급 방식은 특정 시간대에 시급을 적용(나중에 폐기된 모델)하거나 배달 건당 비용 지급, 최단 거리 경로로 이동 시 거리당 비용 지급, 식당이나 고객의 구역 내 대기시간에 따른 지급 등 여러 방식이 쓰인다. 서비스 책정가가 치솟자, 고객을 달래기 위한 무료 판촉물 역시 늘어나면서 노동자에게 지급되는 액수와 최종 고객이 지급하는 서비스 비용과의 차이가 점점 더 벌어졌다. 배달 업계도 지급 방식을 혼용한다. 비슷한 분야에서는 보상 방식을 단체협약에 포함하려 시도하고 있지만, 배달 업계에서는 건당 지급 방식이 관행으로 자리 잡으면서 적절한 급여의 보장을 원하는 노동자들이 장시간 근무라는 위험한 관행으로 내몰리고 있다. 매년 교통사고가 지속해서 늘어나는 것은 우연이 아니다.[42] 2019년 여름 부에노스아이레스 법원은 배달 기사의 사고 건수가 급증하자 주요 배달 플랫폼 운영을 정지시켰다. 배달원의 사고를 통보받은 한 중간 관리자가 다친 배달원에게 보인 반응이 그 이유였다. 플랫폼 관리자가 다친 배달원에게 소셜 네트워크를 통해 주문 처리를 완료하라고 종용했다.[43] 이 사건을 통해 관리자들이 운전자들에게 폭언을 행사한다는 사실도 언론을 통해 알려졌다.[44]

노동자는 유니폼과 장비 구매비, 벌금, 수리비는 물론이고 자전거를 도난당하면 새 자전거를 사는 비용 등 이동 수단에 들어가는 비용까지 모두 부담한다. 회사는 급여에서 비용을 뺀 액수를 노동자에게 지급한다. 플랫폼은 평균적으로 각 거래 금액의 25~30%를 이익으로 남긴다. 많은 플랫폼 기업은 최근에서야 플랫폼에 팁(tip) 버튼을 만들어 달라는 배달원들의 요청을 받아들였다. 그런데 이 돈이 플랫폼으로 귀속돼 수수료 지급에 사용됨으로써 고객들이 자기도 모르게 기업의 비용 절감에 이바지한 사실이 드러나기도 했다.[45]

플랫폼 노동은 극단적인 규제 완화가 허용되는 틈새시장으로, 그 결과는 암울하다. 노동자는 불안정한 근무시간과 소매, 물류, 서비스 등 유사 산업 종사자의 평균임금보다 훨씬 낮은 소득을 견뎌야 하고, 병가, 휴일, 초과근무수당을 보장받지 못한다. 단체교섭의 기회는 제한적이고, 작업 중에 발생하는 위험 대부분은 노동자에게 전가된다. 플랫폼은 일부 노동자 집단에 새로운 고용 기회를 제공하지만, 동시에 노동시장의 질과 임금을 떨어뜨린다. 플랫폼 사업의 경쟁 우위는 노동법을 선택적으로 무효화하는 능력과 사회보장의 의무를 준수하지 않는 데서 비롯된다. 실제로 이 불공정한 이점은 규제를 회피함으로써 얻어진다. 그리고 그 결과는 경쟁사와 노동자뿐 아니라 차별 금지, 차량 안전 등과 관련한 규정의 준수 여부조차 믿지 못하는 고객을 포함한 사회 전체가 감당해야 한다.

오랫동안 산업계를 지배해 온 포드 모델과 테일러 모델을 능가했다는 점에서 플랫폼 모델은 격에 맞지 않는 축하를 받았다. 그러나 오늘날 우리는 정작 이들보다 훨씬 강력한 모델과 맞닥뜨리고 있다. 고전적인 고용 형태의 경계가 무너진 뒤 고용관계 모델이 광범위한 힘을 갖는다는 가설, 혹은 정반대로 힘을 잃고 있다는 가설이 논의의 장을 뜨겁게 달구고 있다. 그러면서 플랫폼 모델 특유의 특징들이 노동시장의 모든 부문에 스며들고 있다. 역설적으로, 많은 사람의 지지를 얻었던 표준고용관계와 노동법의 분리, 다시 말하면 비표준 형태 고용을 노동법의 보호 범위에 포함시키려는 시도는 보호 범위의 확대가 아닌 노동자의 의무와 제약의 확대라는 측면에서 성공한 것으로 보인다.

고용관계가 탈표준화돼 고용의 유연성이 향상됐지만, 업무 성과는 큰 변동이 없었다. 결국, 찬란한 혁신 세계의 역학은 수십 년 전에 명목상 자율적인 노동자들이 직면했던 모델들과 크게 다르지 않다.[46] 이 플랫폼 모델이 우리의 미래라면, 동료 작곡가에 대한 조아키노 로시니(Gioacchino Antonio Rossini)의 반응(전설에 따르면)은 여전히 유효하다. "당신의 작품에 아름다움과 새로움이 깃들어 있음을 인정한다. 유감스러운 점은 아름다움은 새롭지 않고, 새로움은 아름답지 않다는 사실이다!"

플랫폼 패러다임: 주인과 노예의 변증법

우버, 아마존, 딜리버루와 같은 규모의 디지털 기업을 첨단 기술 조직과 고전적인 관습 체계의 교차점에 있는 "하이브리드" 구조로 간주해야 한다는 말을 자주 듣는다.⁴⁷ 지배적인 실리콘밸리 비즈니스 모델은 기업과 시장, "생산"과 "구매", 수직과 수평, 노동법과 계약법 간의 전통적인 구분을 초월한다는 주장이 심심치 않게 제기된다.⁴⁸ 실로 관대한 해석이 아닐 수 없다. 이러한 관대한 해석은 플랫폼이 자신을 단순한 연결 중개자, 즉 노동자의 업무에 개입하지 않고 오로지 일감에 대한 수요와 공급의 '연결'을 촉진하는 '가상 전화번호부'로 정의함으로써 다양한 수사적 무기를 구축하는 데 도움을 준다. 진실을 밝히자면, 이 같은 회사들은 법 위에 있는 (신)중재자, 환상적인 '인간을 위한 이베이(eBay)*'의 지위를 차지하기 위해 적지 않은 에너지를 투자해 왔다. 그러나 우버화가 정말 기존의 기업 개념에 혁명을 일으키고 있다고 확신할 수 있을까? 우리는 법과 경제로부터 얻은 통찰을 통해 기업 조직 및 관리에 대한 선택을 이끄는 동기와 목표에 관해 검토할 필요가 있다. 기업은 자본과 노동의 집합체로서 과거에는 규모가 작고 자족적이었으나, 지금은 여러 개별 단위가 서로 연결돼 있다.

언뜻 보면 플랫폼은 산업화된 20세기 국가들의 사회경제적 발전에 이바지한 수직 통합된 비즈니스 패러다임에 대한 살아 있는 모순으로 보일 수 있다.⁴⁹ 플랫폼 기업은 플랫폼이야말로 규제를 아직 마련하지 않은 초기 시장, 법적 공백에서 운영되는 혁명적이고 반항적인 플레이어라는 주장을 고수해 왔다.** 그러나 이 모든 주장은 기만임이 드러났다. 지난 수십 년 동안 경제학자들과 노동법학자들은 기업가들이 생산 요소를 직접

---

* 온라인 경매 및 쇼핑 웹사이트(옮긴이)
** 많은 사법 시스템에서 '우버팝'(일반인이 자기 차량을 이용해 우버의 운송 서비스를 수행하는 것)은 불공정 경쟁 또는 운송 규정 미준수로 금지됐다. J Posaner and M Heikkila, 'Uber loses London operating license', *Politico Europe* (25 November 2019).

관리(내부화)하고, 이른바 수직 통합 구조를 통해 플랫폼을 운영하는 것이 편리하다고 생각하는 이유를 분석하기 위해 애써 왔다. 기업은 거래비용을 최적화하고 소유 자원에 대해 더 큰 권한을 행사하기 위한 활동을 내부화함으로써 성장한다.* 하지만 오늘날 인기 있는 밈을 인용하자면, "세계 최대 택시 회사인 우버는 소유한 차량이 없다. 세계에서 가장 인기 있는 미디어를 소유한 페이스북은 콘텐츠를 생산하지 않는다. 가장 가치 있는 소매 업체인 알리바바에는 재고가 전혀 없다. 그리고 세계 최대 숙박 제공 업체인 에어비앤비는 부동산을 소유하지 않는다. 전 세계적으로 정말 흥미로운 일이 일어나고 있다."[50] 인상적이지 않은가?

비즈니스 경제학에서 "생산"(계층적 모델을 통해 내부적으로 수행하는 것)과 "구매"(수평적이고 경쟁적인 조건으로 외부 시장에서 획득하는 것) 사이의 고전적인 구분은 오늘날 주어진 경제 구조의 효율적인 경계를 그릴 뿐 아니라, 선택에 관해 기술할 때도 여전히 유용하다.[51] 물론 이 양자택일은 더 복잡한 합의, 특히 네트워크 내에서 맺어지는 계약 즉 상호 선호도에 기반한 구조 안에서 이뤄지는 거버넌스의 탄력적인 비즈니스 관계 모델과는 잘 어울리지 않는다.[52] 그러나 네트워크 안에서 활동하는 행위자들은 상호 의존적인 동시에 통합적인데, 종종 특이한 투자 덕분에 수평적이라고 여겨졌던 관계의 균형이 한쪽으로 기운다.[53] 예를 들어, 가맹점에서 탈퇴하면 큰돈을 들여 구매한 매장 가구, 기계와 소프트웨어를 더 이상 사용할

---

* 자산의 특이성, 불확실성 및 빈도가 높은 기업은 수직적으로 통합된 방식으로 성장해 비시장 거버넌스 시스템을 구축하는 것이 더 편리할 수 있다. HA Simon, 'A formal theory of the employment relationship', *Econometrica* (1951) 19(3), 293-305; OD Hart and J Moore, 'On the design of hierarchies: Coordination versus specialization', *Journal of Political Economy* (2005) 113(4), 675-702.

수 없는 가맹점주를 생각해 보자. 프랜차이즈 기업은 너무나도 손쉽게 자신에게 유리한 계약 조건을 삽입하고 필요할 때마다 바꿀 수 있다.

이미 1980년대 말부터 일부 학자들은 디지털화가 진전되면 조정 비용이 줄어들어서 시장 혹은 상호 연결된 가치 사슬에 의존하는 쪽으로 편의의 균형이 이동할 것이라며, 고전 이론에 대한 수정이 필요하다는 목소리를 냈다.[54] 생산 환경의 세분화, 외부 자원의 발견과 활용을 돕는 새로운 도구의 등장, 법망을 뚫는 계약 관리의 무한한 가능성과 같은 환경의 변화는 중소기업에 제조와 구매를 엄격히 구분할 것을 요구했다.[55] 유감스럽게도 이러한 통찰은 매우 타당했지만, 중소기업들은 수직 구조 내에서조차 조정 비용을 줄이는 기술력을 검토하는 데 에너지를 거의 쏟지 않았다.

기존의 범주를 근본적으로 뒤흔드는 플랫폼 모델에 직면한 우리는 이제 새로운 질문을 던지지 않을 수 없다. 플랫폼은 과연 새로운 경제 질서의 메신저로서 생산과 구매의 구분을 거부하며 우리에게 익숙한 비즈니스 모델을 멸종시킬까? 앨스타인, 초더리, 파커가 《플랫폼 레볼루션》에서 주장한 것처럼, 지능형 소프트웨어에 의해 최적화되고 독특한 요소를 기반으로 하는 개방형 상호 작용 모델이 승리할까?[56] 간단히 말하자면 그렇지 않다. 우리는 오래된 범주의 붕괴를 두 팔 벌려 환영함으로써 혁신을 장려하는 대신, 혁신 기업이 그리는 '빅 피처'를 이해해야 한다.

내부를 들여다보면, 플랫폼의 진정한 강점은 기본 인공지능과 사용자 친화적인 인터페이스, 시장 상황에 따른 가격 조정(surge pricing) 기능, GPS와 같은 효과적인 도구의 강력한 조합에 있다. 플랫폼은 다양한 정보를 쉽게 취득하는데, 수요와 공급의 효율적인 연결을 위해 서비스 제공자와 고객 간 거리, 서비스 요청 건수는 물론 고객의 스마트폰 배터리 잔량과 같은 정보까지 활용한다. 눈에 보이지 않는 명령 도구인 플랫폼의 권장 사항이나 지침에 대한 노동자의 준수 여부는 원격 감시를 통해 쉽게 확인되며, 위반 시 노동자의 계정은 비활성화된다.

이 시나리오는 추가 비용 하나 없이 수직적 모델이 가진 모든 이점을 취하며, 상대적인 결함 없이 수평적 계약의 모든 특권 역시 소유한다. 플랫폼은 단칼에 거래비용을 최소화한다. 플랫폼은 통합된 기업처럼 관리·통제·규율 권한을 행사하는 인력에 의존하는 한편, 시장처럼 명목상 독립 사업자와 관계를 맺고, 네트워크처럼 상품이나 서비스의 공급과 수요를 결합하고 동기화한다. 플랫폼은 신화 속의 머리가 셋 달린 개 케르베로스(Cerberus)처럼 거래를 가능하게 하는 주체에서 거래 참여자들을 감시하는 문지기로 끊임없이 진화하는 다재다능한 경제 행위자다.[57] 플랫폼 기업들은 차세대 비즈니스 모델을 확립했다고 주장하지만, 실제로 시험해 본 결과 그들의 주장은 환상으로 드러났다. 플랫폼 회사의 목표는 사용자 수가 임계치에 도달할 때까지 적자를 감수하며 규모를 키운 다음, 시장을 지배함으로써 수익을 창출하는 것이다. 그들은 생산 자원을 소유하지 않으면서도 통제함으로써, 결과적으로 시장이 침체에 빠지더라도 빠르게 적응할 수 있는 "윈-윈 상황"을 연출할 수 있다.[58] 한편, 플랫폼은 고객의 필요를 만족시킴과 동시에 모래알 같은 인력을 다루는 문제, 원격 근무자나 독립 사업자를 감시하는 문제로 어려움을 겪을 수 있다.[59]

위의 분석을 통해 온라인 플랫폼은 자원을 소유하고 인력을 고용하는 것보다, 프로세스를 조율하고 플랫폼 참가자를 모집해 주변 생태계와 능숙하게 소통하는 것이 비용 면에서 훨씬 이익이라는 점이 분명해졌다.[60] 자세히 살펴보면, 이러한 원심력은 수십 년 동안 존재했다. 성공적인 기능 수행을 위한 효과적이고 시기적절한 자료 수집과 원활한 교환을 가능하게 하는 비물질적인 기반 구축이 플랫폼이 가진 새로움일 뿐이다. 동일한 플랫폼에서 지속해서 일하는 노동자를 자영업자로 분류함으로써 이들에게 투입되는 비용은 상대적으로 저렴해진다. 결국 플랫폼은 인건비, 사회보장비, 보험료 같은 비용을 들이지 않고서도 생산 자원을 투입할 수 있다. 이들이 감당해야 할 주요 비용은 기껏해야 소프트웨어와 특허, 기타 몇 가지 자원(광고 투자, 능력 있는 홍보실, 마케팅 부서, 강력한 규제 문제와 로비를 담당하는 경험 많은 팀)에 들어가는 비용뿐이다.[61] 따라서 플랫폼 노동을 분석할 때 로널드 코스(Ronald Coase)의 고전적인 회사 이론은 그 이론의 기능주의적 관점을 적절히 제거한다면, 원자에서 비트로 전환되는 이 시대에도 경제 주체 간 상호 관계를 설명하고 그들의 조직적 선택을 정당화하는 강력한 근거로 남아 있다.[62]

2017년 말 유럽연합사법재판소는 우버스페인의 서비스가 잘못된 관행과 불공정 경쟁 행위에 해당한다며, 우버 플랫폼 문제를 해결해 달라는 바르셀로나택시협동조합의 고소에 대해 분명한 견해를 밝혔다. 법원에 따르면, 서비스의 수많은 조건(운전자의 자격 및 능력, 최고 요금, 차량 상태 및 특성, 작업 시간)을 플랫폼이 결정한다는 점은 플랫폼을 단순한 디지털 중개자로 볼 수 없음을 의미한다.[63] 비전문 운전자와 기본 서비스의 '모든 측면'에 끼치는 우버의 직간접적인 영향을 고려할 때, 우버는 유럽연합 법의 의미 안에서 '운송 분야 서비스'로 분류돼야 한다. 서비스 요금 비교에 한정된 웹사이트(비행기 요금이나 보험 가격 비교 사이트)와 전반적으로 규제가 심한 시장에서 운송 서비스를 조직하는 회사 사이에는 큰 차이가 있다. 요컨대, 우버는 중개 서비스 그 이상을 제공한다.

다른 사례로, 이제는 고전이 된 미국의 판결을 인용하자면 우버는 기술 기업과 달리 "소프트웨어가 아닌 운송 서비스를 판매한다."[64] 따라서 우버가 기업의 원형을 재설계했다는 주장은 상당히 의심스럽다. 이 사례를 검토한 법무관은 이를 다음과 같이 명확히 밝히고 있다. "플랫폼의 통제가 전통적인 고용주-종업원 관계에서 이뤄지는 통제의 방식과 다르다고 해서 그 외형에 현혹돼서는 안 된다. 규모의 효과를 누리는 상황에서 재정적 성과와 승객들의 개별적인 평가를 기반으로 우버가 행사하는 간접적 통제는 고용주의 공식 명령과 직접적 통제에 기반한 관리와 동등하거나 그 이상의 효과를 낼 수 있다."[65]

최종 단계 배송 플랫폼이나 백오피스(Back Office)* 업무를 교환하는 플랫폼은 고용주의 의무를 포기하고 관련 비용을 회피한다는 비난을 받고 있다. 그들이 현재와 미래에 남길 유산은 권한의 강화와 권력의 집중에 기인하기 때문이다. 플랫폼은 강력한 권한을 보장하는 메커니즘을 소유하되 법적·도의적 의무를 내려놓길 원한다.[66] 그리고 권리를 주장하는 노동자를 손쉽게 해고하고 새로운 인력으로 대체함으로써 무책임과 강력한 권한을 동시에 획득한다.[67] 따라서 플랫폼은 어떠한 특혜도 받을 자격이 없다. 또한 산업이 안정되면서 수직계열화 모델을 활용하는 플랫폼이 늘어나고 있다. 식당과 고객을 연결하는 플랫폼들이 배달 전용 음식을 준비하는 주방을 소유·운영하기 시작했다는 점을 생각해 보라. 그들은 이러한 주방을 "가상" 주방(dark kitchens)이라고 부른다('바로 배송' 쇼핑 서비스를 제공하는 플랫폼들 역시 점점 더 '가상 스토어'를 늘려 가는 추세다).[68] 우버 역시 운송 서비스에서 식품 배달, 자전거 대여 및 인력 공급 서비스로 사업을

* 회사나 조직에서 고객과 직접 대면하지 않는 내부 업무를 담당하는 부서를 가리킨다(옮긴이).

확장하고 있다.

노동법학자인 브리시엔 로저스는 아마존, 우버, 맥도날드, 월마트의 사례는 세분화와 통합이 동일한 근본 논리를 반영한다는 점을 강조한다.[69] 이것은 미래에 대한 예측이 아니라 산업고고학이 씨름하고 있는 문제로, 영원히 진행될 디지털 수단에 의한 비즈니스 해체 과정이다. 오바마 행정부 시절에 미국 노동부 산하 임금시간국 국장을 지낸 데이비드 웨일은 자신이 "균열된" 작업이라고 명명한 현상을 보여 주는 여러 장면을 엮은 저서를 펴냈다.[70] 그는 이 책에서 지질학 용어를 빌려 와 회사와 노동자 간 고용 계약의 부재라는 분모를 공유하는 다양한 상황을 설명한다. 이를테면 호텔 청소부는 대형 호텔 체인과 계약을 맺은 외부 호텔 관리 회사에 고용돼 있고, 명목상 자영업자인 케이블 설치 기사들은 설치 회사의 로고가 박혀 있는 유니폼을 입고 수년째 일한다. 항구에서 제품 하차, 적재, 배송 일을 하는 부두 노동자는 대형 식료품점 체인과 계약을 맺은 물류 회사의 임시 직원이며, 플랫폼의 로고가 찍힌 배낭을 메고 다니면서 웨일이 요청한 작업을 수행하는 배달원들도 있다.[71] 고용 계약이 없는데도 현장에서는 다양한 통제가 이뤄지고, 규정은 무시되며, 노동자들의 권리를 약화하기 위한 완벽한 법적 조치가 존재한다.[72] 핵심 사업과 관련 없는 기술이 필요할 때는 외부 공급 업체들과 협상하는 것이 더 적절하지만, 기업은 비용을 낮추려는 목적으로 협상력이 떨어지는 가격이 싼 외부 자원을 사용하기도 한다.

우리는 배달원과 청소부, 지식 노동자의 열악한 노동조건을 밝히기 위해 고군분투하고 있지만, 정작 전체 노동시장은 디지털화·플랫폼화에 직면할 위험에 처해 있다. 또한 안정적인 고용관계가 노동법의 보호를 받지 못하는 즉각적이고 깨지기 쉬운 계약으로 대체되고 있다는 사실을 간과해서는 안 된다. 이러한 관측을 통해 우리는 긱 경제의 전형적인 계약 방식이 곧 비표준 고용 형태의 전반적인 계약 방식임을 이해해야 한다. 아울러 이 정의의 범위에 포함되지 않는 플랫폼 노동이 있다는 주장을 믿어서는 안 된다.

유럽 방식: 사회적 차원을 단계적으로 강화하기

이러한 "초소형 초능력자들"이 조직적으로 곡예를 펼치는 가운데 초국가적 기관들이 자신들의 목적을 달성하기 위해서 무엇을 하고 있는지, 정부와 규제 기관이 개입할 수 있는 범위는 어디까지인지가 궁금하다.[73]

규칙은 잘 정비돼 있는가? 새로운 업무와 관련한 문제를 해결하기 위한 구체적인 조치가 필요한가? 이런 질문들은 일반적이지만, 그렇다고 사소하지 않다. 유럽연합 기관, 특히 유럽위원회와 의회의 능동적인 대처에 주목할 필요가 있다(사법재판소의 명확한 입장에 대해서는 이미 설명했다). 최근 유럽연합 기관들은 사회경제적 불평등을 줄이기 위해 모든 입법 조치의 규제 적합성을 재평가함으로써 플랫폼 노동에 관심을 기울이기 시작했다. 유럽연합은 2016~2017년에 내부 시장의 적절한 작동과 새로운 형태의 노동 보호를 목적으로 하는 유럽 전략을 재차 강조하기 위해 유럽사회권기둥(European Pillar of Social Rights)을 채택했다.[74]

공유 경제를 위한 대화, "투명하고 예측 가능한" 노동조건 관련 지침, 사회적 보호 접근에 대한 여러 의회 결의안과 이사회 권고 등 다양한 수단들이 지난 5년간 도입되거나 채택됐다. 이를 통해 유럽연합은 디지털 도구를 기반으로 하는 노동 형태를 포함한 모든 형태의 노동에 대한 보호 강화의 필요성을 재확인했다.[75] 이 접근 방식은 현행법을 '넘어선다'라고 여겨지는 상황을 규제하기 위해 기존 법적 무기를 가능한 한 최대한 활용해야 한다는 전제에서 출발하므로 상당히 신중할 수밖에 없다.

2019년 말 새로 임명된 유럽연합집행위원장 우르줄라 폰 데어 라이엔(Ursula von der Leyen)은 니콜라스 슈미트(Nicolas Schmit) 고용 담당 집행위원에게 보낸 임명장에서 "기존 규칙의 시행 여부를 감시 및 촉진"하고 "플랫폼 노동자의 노동조건을 개선"할 것을 지시했다.[76] 같은 시기에 유럽위원회 경쟁 담당 집행위원으로 재임명된 마르그레테 베스퇴르(Margrethe Vestager) 부집행위원장은 데이터를 남용하는 대형 플랫폼과의 싸움에 나섰고, 플랫폼 노동자를 위한 단체교섭 문제 역시 다룰 뜻을 내비쳤다.

오랜 기간 무관심으로 일관했던 유럽이 최근 들어 '사회적 시장경제' 전선에서 주도권을 키워 가고 있다. 사회 분야 선언문이자 법적 권고라고 할 수 있는 유럽사회권기둥은 오래된 원칙과 새로운 원칙을 융합한 것에 불과하다. 하지만 일종의 권리 헌장으로서 경제적 경쟁력과 사회적 결속력 사이의 명백한 모순을 재조정해 유럽 프로젝트의 정체성 위기에 대응하고자 하는 유럽 사회의 의지를 보여 주고 있다.[77] 이번 절에서 우리는 유럽연합집행위원회가 나아갈 방향을 예상하면서 집행위원회가 추진하는 최신 구상을 검토할 것이다.

1990년대 초 유럽연합은 비표준 형태의 노동을 합법화하고 규제하기 위한 법적 장치를 도입했다. 특히 일부 유럽연합 지침은 기간제 노동자와 영구 계약 노동자, 파견 노동자가 회사에 직접 고용된 노동자와 동등한 대우를 받도록 규정했다. 또한 시간제 노동자가 정규직 노동자에 비해 불리한 대우를 받아서는 안 된다고 적시했다. 그러나 이에 대해 노동법 변호사들은 상반된 태도를 보이고 있으며, 지침의 목표 역시 완전히 합치되지 않는다. 한편으로는 자발적인 시간제 근무를 장려하면서 다른 한편으로는 기간제 계약 남용을 제한하는 조치를 채택했다.[78] 어쨌든 관점의 차이에도 불구하고, 오늘날 유럽에서 비표준 고용 형태는 '나쁜 직업 중 최고'로 여겨진다.

일부 중요한 현안에 대해 절충안이 채택됨으로써 문제점이 어느 정도 완화됐다. 그러나 유럽연합의 이러한 접근법의 중요한 한계는 법이 적용되는 범위가 협소하고 정적이며 개별적이라는 점이다. 이는 유럽연합사법재판소 판례법이 정의한 고용관계와 밀접한 관계가 있다.[79] 실제로 마크 벨 교수는 법적 보호를 받는 "정형-비정형" 노동자와 그렇지 못한 "새로운" 비정형 노동 표준 사이의 극명한 양극화를 위험으로 인식했다.[80] 특히 이 새로운 비정형 노동 모델의 많은 측면이 제대로 규제되지 않는 점을 지적한다.[81] 실망스럽게도 이 지침들을 채택한 뒤(그중 두 가지는 사회적 파트너 간에 체결된 기본 협약의 결과물이긴 하지만) 사회 분야에서 유럽 통합의 추진력이 약해지고 있다는 점도 간과해서는 안 된다. 2010년대 초 금융 위기에 봉착한 일부 유럽연합 회원국들은 수상쩍은 법적 성질을 가진 양해 각서를 통해 전달된 긴축 프로그램을 받아들여야 했는데, 이는 유럽이 지향하는 연대와는 어울리지 않았다.[82]

시간제, 기간제 및 비정규직(플랫폼 노동은 이러한 고용 방식의 독특한 조합이라고 할 수 있다)과 같은 유연한 고용 방식을 합법화한 것도 유럽연합이었다. 이에 대한 당시 첫 반응은 가혹했고, 이 조치에 대한 성찰은 아직도 진행 중이다. 노동의 '유연화'만 촉진함으로써 양질의 일자리 창출에 해를 끼친다고 주장하며 '유연성' 모델이 구현 단계에서 실패했다고 보는 사람이 있다. 반면, 비정형 노동 형태가 변화의 시기를 맞아 노동시장의 적응성을 높이는 데 이바지했다고 보는 사람도 있다. 여하튼 유연안정성(flexicurity) "통합 전략"은 부분적으로만 실현됐다.[83] 고용 규제 완화로 계약 형식의 혁신을 향한 움직임이 촉진됐지만, 고용 규제 완화 효과를 상쇄할 실업 수당지급, 새로운 일자리로의 전환을 촉진하는 사회제도의 강화는 기대만큼 이뤄지지 않았다.

2016년 6월 유럽연합집행위원회는 '기존 규제 체계의 적응 및 해석'을 목표로 구속력 없는 정책법인 '협력 경제에 관한 커뮤니케이션'을 발표했다. 플랫폼이 촉발한 규제의 불확실성을 인지한 집행위원회는 혁신적인 경제 구상을 위한 유리한 환경을 조성한다는 목표를 재차 강조하며, 이 성장하는 시장 참여자들의 권리와 의무를 강화하기 위해 노력했다. 이 정책법은 시장 참여자에 대한 사전 승인 요건(라이선스 의무 또는 최저 품질 요건)을 플랫폼에서 수행되는 활동의 특성, 즉 IT 서비스 외에 교환되는 '기본' 서비스와 관련짓는다.

집행위원회가 서비스 제공 업체 분류의 주요 기준으로 서비스 주요 약관과 노동자에게 끼치는 영향력의 강도를 선택했다는 점은 흥미롭다. 많은 법률 체계에서 통제는 종속 관계, 즉 고용관계에 대한 전통적 평가의 본질적인 기준이다. 행정법과 경쟁법 체계에 고전적인 고용법 요소가 추가된 이유이기도 하다.[84] 가장 중요한 것은 플랫폼과 노동자 간 관계다. 서비스 품질을 직접 확인하고 관리함으로써 서비스 제공자가 선택되는 방식과 서비스가 수행되는 방식에 개입하는 강도와 횟수가 늘어날수록, 플랫폼이 기술적 중개자로 여겨질 가능성은 낮아진다.[85]

'협력 경제에 관한 커뮤니케이션'은 노동자 분류 문제를 자세히 다루고 있다. 이 정책법은 세 가지 누적 지표인 종속 관계의 여부, 서비스의 성격, 그리고 보수의 존재 여부와 관련해 서비스를 수행하는 구체적인 방법을 검토한다. 특히, 사례별로 고용관계의 존재 여부가 확인돼야 한다는 점을 분명히 한다.[86] 정책법은 노동자와 플랫폼 간 관계의 본질이 그들이 참여한 시장을 정의하는 핵심이라면, 또한 플랫폼과 노동자 사이에 고용관계가 성립한다면, 궁극적으로 플랫폼은 정보통신기술(ICT)에 전적으로 기반해 운영된다고 볼 수 없다고 밝힌다. 또한 유럽연합 전역에서 디지털 상품 및 서비스를 위한 단일 시장을 만들려는 유럽연합의 구상인 디지털 단일 시장(digital single market)에 참여할 수 없다는 점도 분명히 한다. 집행위원회는 이러한 이유로 회원국들에 자국 규정의 적합성을 평가할 것을 촉구했다.

2017년 유럽연합의회는 '협력 경제를 위한 유럽연합 차원의 정책 의제에 관한 결의안'을 통해 "노동권을 보장하고 기술 발전에 보조를 맞추기 위해"서는 사회보장법과 단체교섭권을 현대화함으로써 시대를 앞서가야 한다고 회원국들에 거듭 강조했다.[87] 이 결의안의 내용을 살펴보면 현재 진행되는 논의보다 한참 앞서 있는 듯하다. 우선, 의회는 단체권과 단체교섭권, 단체행동권을 보호할 필요가 있다고 호소한다. 결의안이 담고 있는 내용은 노동법 전문가들에게 당연한 주장이지만, '새로운 비즈니스 모델'을 찬양하는 무리는 이 주장을 지지하지 않는다. 하지만 플랫폼 경제에 참여하는 노동자는 사실우선주의에 근거해 종업원 또는 자영업자로 분류돼야 한다.[88] 요컨대, 사실은 언제나 형식에 우선해야 한다.

일부의 불만에도 불구하고, 투명하고 예측 가능한 노동조건에 관한 지침은 유럽연합 기관들의 가장 구체적인 입법 성과라고 할 수 있다.[89] 이 지침은 유럽연합 기관들이 1990년대에 제정된 지침을 새로운 형태의 노동에 대한 보호망을 확대하는 방향으로 개정했다는 점에서 이례적인 역사를 지니고 있다. 하지만 정직하게 말하면, 당시 흥분된 분위기는 개정안에 대한 기대감을 한껏 드높였으나 긴 협상 끝에 탄생한 최종안은 혁신과 거리가 멀었다. 고용주에게 정보 제공 의무를 부과하는 법률을 재조정하는 것만으로는 디지털화로 제기되는 유럽 노동시장의 다면적인 문제에 대한 실질적인 해답을 제공할 가능성이 작았기 때문이다. 그럼에도 개정된 지침이 너무 소극적이라고 판단하기 전에 지침을 적용하는 범위를 이해하고, 정확하고 완전하며 시기적절한 정보를 제공하는 것이야말로 노동 환경 개선을 위한 첫걸음이라는 생각을 받아들여야 한다. 이 지침의 실질적인 목표는 지난 30년 동안 노동시장의 발전으로 발생한 "새로운 형태의 고용에 나타난 보호 격차"를 메우기 위한 것이기 때문이다.[90]

이를 위해 지침은 가사 노동자, 호출 노동자, 비정규직 노동자, 바우처 기반 노동자, 플랫폼 노동자, 훈련생 및 견습생 등 고용이 취약해 보호가 필요한 특정 범주의 노동자를 구분한다. 이 지침에 따르면, 유럽연합사법재판소의 법리를 고려해 회원국이 정의한 고용 계약 또는 고용관계를 맺은 모든 노동자가 이 범위에 속한다.* 그러나 이 주관적인 적용 범위는 커

---

* 유럽연합사법재판소는 고용관계의 본질적인 특징은 일정 기간 다른 사람을 위해, 그리고 다른 사람의 지시에 따라 서비스를 수행하고 그에 대한 대가로 국내법에 따른 법적 특성과 그 관계의 형태에 대한 보수를 받는 것일 뿐, 그 두 사람 사이의 국내법상 법적 관계의 성격이나 형태는 결정적이지 않다고 재차 강조한다. Case C-216/15 Betriebsrat der Ruhrlandklinik v Ruhrlandklinik [2016] EU:C:2016:518. 또한 확정된 판례에 따르면, 종속 요소가 미미한 경우에도 통제 시험을 통과할 수 있다. C-232/09 Dita Danosa v LKB Lizings SIA (2010) EU:C:2010:674. 다음도 참조할 것. L Nogler, *The Concept of 'Subordination'*, (Trento, Università degli Studi di Trento, 2009). 유럽연합사법재판소는 "고용주가 노동자를 지속해서 감시하지 않더라도" 종속으

다란 비판의 대상이 되고 있다. '노동자'에 대한 새롭고 폭넓은 정의를 기대했던 이들은 모호한 공식에 직면하고 말았다. 요컨대, 지침의 포괄적인 접근 방식에도 불구하고 법원에서 고용에 관한 지위를 인정받지 못하는 노동자는 여전히 이 지침의 보호망 밖에 남을 가능성이 크다. 고용관계에 대한 전통적인 개념과 해석을 고수하면 플랫폼 노동자는 명목상 여전히 자영업자로 분류되며, 노동과 고용에 대한 모든 권리를 확보하기 위해 소송에 의존할 수밖에 없다.* 하지만 보호 목적을 폭넓게 해석함으로써 의도적으로 비정규직 노동자를 포함하는 방향으로 나아갈 수도 있다.[91] 다시 한번, 특히 지침을 국내법에 반영할 때 우리는 이 분야에 대한 법적 도구를 예리하게 가다듬을 필요가 있다(유럽연합 회원국은 2022년 8월까지 지침을 국내법에 반영·시행해야 한다).

어떤 종류의 정보가 필요할까? 변동성이 큰 조직 모델을 채택하고 있는 기업은 마지막 순간에 고용이 취소되는 최악의 경우를 방지하기 위해 인력 관리 모델, 보수 체계 및 호출 사전 통지에 대해 노동자에게 알려야 한다(이 정보를 디지털로도 전송할 수 있다). 이러한 조항은 안정적인 고용의 기회를 제공한다. 즉 외부적으로는 노동자가 출근을 거부한다고 해서 불이익을 받아서는 안 되며, 내부적으로는 사전에 합의된 자리가 취소되면 노동자에 대한 보상이 이뤄져야 한다. 지침은 또한 호출형 계약의 사용 및 계약 기간을 제한한다. 심지어 '일정 기간의 평균 근무시간을 근거로 최소 유급 시간을 보장한다는 고용 계약에 대한 반증 가능한 추정' 조항을

로 인정하는 광범위하고 완화된 종속 개념을 점진적으로 채택했다.
* CJEU, Case C-692/19 B v Yodel Delivery Network Ltd [2020] EU:C:2020:288. 고용관계의 존재에 대한 고전적 분석을 개선하는 데 유용한 요소를 제공하지 못하고 다소 형식적인 접근 방식을 채택했다.

도입하고 있다(제11조). 이 조항은 플랫폼 노동자와 플랫폼 사업자 사이에 고용관계가 존재하는 것으로 추정하며, 고용관계 여부에 대한 입증책임을 사업자에게 부과한다. 결국 이것들은 전반적으로 플랫폼 노동자들의 노동 환경을 개선할 수 있는 조치들이다. 명확하면서 온건한 목표에 비추어 볼 때, 이 지침은 이탈리아와 스페인 정부가 시행한 조치나 플랫폼 노동에 관해 제안된 지침과 함께 광범위한 해석의 본보기가 될 것이다.

구체적으로, 2020년 10월 집행위원회는 플랫폼 노동 환경을 개선하고 적절한 사회적 보호 보장을 위한 입법 제안을 포함한 '2021 노동 프로그램'을 채택했다.[92] 2021년 5월 7일과 8일 포르투에서 열린 사회적정상회의에서 승인된 새로운 2021 '유럽사회권기둥 행동 계획'에는 두 가지 중요한 입법 제안, 특히 취약한 위치에 있는 자영업자를 위한 단체교섭과 플랫폼 노동자의 노동 환경에 관한 내용이 포함됐다.[93] 2021년 2월 집행위원회는 유럽연합기능조약(TFFU) 154(2)조에 따라 관련 당사자들에게 유럽연합 내 디지털 노동 플랫폼에서 일하는 노동자의 노동 환경을 개선하기 위한 유럽연합 조치의 방향에 대한 의견을 개진하는 등 협의를 시작했다. 그리고 2021년 6월에 시작된 2단계 협의에서 집행위원회는 유럽연합의 조치를 위한 잠정안에 대한 견해를 제출하도록 요청했다.

2021년 4월 인공지능 관련 법안(인공지능법)이 발의됐다.[94] 이 법안에 따르면, "고용, 노동자 관리 및 자영업자에 대한 접근, 특히 채용, 선발, 승진 및 해고 결정, 작업 할당과 직무 관련 계약 관계에 있는 사람에 대한 감시 또는 평가에 사용되는" 인공지능 시스템은 매우 위험하다고 분류된다. 왜냐하면 "이러한 사람들의 미래 직업 전망과 생계에 상당한 영향을 끼칠 수 있기 때문"이다.* 이러한 인공지능 시스템은 직무와 관련 없는 사용자를 제외한 모든 시스템 사용자에게 그 정보가 투명하게 공개돼야 하며, 감독 요구 사항을 따라야 한다. 다만, 실망스럽게도 법안은 이러한 시스템이 기존 규칙에 적합한지를 '인증 기관의 개입 없이 공급자가 실시한 자체 사전 평가'로 결정한다고 명시하고 있다.

설상가상으로 인공지능 법안은 규정된 절차적 요구 사항을 준수하는 인공지능 시스템의 사용을 당연히 허용해야 한다고 본다. 이러한 접근 방식은 논쟁의 여지가 있다. 여러 유럽연합 국가의 법률은 노동자를 감시하기 위한 기술 도구의 사용을 금지하거나 심각하게 제한한다. 그런데 인공지능 법안은 각국의 제한적인 법적 틀에 영향을 끼침으로써 유럽 전역의 노동 및 노사 관계 시스템 내 규제 완화를 촉발할 위험이 있다. 유럽 각국의 규정은 이러한 기술 도구 도입의 전제 조건으로 기업과 노동조합 및 직장협의회 간 합의를 요구할 때가 많다. 그에 반해 이 인공지능 법안은 인공지능 시스템을 공동 규제하는 데 관련 당사자들의 역할을 구체적으로 언급하지 않는다. 인공지능 법안의 법적 기반이 유럽연합 전역에 걸친 거버넌스 표준의 통일을 목표로 하는 자유화라는 점을 고려한다면, 노동권 보호를 중시하는 각국의 법체계가 이 법안으로 위축될 위험이 있다. 다시 말하면, 인공지능 법안은 노동권 보호를 위한 '지지대'가 아니라 권리의 확대를 막는 '천장'의 역할을 할지도 모른다.

2021년 9월 유럽연합의회는 플랫폼에서 일하는 노동자에게 같은 범주

---

* 규정 설명조항 36. 규정 부록 III도 참조할 것('자연인의 채용, 특히 공석에 대한 광고와 지원자 선별, 인터뷰 또는 테스트 과정에서 지원자 평가를 위해 사용되는 인공지능 시스템' 및 '업무와 관련한 계약 관계의 승격 또는 종료 결정을 내리고, 계약 관계에 있는 사람에게 업무를 할당하고, 그의 성과와 행동을 모니터링하고 평가하는 데 사용되는 인공지능').

의 표준 노동자가 받는 동일한 수준의 사회적 보호를 보장하는 결의안을 승인했다.[95] 이러한 사회적 보호에는 사회보장기여금, 보건 및 안전에 대한 책임, 단체교섭에 참여할 권리가 포함돼야 한다. 의미심장하게도 유럽연합의회 의원들은 고용관계의 존재에 대한 입증책임의 주체를 전환할 것을 제안했다. 결의안에 따르면, 노동자가 소송을 제기하면 사용자는 고용관계가 없음을 입증해야 한다. 또 이 결의안은 투명하고 비차별적인 알고리즘에 대한 권리를 규정해, 자동화된 결정에 이의를 제기할 가능성과 '인간의 참여'를 보장하도록 요구한다.

2021년 12월 유럽연합집행위원회는 플랫폼 노동자의 노동 환경 개선에 관한 새로운 입법 지침안을 발표했다. 이 지침안은 애플리케이션을 통해 작업이 전달되는 가사 노동자와 온라인 플랫폼에서 일하는 모든 플랫폼 노동자에게 적용된다. 이 지침안에 따르면, 유럽연합사법재판소의 판례법을 고려하되 각국의 법률, 단체협약, 현재 관행에 따른 고용 계약 및 고용관계를 맺고 있거나, 사실 평가를 기반으로 그러한 계약 또는 관계를 맺는다고 간주할 수 있는 모든 플랫폼 노동자에게 완전한 노동권 및 고용 보호가 확대 적용된다.[96]

지침안은 플랫폼의 노동자 통제 여부를 판단할 수 있는 일련의 지표를 제공한다. 이 지표는 다섯 가지로 구성되는데 그 내용은 다음과 같다.

- 노동자의 보수를 사실상 결정하는지 여부.
- 직무 수행과 관련한 핵심 조건을 결정하는지 여부.
- 노동자의 성과를 감독하고 평가하는지 여부.
- 작업 거부를 막거나 대체 노동자를 투입함으로써 노동자가 직무 제

공을 스스로 조직할 자유를 제한하는지 여부.
- 노동자의 고객 기반 구축 능력을 제한하는지 여부.

　이 지표들 가운데 두 가지 이상을 충족하는 플랫폼은 법적 사용자로 추정되며, 고용관계가 없음을 증명하는 것은 플랫폼의 의무가 된다.[97] 사용자성 추정이 항상 고용 지위의 재분류를 인정한다는 뜻은 아니지만, 이 조항은 법정에서 고용 상태를 결정하는 게임체인저가 될 수 있다. 실제로 이 지표들은 플랫폼 노동자를 자영업자로 보는 플랫폼 기업의 위선을 폭로하고, 이들을 정식 직원으로 재분류한 여러 유럽 국가의 판례법을 참조하고 있다. 이 지표들은 유럽의 법률 체계에서 이미 '친숙한' 개념이므로 입법 지침안이 각국에서 국내 법체계로 전환될 때 윤활유로 작용할 것이다.
　그럼에도 여전히 개선할 과제가 산적해 있다. 플랫폼 노동자를 포함한 고용 상태가 취약한 노동자들이 고용 상태를 증명하는 데 중대한 문제에 봉착하고 있다. 논쟁의 여지가 있지만, 지표가 아직 초안이라는 점과 최소한 두 가지 지표를 충족해야 사용자성을 인정받을 수 있다는 점에서 이 조항은 거의 개점휴업 상태다. 그뿐 아니라 많은 국내법이 그러하듯이, '업무 수행 감독' 지표는 노동자의 고용 지위 재분류를 결정하는 충분조건으로 인정됨에도 반증 가능한 고용 추정을 위한 다섯 가지 지표 중 하나로만 여겨진다. 그런 점에서 이 지침안은 큰 개선을 이루지 못했음을 보여 주는 단적인 예라고 할 수 있다.
　플랫폼 매개 작업 방식에 대한 회원국의 개입은 상황을 더욱 복잡하게 만든다. '준(準)종속' 노동 내지 '종속적 자영업'과 같이 중간 지위를 허용하는 사례가 있다. 하지만 고용과 자영업이라는 이분법적 구분을 여전히 적용하는 스페인, 이탈리아, 프랑스의 정책 입안자들은 다양한 정책을 실행해 오고 있다. 스페인 정부[98]는 2021년 6개월여 동안 3자 간 사회적 대화를 통해 배달원을 고용관계로 추정하되 반증할 수 있게 하는 규정을 도입했다. 오늘날 배달원은 노동법의 보호를 받을 수 있는 직업군이지만, 플랫폼은 새로운 규정의 아킬레스건을 찾기 위해 강력한 저항을 이어가고 있다.[99] 이탈리아 정부 역시 2015년과 2019년에 각각 디지털 플랫폼에 참여하는 자영업자뿐 아니라, 본인이 스스로 일감을 수주하는 자영업자에 대한 노동권 보호의 적용 범위를 의무적 고용 보호 수준으로 확대했다.[100] 반면에 프랑스는 2016년 플랫폼의 사용자 책임을 인정하지 않는 특별 법규(special legal regime)를 정의하면서, "사회적 책임" 원칙에 근거해 플랫폼 기업에 "종속적" 자영업 플랫폼 노동자를 위한 보험 및 훈련 관련 의무를 부여했다.[101] 같은 맥락에서 2019년에 이뤄진 개혁은 플랫폼 노동자의 권리와 의무를 정의한 실천 규범을 장려하고 있다.

사법 전선에서 플랫폼은 플랫폼 노동자의 고용 지위와 관련해 여러 소송에 휘말려 있다. 특정 판단은 사실에 크게 의존하므로 일반화할 수 없다. 하급 법원의 판결들은 서로 엇갈리고 때로는 모순되기도 한다. 하지만 유럽 전역의 많은 고등법원의 판단은 플랫폼 노동자의 고용 지위를 결정하거나, 적어도 플랫폼 노동자를 법의 보호 범위에 포함하는 방향으로 나아가고 있다.

이러한 판결에서 법원이 사용하는 사법적 매개변수의 목록을 살펴보면 몇 가지 공통된 맥락이 드러난다.[102] 특히 플랫폼 노동은 고용된 노동이 아니라는 생각(불과 몇 년 전까지만 해도 평론가와 정책 입안자들 사이에 널리 퍼진 확신)은 완전히 잘못된 생각임이 법정에서 드러나고 있다. 판결에 사용된 논거들은 유럽연합사법재판소의 판례법과 잘 부합한다.[103] 비록 시행착오가 있지만, 법원은 사용자의 지시 사항, 조직의 유연성, 경제적 현실, 비즈니스 통합, 장비의 소유권, 상업적 위험과 같은 고전적인 기준을 현대적인 방식으로 해석함으로써 고용관계의 존재를 확립하는 데 사용되는 도구들을 개선하고 있다. 이를 통해 수평적으로(각 회원국의 법원 간), 그리고 수직적으로(한 국가 내 하급 법원과 상급 법원 간) 발전적인 사법적 대화가 가능해졌다.* 각국의 사법 당국은 이러한 대화를 통해 국내 법률 시스템을 초월하는 새로운 사회적 관점을 발전시킬 수 있다.[104] 국내 법원은 다른 관할권의 법원이 내린 결론에 촉각을 기울인다. 이런 상황이 전혀 놀랍지 않은 이유는 매우 짧은 기간에 여러 국가에서 노동자의 고용 상태와 관련한 수많은 법적 사례가 등장했기 때문이다. 이들을 고용하고 관리한 다국적 기업들은 모두 같은 수준의 비즈니스 조직을 운영하고 있었고, 노동자들에게 유사한 노동조건을 적용하고 있었다.

그런데도 기존 법은 우회할 수 있는 여지가 너무나 많다. 여러 법적 관할권에서 플랫폼 기업은 계약 조건 수정이나 현지 시장 철수 위협 등의 방식으로 불리한 판결에 맞서 왔다.[105] 따라서 이제 디지털 시대의 새로운 계약 모델에 꼭 들어맞지 않더라도, 모든 비표준 형태의 노동을 혁신

---

* Case C-66/85 Deborah Lawrie-Blum v Land Baden-Württemberg [1986] ECR 2121. 이러한 추세에 따라 '노동자'라는 용어는 거의 독립적인 의미를 갖게 됐다. 이는 원래 유럽연합사법재판소가 확립한 것으로, 노동자의 이동에 대한 근본적인 자유의 범위를 포괄적으로 정의한다. 그 목적은 각국에서 유럽연합의 노동법을 적용할 때 특정 형태의 작업을 제외함으로써 국내 수준에서 통일성을 위태롭게 하는 것을 방지하기 위해서다. 다음을 참조할 것. C-434/15 Asociación Profesional Elite Taxi v Uber Systems Spain [2014] EU:C:2017:981. 유럽연합사법재판소는 "우버는 적어도 동일한 애플리케이션을 통해 최대 요금을 결정하고, (…) 비전문 운전자에게 일부를 지급하기 전에 고객으로부터 해당 금액을 받고, (…) 차량의 품질, 운전자 및 그의 행동에 대해 통제를 행사하며, 이 통제는 때에 따라 운전자의 배제로 이어질 수 있다"라고 명시했다(문단 39).

적으로 보호할 수 있는 유연하면서도 더욱 포괄적인 입법 해결책을 준비할 때가 왔다. 다만 그 전에 규제 시스템의 변화 대응 능력에 대한 오해를 없애는 것이 필수다. 다음 장에서는 이 문제를 논의하자.

8

노후화와 저항 사이의 노동법

디지털 도구는 직무 수행 방식을 근본적으로 변화시켰다. 그러나 그 결과가 항상 노동자의 자율성 향상으로 이어진 것은 아니다. '진보'와 기술은 우리를 실망시킬 때가 너무 많다. 수없이 다양한 작업환경에서 노동자는 불행하게도 낙하산 구조와 빡빡한 일정, 강압적인 방법 등 모든 종류의 남용에 직면한다. 또한 전통적으로 많은 일자리가 사람들의 주체성이나 자율성, 행복 증진에 얼마나 이바지했는지 알려지지 않는 것도 사실이다. 살아 있는 개인 간의 권력관계는 동료들 간에도 수평적일 때가 거의 없으며, 괴롭힘과 좌절, 통제는 그 관계에 기름을 붓기도 한다.[1] 만약 지위나 특권을 남용하는 경향이 인간의 본성이라면, 알고리즘과 플랫폼의 '패권적'인 성격은 과연 그 자체의 문제일까?

우리가 앞서 논의한 것처럼 '모두가 그렇게 하니까'의 함정에 빠지지 않도록 주의해야 한다. 여기에는 두 가지 중요한 이유가 있다. 첫째는 모두가 그렇게 한다는 것은 진실이 아니다. "목적의 이질성"은 19세기 후반 독일 심리학자 빌헬름 분트(Wilhelm Wundt)가 처음 사용했다. 목표 지향적 활동 및 뼈대(Framework)가 목표 달성을 위한 동기 형성이 아니라, 오히려 정반대의 역효과를 가져올 수 있다는 점을 경고하는 개념이다. 많은 연구가 매우 권위적인 상황에서 발생하는 의도하지 않은 결과에 관해 설명하는데,[2] 이런 상황에서 얻어지는 결과는 의도와 정반대일 때가 대부분이다. 예를 들어 노동자들은 전횡을 일삼는 플랫폼 시스템에는 강요에서 벗어나 자유를 쟁취할 수 있는 다각적인 시스템의 개발[3]로, 낙하산식 지침에는 태업으로 이어질 수 있는 미세하지만 지속적인 일탈 같은 저항운동[4]으로 대응한다. 한편, 개인행동이나 판단의 자율성을 지원하는 환경은 노동자를 순응주의에서 탈피해 과감한 실험에 도전할 수 있도록 한다. 그럼으로써 노동자에게 일에 대한 책임감과 동기를 부여하며, 이는 새로운 기술 발전으로 이어진다는 사실이 많은 문헌을 통해 증명되고 있다.[5] 또한 적절하게 설계된 인사 관리 관행과 포용·공감하는 리더십, 활기찬 노동 환경은 행복, 직원 간 유대 관계, 더 나아가 헌신과 생산성에 큰 영향을 끼친다는 점이 입증됐다.[6] 반대로 전문가들은 평가 시스템이 목적 그 자체가 되면, 더 이상 신뢰할 수 있는 측정 수단이 되지 못한다고 지적한다.[7] 쉽게 말해 노동자들이 특정 목표를 정해진 방법으로 정해진 시간 안에 달성해야 한다는 생각에 집착하면, 시스템은 금방 왜곡되고 결국 신뢰를 잃는다.

둘째 이유는 훨씬 유의미한데, 혁신의 실패를 인적 실패와 연결하려는 시도는 기술 발전이나 고용관계의 "비자유주의적" 구조를 완화하기 위해 수 세기에 걸쳐 이룬 성과를 정당하게 평가하지 않는다는 점이다. 실제로 휴 콜린스는 "고용 계약은 자유, 상호 존중, 사생활 존중과 같은 가치에 대한 자유주의 사회의 약속과 어긋나는 권위주의적 구조를 포함한다"라고 말한다.[8] 엘리자베스 앤더슨은 자기 논문에서 직장을 비민주적인 민간 정부로 개념화한다.* 마찬가지로 미국에서 직장 내 사용자의 통치권에 대해 성찰한 갈리 라카비는 사용자의 권한을 왕의 권한에 비유했다.[9] 사용자와 피고용인 간 특수 관계에 존재하는 권위주의적 요소가 한쪽에 유리하게 작동한다는 점을 부인할 수 없다. 이것은 계약법 분야에서 예외인 고용법의 놀라운 특징 중 하나다. 그러나 무엇보다도 노동법과 고용법이 규정한 다양한 제도는 역사적으로 기업가와 경영진의 지배적인 위치를 개인과 집단의 권리 보장을 통해 상쇄해 왔다.

요컨대, 사용자는 노동력을 조직하고 통제하고 규율하기 위해 특권을 행사할 수 있지만 남용하거나 차별적인 방식을 사용해서는 안 된다. 최종 결과에 이르는 과정과 방식 자체를 규제하는 '절차기반법(process-based law)'은 모든 유럽연합 국가의 법적 질서에서 나타나는 공통된 추세다. 예를 들어 각국의 법체계는 노동자에게 할당된 직무의 재정의를 허용하지만, 그 결과가 노동자의 전문성을 해치지 않는 것을 목표로 한다. 여러 유럽 나라에서 원격 모니터링 및 데이터 수집은 노동조합 대표에게 감시 수단에 대한 정보를 제공하고 전방위적인 감시를 금지할 때만 허용된다. 노동자를 일방적으로 해고할 수 있지만, 변덕에 의한 해고는 적어도 원칙적

---

* 여기서 관리 특권의 개념은 국가와 공권력 그 이상으로 확장될 수 있다. E Anderson, *Private Government: How Employers Rule Our Lives (and Why We Don't Talk about It)* (Princeton, Princeton University Press, 2017).

으로 허용되지 않는다. 미국은 눈에 띄는 특이한 사례이므로 예외로 두고, 대부분의 유럽 관할권에서는 사용자가 해고 사유의 정당성을 입증해야 하며 그에 따른 합당한 계약 종료 통보가 이뤄져야 한다.

어느 정도 단순화하면, 본질적인 모습은 다음과 같다. 대부분의 법률 시스템은 사용자를 우월한 위계적 위치에 배치하고 그들의 권한을 정당화하며 합법화한다. 동시에 사용자의 권한 남용을 제한함으로써 사용자와 노동자 간 역학 관계의 균형을 추구한다. 자세히 살펴보면, 새로운 직무 방식(디지털 플랫폼이 중재하는 직무 포함)을 분류하고 노동자의 고용 지위에 대해 끊임없이 논의를 이어가는 이유도 이러한 인식과 관련 있다. 고용 계약은 효율적인 유연성 환경을 만들어내는 놀라운 조직 도구다. 고용 관계의 성립을 확증해 주는 가장 중요한 지표인 통제와 종속의 개념은 노동권 및 노동의 의무에 접근하기 위한 '관문'이다. 그러나 고용 규정은 노동자에게 고용 안정을 통한 경제적 안정을 제공하기도 전에 사용자에게 상당한 관리 권한을 부여한다. 많은 선진국에서는 노동 현장이 사용자 중심의 생태계가 되지 않도록 견제와 균형을 위한 장치를 도입하고 있다.

노동법은 그 성격상 큰 변화를 겪으면서 환경에 적응해 왔다. 탄력적인 특성 덕분에 지금처럼 매우 불안정한 시기에도 생산 시스템의 요구와 필요에 부합하는 수단을 제공한다.[10] 이제 우리는 가장 중요한 지점에 도달했다. 노동법이 복잡하고 다면적인 역할을 한다는 인식이 점차 퍼지고 있다. 노동법은 자유와 평등, 위험과 연대, 효율성과 보호 사이의 지속적인 타협점을 찾기 위해 미묘하고 역동적인 힘의 균형을 통한 계약이 이뤄지는 법적 공간이다. 또한 무엇보다 사회의 주요 변화를 관찰하는 렌즈이기도 하다. 따라서 사회경제적 현실과 기존 규제 시스템 간의 대화를 통해 기존 규제 시스템의 안정성과 미래 보장 능력을 시험하는 과정이 필요하다. 바로 이 지점에서 "새로운 조직 모델의 해방적 성격을 옹호하는 사람과 이 모델의 억압적이고 노동자를 상품화하는 특성을 강조하는 사람 간" 전투가 벌어지고 있다.[11]

이 장에서 우리는 노동법의 탄력성에 초점을 맞출 것이다. 노동법은 수직적으로 통합된 대기업 노동자만을 대상으로 하지 않는다. 최초 수혜자인 건설이나 농업 분야 종사자들은 블루칼라나 화이트칼라와 아무 관련이 없었으므로 더욱 그러하다. 노동법은 일반적인 시각과는 달리 산업 조직에 부분적으로만 관여한다. 그리고 설령 20세기에 탄생한 대량생산 체제에 맞춰 노동법이 설계됐다는 주장이 옳다고 해도, 21세기의 비즈니스 모델에 적용하기에 노동법이 너무 낡았다는 주장은 어불성설이다. 왜냐하면 '새롭게' 등장한 비즈니스 모델은 사실상 산업화 초기의 전형적인 모델인 "이전 세대 제도"[12]와 같은 낡아빠진 제도를 디지털 방식으로 개편한 것에 불과하기 때문이다. 현재 진행 중인 변화에서 커다란 도약을 찾아보기는 힘들다.

뉴욕대학교 법학과 교수인 신시아 에스틀룬드는 지시와 규정 준수 여부 평가, 잘못된 행위에 대한 제재 같은 고용관계의 특징이 여러 직업적 환경에서 공통으로 나타난다고 말한다. 그러면서 법적 테두리 안에서 폭넓은 관리의 자유가 보장된다는 이유로 외부 인력보다 피고용인을 선호해 온 전통적인 가정이 도전을 받고 있다고 주장한다.[13] 고용법에 명기된 노동자의 자율성을 보장할 법적 보호 장치가 미비한 가운데, 중앙 집중식 조직에 내재한 사용자-노동자 피라미드가 노동시장 전체로 퍼지고 있다.[14] 이러한 권력의 확대는 디지털 플랫폼 노동 등의 확산에 따라 고용과 비고용관계의 법적 경계가 이미 희미해진 상황을 더욱 악화한다. 고용 규제의 범위 및 확대와 관련한 현재의 논의에서 디지털 도구가 사용자에게 권한을 남용할 기회를 제공한다는 점은 규제 체계 전반, 즉 노동자의 광범위한 보호를 위해 전제되는 기반을 약화할 수 있으므로 간과돼서는 안 된다.[15]

고전적인 고용관계 규범은 '완화'되고 있다. 반면에 노동 변호사인 리카르도 델 푼타[16]의 표현을 빌리자면, 예로부터 동전의 양면 같았던 종속과 통제의 관계는 더욱 강화되고 배가될 가능성이 커지고 있다. 기술 덕분에 전통적인 직무 구조와 방식이 해체되는 반면, 고도의 위계 구조를 가진 새로운 모델이 성장하고 있다. 전통적 고용관계는 많은 디지털 기술 애호가와 비즈니스 로비스트에 의해 '죽은 것으로 선언'됐지만, 고용관계의 위계적 특성은 고용 계약의 경계를 넘어서고 있다. 지난 20세기 동안 노동 문제를 형성하고 규제해 온 풍부한 법체계에 담긴 수많은 보호 요구는 여전히 유효하다. 노동법의 '황금기'로 추정되는 시기에도 수많은 노동자, 특히 여성과 소수 집단은 법의 외면을 받았다. 따라서 법적 보호의 범위를 더욱 확대해야 한다. 특히 과거에 전형적이었던 조직 형태, 노동조건, 계약 내용의 부활을 목격하고 있는 오늘날, 보호의 필요성은 그 어느 때보다 시급하다. 최첨단 기술에 따른 고용 모델과 노동법의 지속 가능성은 충분히 양립할 수 있다.

규제, 유연성 그리고 혁신의 '정신'

이탈리아의 가장 상징적인 와인 생산자 중 한 명인 가이아 가야(Gaia Gaja)는 〈평범한 사람들을 위한 와인〉이라는 팟캐스트에 출연해 오랫동안 사업을 성공적으로 이끌어 온 비결을 공개했다.[17] 지난 세기 중반, 그의 할아버지인 지오반니 가야(Giovanni Gaja)는 양질의 포도로 최고급 바르바레스코 와인을 개발해야겠다는 생각에 사로잡혀 있었다. 지오반니는 포도원을 거닐면서 가지치기용 가위로 품질이 좋지 않은 포도를 잘라내며 시간을 보내곤 했다. 전쟁 직후 긴축의 시대였던 당시, 서알프스 기슭의 언덕 지형인 랑에지구에 있는 바르바레스코 마을에서 이러한 행위는 신성 모독으로 여겨졌다. 포도 수확량의 일정 비율을 받는 대가로 가야 가문이 소유한 토지를 관리하는 독립 소작농 메자드리(mezzadri) 가족은 지오반니의 행위가 자연에 대한 범죄라고 믿었다.

그러나 와인의 품질에 집착한 지오반니는 신기술을 채택하고 혁신적인 프로세스를 실험함으로써 와인의 품질을 개선하기 위해 생산량을 줄이는 위험을 감수했다. 반면에 수확량이 많을수록 수입이 높아지는 소작인들은 포도의 수확량에 집착했다.[18] 당연히 소작인들은 지오반니의 방식에 회의적이었다. 지오반니는 소작인들을 직원으로 고용함으로써 그들의 고민을 해결해 줬다. 그 뒤 소작인들은 수확량과 상관없이 일정한 금액의 봉급을 받았고, 추수 걱정 없이 일할 수 있었다. 하지만 더 중요한 사실은 직원들이 지주의 기행을 참아야 했으며, 동의하지 않더라도 상사의 결정에 복종해야 했다는 것이다.

이 옛날이야기가 플랫폼 노동이나 기술과 무슨 관련이 있는지 궁금할 것이다. 2019년 설립 160주년을 맞았으며 현재 글로벌 표준이 된 와인 농장의 이야기는 분명히 우리의 주제와 관련 있다. 지오반니의 접근 방식은 혁신적인 기업 정신이 무엇인지 잘 보여 줄 뿐 아니라, 규제와 유연성, 혁신의 관계에 대해 많은 것을 알려 준다. 다시 말하면, 비즈니스 위험의 공유, 생산 설비의 통합, 생산의 효율화, 장기적인 업무와 인간관계에 대한 투자, 자본과 노동 간 인센티브 조정, 조직 유연성에 대한 비용 지급 등에 관한 좋은 사례다. 지오반니와 소작인의 이야기는 우리가 지금 더 발전시키려는 논의의 내용을 완벽하게 보여 준다.

기존 통념은 종종 규제와 혁신을 상충하는 관계로 파악한다. 그러나 기술적 혼란과 대안적 비즈니스 모델의 부상으로 표준고용관계의 종말이 임박했다는 예측과 달리, 기존 사회제도, 특히 종속적 고용과 일련의 보호 장치들은 스마트 팩토리, 하이퍼 디지털 시스템, 플랫폼 노동의 시대인 오늘날에 훨씬 발전된 모델이 가지는 여러 특징과 공존할 수 있다. 오랜 역사를 지닌 사회제도는 실험적인 기업의 요구에 지속 가능한 법적 해결책을 제공해 투자와 성장을 가로막는 벽을 낮추므로, 혁신의 진정한 조력자 역할을 할 수 있다.[19]

지오반니 가야의 사례는 사회적 보호와 위계적 조직 모델 간 '원시적' 교환의 예시다. 명령과 경제적 안정을 맞바꾸는 방식은 사용자와 관리자가 직원에게 지침을 전달하고, 실행을 감독하고, 최종 결과를 평가할 수 있으므로 회사에 매우 중요하다.[20] 이는 새로운 비즈니스에 대한 요구 또는 시장의 요구에 맞게 생산 프로세스를 신속하게 조정할 수 있는 필수 도구다. 혁신적인 전략을 추구하기 위해서는 노동력의 유연성과 참여가 필수 불가결하다. 고용관계와 고용법은 대다수 선진국의 법적 체계가 이러한 목표를 달성하기 위해 사용할 수 있는 주요 수단이다.[21] 왜 그런지, 그리고 어떤 식으로 그 목표를 달성할 수 있는지 알아보자.

노동법이 존재하는 중요한 목적을 노동자 보호라고들 한다. 확실히, 시장에서 그리고 사용자와의 관계에서 노동자의 교섭 지위를 강화하는 것은 현대 노동법의 중요한 목표다. 그러나 이것은 반쪽짜리 진실이다. 고용 규정은 사용자에게 노동자를 관리할 광범위한 권한을 부여하도록 고안됐기 때문이다. 일부 법체계는 이러한 권리를 법적 용어로 "사용자 권한"이라고 부르며, 영미권에서는 "경영 전권"으로 부르곤 한다.[22] 고용관계의 전 주기에 걸쳐 사용자의 권한을 충실하게 설명하는 것은 노동시장 전반에 걸쳐 사용자의 한계를 명확히 하고 강화하는 출발점이다.

사용자의 권한과 경영상의 특권을 마치 돌이킬 수 없는 것처럼 당연시할 때가 많다. 노동자의 약한 교섭력이나 사용자의 기업 조직 소유권과 같은 사회경제적 요인 때문만은 아니다. 자세히 살펴보면, 사용자의 권한은 다른 계약과 달리 하위 고용 계약에 사용자의 권한을 포함시키는 노동법에 근거한다.[23] 사용자의 특권은 주로 세 가지인데, 노동자에게 직무를 할당하고 직무 수행의 순서와 기간을 지정하는 권한(방향),[24] 직무 수행과 명령 준수 여부를 평가하는 권한(감독), 협조를 유도하고 법 준수를 강제하기 위해 할당된 직무에 대한 부적절하거나 부주의한 수행 또는 합법적으로 주어진 지시에 대한 불복을 제재할 수 있는 권한(징계)[25]이다.

휴 콜린스는 고용 계약에 대한 이해를 돕는 저서에서 관습법 내 고용 계약의 특수성에 대해 언급하면서, "고용 계약과 시민의 자유에 대한 존중 및 법 앞의 평등에 대한 존중 사이에는 본질적인 긴장"이 있다고 결론짓는다.[26] 그는 이러한 "긴장 관계 중 일부는 우연적인 것인데, 법적 제도 자체에 내재한 것으로 오해"한다고 주장했다.[27] 그럼에도 그는 고용 계약 제도가 "어떤 면에서는 자유를 제한하고 불평등"하다는 사실을 발견했다.[28] 콜린스는 오토 칸-프룬트(Otto Kahn-Freund)의 도움을 받아 복종과 종속의 의미를 구분했다. 복종은 사용자가 조건을 지시하는 고용 계약을 체결할 때 발생하며, "이 일을 하는 것밖에는 소득을 올리는 합리적인 대안이 없을 때" 발생한다. 반면에 종속은 "피고용인이 사용자나 관리자의 위계적 통제를 받는 것"에 해당한다. 콜린스에 따르면, 종속은 "고용 계약에 따라 구성되며, 법이 뒷받침하는 권력 관계"이며,[29] 더 나아가 이 권력 관계야말로 종속의 존재 이유다.

물론 종속 개념은 민법 전통에서 고용 계약의 본질적인 요소로 잘 알려져 있다. 프랑스의 최고법원(Court of Cassation)*에 따르면, 노동 계약을 고용 계약으로 만드는 것은 사용자와 피고용인 사이에 존재하는 "종속 관계"다.[30] 프랑스 노동법은 "노동시간은 피고용인이 사용자의 재량하에 있고 사용자의 지시 (…)를 준수하는 시간"이라고 규정한다.[31] 이탈리아에서 피고용인에 해당하는 법률 용어가 '종속된 노동자(Lavoratore subordinato)'라는 사실에서 알 수 있듯이, 이탈리아 민법 역시 노동자를 피고용인으로 만드는 것은 종속이라고 규정한다. 또한 이탈리아 민법은 사용자와 노동자 사이의 위계적 관련을 명시적으로 허가한다. 민법 2086조는 기업가는 기업의 수장이고 (그의) 협업자들이 (그에게) 위계적으로 의존한다고 규정한다. 이 조항은 1942년 민법을 제정한 파시스트 의원들의 문화적·정치적 이데올로기를 상당 부분 반영하고 있다. 민주주의 시대에 제정된 법률에서 파시즘 이데올로기가 실질적으로 지워졌고, 파시스트 정권 종료와 함께 노사 관계에 관한 다른 규정이 묵시적 또는 명시적으로 폐지됐는데도 2086조는 여전히 유효한 것으로 여겨진다.

이것은 엘리자베스 앤더슨이 그의 저술에서 설명한 "사적 정부", 즉 법

---

* 프랑스의 'Cour de Cassation'은 최고법원으로, 하급 법원의 판결에 대한 법률적 검토를 맡는다. 한국의 대법원과 비슷하다(옮긴이).

이 승인하는 권위와 위계가 국가와 공권력을 넘어 확장될 수 있으며, 현대 고용관계에서 그 모습을 공격적으로 드러낼 수 있다는 사실을 완벽하게 보여 준다.[32] 앤더슨은 주로 관습법 체계 특히 미국 법체계에 초점을 맞추고 있는데, 미국 고용관계의 기본 권력 구조 역시 유럽 국가들과 비슷하다. 많은 법률 시스템에서 피고용인을 말할 때 종속을 언급하는 것은 우연이 아니다.

전통적으로 종속 고용과 자영업의 법적 구별은 사용자 권한의 존재 여부에 따른다.[33] 많은 법체계의 고용 규정은 이러한 사용자의 권한에 대응해서, 또 노동자의 의무에 대한 보상 차원에서 피고용인에게 유리한 안전장치와 보호를 제공해 왔다. 고용 규정은 스페인, 영국, 캐나다, 오스트리아, 이탈리아 등 여러 국가에서 서서히 바뀌고 있지만, 사용자의 권한에 종속되지 않는 자영업자는 일반적으로 법적 보호를 받지 못한다.

법적으로 승인된 사용자의 권한은 노벨 경제학상 수상자인 로널드 코스(Ronald Coase)와 올리버 윌리엄슨(Oliver Williamson)이 자세히 설명한 기업의 경제적·조직적 요구에 정확하게 부응한다. 위에서 논의한 것처럼, 코스는 사용자 권한의 본질적인 기능은 기업의 비용 절감에 있음을 처음으로 설명했다.[34] 시장에서 다른 계약자를 찾고, 계약자의 정보를 찾고, 계약 조건을 협상하고, 계약서를 작성하고 실행하는 데(결과를 확인하는 것도 잊어서는 안 된다) 드는 시간과 자원의 비용을 생각해 보자. 경제학자들은 이를 거래비용이라고 한다.

여러분이 사업체를 운영한다고 상상해 보라. 여러분은 직원이 필요하다. 앉아서 직원들 각각과 협상해야 하고, 새로운 작업이 필요할 때마다 새로운 직원과 다시 협상하고 계약서를 작성해야 한다. 이런 절차가 반복

된다면 지속 불가능한 거래비용 때문에 생산 활동은 완전히 마비되고 말 것이다. 가야는 아마 자신의 방식에 반대하는 소작인과 설전을 벌이느라 온종일을 보냈을 것이다. 회사는 수많은 계약 거래에 투입되는 거래비용을 줄이기 위해 직원을 고용하고 직원과 위계 관계를 만들기 위해 존재한다. 초기 협상이 필요하고, 이 협상은 주기적으로 반복된다. 하지만 일단 합의에 이르면, 당사자들은 매번 동의를 요구하지 않고 한쪽이 다른 한쪽에게 지시 권한을 행사할 수 있음을 받아들인다. 양 당사자가 동의하지 않는 한 계약 변경은 유효하지 않다.

선진국에서 기업을 작동하게 하는 위계질서의 핵심은 바로 고용관계이며, 이 고용관계는 그 자체로 불완전하고 수정·보완할 수 있는 계약 체계[35]에 기반하고 있다. 기업은 고용관계를 통해 경제적·계약적 안정을 약속하는 대가로 사용자의 권위를 구성하는 관리 권한들을 효과적으로 통합할 수 있다. 경제사학자 알프레드 챈들러가 말했듯이, 수직적으로 통합된 회사에서 이러한 권한은 기업가의 "눈에 보이는 손" 역할을 하는 관리자에게 위임된다.[36]

지오반니 가야는 자신의 비전을 추구할 뿐 아니라, 무엇보다도 포도 수확에 대한 상세하고 구속력 있는 명령을 내리기 위해 소작인을 임금 직원으로 고용하기로 했다. 그는 관리 특권을 온전히 행사할 수 있는 계약 형태를 원했는데, 고용 계약이야말로 완벽한 해결책이었다. 관리 권한을 통해 사용자는 회사를 운영할 수 있으며, 계약 협상 시 정확한 예측이 불가능했던 상황에 신속하게 대응할 수 있다. 즉, 고용 계약은 기업가가 지속해서 직원의 동의를 얻을 필요가 없고, 합리적이고 합법적인 범위 안에서 일방적인 명령을 내리며, 직원의 성과를 모니터링하고, 규정을 위반한 직원을 제재할 수 있는 권한을 사용자에게 부여한다.

고용 계약을 자본주의적 생산의 핵심 요소로 만드는 종속과 관리 특권은 우연히 생겨난 것이 아니다. 오히려 산업화 이전 시대와 산업화 초기에 도입한 입법 개입에서 비롯됐다. 예를 들어, 사이먼 디킨과 질리언 모리스는 자신들의 기념비적인 저서에서 19세기 영국에서 제정된 주종법(Master and Servant Acts)과 그전에 시행된 법안에 대해 언급한다.[37] 엘리자베스 1세 시대부터 19세기 중반까지 유효했던 이 법안은 하인과 노동자가 부당 행위, 불이행 또는 위법 행위를 저지르면 임금을 보류하고 이들을 투옥하도록 했다. 이들은 일을 그만두거나 거부해도 형사처벌을 받았다. 법원은 계약 의무를 위반한 하인에게 횡령죄를 저지른 하인과 마찬가지로 징역형을 선고했는데, 이는 법률에 명시된 관행이었다. 주종법은 영국 식민지에서도 제정돼 관습법 관할권의 공통된 특징으로 자리 잡았다.[38]

남북전쟁이 끝난 뒤 미국 남부 주에서 채택된 "흑인단속법(Black Codes)"은 흑인에게 장기 노동 계약을 맺도록 강요하고, 오늘날의 실업을 의미하는 부랑을 징역형으로 처벌할 수 있는 범죄로 규정함으로써 노예와 같은 지배 형태를 영속화했다.[39] 프랑스와 같은 민법 국가에서는 앙시앵 레짐 이후 노동력을 통제하기 위한 공적·형사적 규제를 도입했다. 예를 들어, 프랑스 법은 작업일지(Livret du travail)를 의무화했다. 그리고 노동자가 직장을 떠나거나 다른 직업을 찾기 위해서는 사용자의 동의를 얻어야 하고, 선지급된 임금이나 미지급 부채를 완전히 상환해야 한다고 규정했다.[40] 프랑스에서는 사용자가 일방적으로 도입한 작업장의 규정도 사적인 형태의 징계 권한을 확립하는 중요한 수단이 됐다. 19세기 초에 노동심판소(conseils de prud'hommes)와 치안판사(justices de paix)는 시민 평등이라는 혁명적 이상에 따라, 노동자의 동의가 입증되지 않는 한 작업장 내 사적 규정의 도입을 반대했다. 그러나 19세기 후반에 이르러 고등법원, 특히 최고법원은 사용자의 일방적인 규정 도입을 지지했으며, 노동력에 대한 사용자의 권위를 실질적으로 승인했다.[41]

하인과 노동자의 계약 의무와 노동 규율을 시행하는 이 권위주의적 모델은 시간이 지나면서 관습과 관행으로 굳어졌고, 관습법의 고용 계약과 민법 속 종속의 개념에 스며들었다. 디킨과 모리스는 경영 특권이 "단순히 계약 전 사용자가 가진 우월한 협상력에서 비롯되는 것이 아니"라고 주장했다.[42] 이 특권은 고용 계약 중 "피고용인의 성실과 복종의 의무"가 포함된 오늘날의 관습법과 같은 특정 법적 규범에 따라 뒷받침되며, 그 뿌리는 19세기 혹은 그 이전에 제정된 주종법까지 거슬러 올라간다.[43]

종속 모델은 오랫동안 하위 고용의 법적 틀을 구성했으며, 전 세계 모든 국가가 도입하고 있는 노동법의 필수적인 부분이 됐다. 따라서 노동법은 노동자를 보호하는 것 이상의 역할을 한다. 노동법은 인간의 노동, 즉 인간의 육체적·정신적 활동을 지시, 통제, 규제하는 일방적 권한을 관리자에게 부여한다. 그렇지만 민주 사회에서 평등의 원칙을 수호하는 데 필요한 인간의 존엄성에 대한 존중과 거의 '군주권'에 가까운 사용자의 특권은 조화를 이뤄야 한다. 사용자의 권한을 합리화하고 제한하는 것은 현대 노동법의 근본적인 임무 중 하나다.[44]

알고리즘 관리의 등장과 함께 종속 고용 모델의 영향력은 약해지기 시작했다. 알고리즘 관리가 사용자 관리 특권의 범위를 제한하는 법적 규칙을 회피할 수 있는 수단을 제공하기 때문이다. 고용관계에 대한 주요 설명, 특히 경제 토론 및 정책 입안 과정에서 고용법의 이러한 측면은 너무나 자주 간과되는 경향이 있다. 이 부분에 대한 훨씬 더 세심하고 비판적인 분석이 노동법 연구뿐 아니라 다른 분야까지 확산돼야 할 때다. 이것이 바로 미국의 사적 정부에 관한 엘리자베스 앤더슨 글의 목적이었다. 역사가 데이비드 브롬위치는 앤더슨의 저술에 대해 논평하면서, 자신의 주장을 "정치 이론은 작업장 문 앞에서 멈춰서는 안 된다"라는 한 문장으로 요약했다.[45]

이 표현은 필연적으로 '헌법을 공장에 들여온다(bringing the Constitution into the factories)'라는 개념을 우리에게 암시한다. 이 개념은 1948년 새로운 민주 헌법이 발효된 뒤 이탈리아 노동운동계의 숙원이었다. 승인 당시 이 민주 헌법은 결사의 자유와 파업, 유급휴가, 공정하고 정당한 보수와 같은 노동권과 고용권을 보장할 만큼 상당히 진보적인 성격을 띠었다. 그러나 새로운 헌법 시대의 첫 20년은 극심한 정치적 갈등과 노사 갈등의 시기였으며, 이 갈등은 직장 안에 큰 파문을 불러일으켰다. 노동조합 대표와 조합원은 해고 혹은 좌천되거나 '징벌적 작업반'에 '감금'됐다. 이러한 행위는 헌법 정신에 위배됐지만, 여기에 대응할 적절한 법적 수단이 없었다. 고용 조항을 포함하고 있었던 당시 민법은 여전히 파시스트 정권이 고안한 것으로, 기업가의 권한과 위계질서를 강력하게 옹호했다. 1970년 '노동자헌장(Statuto dei lavoratori)'이 발효된 뒤에야 당시 노동부 장관인 카를로 도나트 캇틴(Carlo Donato-Cattin)은 "헌법이 공장에 들어갔다"라고 논평했다.[46]

노동자헌장은 미국의 와그너법에서 영감을 받아 강력한 집단적 권리 요소를 포함하고 있다. 노동자헌장은 직장 내 노동조합 활동을 장려하고 작업 단위 안에서 노동자 대표를 임명할 수 있는 권리를 확립했으며, 반노조 차별 및 헌법상 파업권과의 충돌을 포함한 기타 부당한 노동 관행을 금지했다. 무엇보다도 노동자헌장의 가장 획기적인 구성 요소는 집단적 권리를 강화하기 위한 수단으로 개별 노동자의 권리를 보호하는 조항이었다.[47] 이탈리아의 새로운 법률은 사업장에서 차별로 해고당한 때에만 복직 권리를 부여한 다른 나라와 달리, 부당 해고를 당한 때에도 복직할 권리를 부여한다. 그리고 자의적인 다른 작업 단위로의 전근 금지, 부당한 강등을 당한 때에는 이전 지위 또는 이에 준하는 직위로 복귀할 권리를 제공한다. 또한 직장 내 표현의 자유에 대한 권리, 자의적인 수색에 대한 보호, 노동자를 감시하기 위한 무장 경비원 고용 금지 등 시민의 자유를 보호하는 조항들이 들어 있다.

20세기에 많은 국가에서 이러한 규정과 유사한 법령이 제정되는 등 노동권 보호는 고용 규정에서 가장 중요한 부분이다.[48] 그런데도 지난 수십 년 동안 고용권 및 노동권 보호 규정은 시대에 뒤떨어졌으며 비효율적이라는 비판을 피하지 못했다. 고용권 보호에 반대하는 사람들은 민주 사회에서 이러한 권리의 억압이 어떻게 허용될 수 있느냐는 질문을 받아야 마땅하지만, 이는 헛수고일 뿐이다. 흔히 그들은 고용 규정에 무지하거나, 직장 안에서도 마땅히 법치가 적용돼야 한다고 생각하지 않는다. 팬데믹 기간은 사용자 권한이 최소한의 견제 장치 없이 얼마나 무자비하게 행사될 수 있는지를 보여 주는 완벽한 장이었다. 긴급 상황이 되자 각국 정부는 원격 근무 시행 여부를 기업의 재량에 맡겼는데, 원격 근무를 시행할 수 있는 환경을 갖춘 회사들조차 강제가 아닌 자율로 시행 여부를 선택할 수 있었다. 직원의 휴직, 강제 휴가, 비정규직의 해고 여부 역시 기업의 일방적 판단에 맡겨졌으며, 모든 영역에서 기업에 폭넓은 재량권이 주어졌다. 비상시국에 당연히 시행해야 할 조치들을 하지 않았던 수많은 회사는 파업이라는 위협에 직면하고 나서야 조업을 중단했다. 이번 위기가 노동자의 건강과 안전은 물론이고 사회 전반에 부정적인 영향을 끼칠 위험이 있는데도, 특히 노동조합이 없는 많은 중소기업에서 관리 권한은 사실상 유례없이 커졌다.

마지막으로, 시장의 변화하는 요구에 대응하기에는 기존의 법적·사회적 제도가 너무 낡았다, 적절하지 않다는 진부한 주장을 반박해야겠다. 노동법은 종종 과거의 유물로 묘사된다. 그러나 노동법이 자본주의적 생산 체제를 지원하고 사용자의 권력 남용을 막음으로써 민주 사회를 보호하는 데 얼마나 중추적인 역할을 하는지 고려한다면, 이러한 수사는 설득력이 부족하다. 이러한 수사는 현재와 미래의 사회적 도전에 대처할 능력이 없다는 구실로 기존 법체계의 감시와 규제를 회피하려는 이데올로기에 불과하다. 이들의 목표는 노동자들에게 가장 가혹했던 산업화 혹은 산업화 이전 시대로의 회귀이며, 노동권 보호 없는 명령과 통제 시스템의 구축이다.[49]

생산성을 높이기 위해 조직 모델을 개편하고 새로운 도구를 도입해야 한다는 주장이 스마트폰으로 피자를 주문할 수 있으려면 고용 보호 시스템을 해체해야 한다는 주장과 동일시돼서는 안 된다. 불안정한 고용은 혁신의 불가피한 대가라는 주장이 너무나 많다. 고용 유연성이 플랫폼 기업에만 유리하게 작동하는 일방적 유연성이 돼서는 안 될 뿐 아니라, 그 일방적 유연성을 기업이라면 반드시 지녀야 할 덕목처럼 광고해서는 더더욱 안 된다. 어떤 이는 플랫폼 노동자가 원할 때만 일할 수 있다는 점에서,

플랫폼 기업의 유연성과 노동자의 유연성이 같다고 생각하기도 한다. 그러나 배달 앱의 배달원이나 승차 공유 플랫폼의 운전자에 관한 뉴스에서 보았듯이, 저임금과 노동자의 권한을 광범위하게 침입하는 조직 및 통제 관행을 고려한다면 플랫폼의 유연성은 한낱 신기루일 뿐이다.[50] 유연성을 옹호하는 주장의 기저에 노동과 고용에 대한 사용자의 의무와 책임을 회피하려는 목적이 있음을[51] 고려하면 더욱 그렇다.

또한 이 문제를 다룰 때 강력한 논거로 등장해 대중의 혼란을 유도하는 또 다른 무기가 있다. 고용권의 보호를 받는 노동자는 원하는 시간이 아닌 고정된 시간에 일해야 한다는 주장이다. 하지만 유연한 형식의 작업이 점점 보편화되고, 고정된 시간과 장소에서 벗어나 일하면서도 노동권을 보장받으며, 누가 언제 어떤 작업을 할 수 있는지 초 단위로 결정할 수 있는 기술이 현실이 된 세상에서 이러한 주장은 매우 위선적으로 들린다. 사용자와 노동자의 관계는 사용자가 노동자의 업무를 지시하고 통제할 수 있는 권한이 있는 역학 관계로 정의된다. 노동자가 자신의 작업 일정을 어느 정도 통제할 수 있다고 해서 종속 관계와 양립할 수 없다는 주장은 근거가 없다. 수십 년 간의 비즈니스 혁신과 판례에서 알 수 있듯이, 유연한 조직 모델이 고용 계약과 완벽하게 공존할 수 있다는 점에 주목해야 한다.

불행히도 일부 정책 입안자와 사법 체계는 여전히 고정된 노동시간을 고용의 본질로 간주하는 경향이 있다. 미국의 일부 법원에서는 우버 운전 기사를 자영업자라고 판결했고, 트럼프 행정부 산하의 노동부 역시 그렇게 주장했다. 이탈리아의 일부 법원은 배달 기사의 고용 여부를 판단할 때 30년 전의 판례를 적용한 바 있다. 배달 기사의 정확한 위치와 속도를 모니터링하는 GPS, 작업을 할당하는 알고리즘, 소비자 평가 시스템, 그리고 스마트폰이 존재하지 않았던 시대의 판례를 말이다. 이런 태도는 최근에서야 달라지기 시작했다.

이제 유럽의 많은 국가의 재판부는 근무시간이 유연한 고용 모델에도 종속성이 있을 수 있다는 점을 인정한다. 눈에 잘 띄지 않는 디지털 도구를 통한 관리 특권이 행사되는 플랫폼에서 일감을 얻는 노동자가 서비스의 제공 여부와 시기, 장소를 결정할 수 있다는 이유로 노동법의 보호 체제에서 배제돼서는 안 된다. 예를 들어 스페인의 대법원[52]은 디지털 노동시장의 등장에 따라 일터와 인력이 분산되고, 조직이 네트워크로 연결됨에 따라 종속성의 개념이 유연해졌다고 설명했다. 결국 '종속성'은 노동자가 회사 핵심 사업의 필수 기능을 수행할 때 적용될 수 있다.*

노동자는 프로그램이 내린 명령, 또는 특정 조직 형태가 할당한 직무 배치에 대해 어느 정도 자율성을 가질 수 있다. 하지만 재택근무의 경험이 보여 주듯이, 역시 '상위' 관리 권한의 지배를 받는다.** 고용 비용을 회피함으로써 얻어지는 단기 이익만을 노리는 기업은 기술 개발 투자에 소홀하게 되고, 이는 궁극적으로 회사의 생산성에 악영향을 끼친다.[53]

---

* A Todolí-Signes, *Notes on the Spanish Supreme Court Ruling That Considers Riders to Be Employees (2020) Comparative Labor Law & Policy Journal*, Dispatch. 유럽연합사법재판소가 허용한 것처럼, 종속이 '미약'하더라도 '종속 테스트'를 통과할 수 있다. Case C-232/09 Dita Danosa v LKB Lizings SIA [2010] EU:C:2010:674.

** B Sachs, 'Uber: Employee Status and Flexibility', *On Labor* (25 September 2015). "노동자는 작업 시간과 작업량을 선택할 수 있고, 직접적인 감독 없이도 일할 수 있으며, 여전히 법의 의미 안에서 직원이다." 또한 다음을 참조할 것. B Sachs, 'Enough with the Flexibility Trope', *OnLabor* (15 May 2018); B Sachs, 'Uber's Flexibility Myth: Reprise', *OnLabor* (19 August 2020). 개요는 다음을 참조할 것. T Katsabian and G Davidov, 'Flexibility, Choice and Labour Law: The Challenge of On-Demand Platforms', *University of Toronto Law Journal* (2022).

모던 타임스를 위한 보편적인 보호 모델을 향해

표준고용관계가 학계 및 공론의 장에서 지나치게 일찍 사망 선고를 받은 것은 분명한 사실이다. 몇 년 전, 노동법 학자인 가이 다비도프는 이 되풀이되는 오해를 반박하기 위해 몇 가지 훌륭한 논거를 제시한 글을 발표했다.[54] 이 글의 제목은 마크 트웨인의 재기 넘치는 유머를 패러디한 〈내 죽음에 관한 보도는 매우 과장됐다〉였다. 불연속성과 역동성이 만연한 오늘날의 노동 세계에서 발생하는 우발적 상황에 답을 제공하기 위해서는 표준고용관계 모델의 지위에 대한 성찰이 필요하다. 표준고용관계가 여전히 유지되고 있는데도, 표준고용관계의 핵심 요소인 종속 노동에 우리는 그동안 깊은 애도의 뜻을 표해 왔다.

지난 수십 년 동안 전 세계 선진국에서 '의존적' 자영업자의 수가 상당히 늘어났다는 점을 부인할 수 없다. 이 현상의 원인을 한 가지로 단정하기는 어렵다. 1970년대 이후 비즈니스 모델이 크게 변화한 뒤 외부에 위탁하는 생산 과정이 늘어나면서 기업의 '분열화' 경향이 커졌다. 그리고 위탁 업무를 맡은 업체들과의 강력한 협력을 유지하기 위한 상호 연결 기술의 사용도 많아졌다. 제조업의 희생을 수반한 서비스 부문의 성장이 이뤄지면서, 20세기 산업에서 노동자를 대표하던 노동조합과 정치 운동의 동력이 지속해서 축소된 점 역시 중요한 요소로 작용했다. 특히 영미권 국가들은 법을 통해 노동조합의 투쟁을 억제하고 노동조합의 무기를 무디게 함으로써 노동조합의 붕괴를 조장했다. 1970년대부터 1980년대에 이르는 시기는 많은 선진국이 표준노동계약과 노동법으로부터 '도피'한 시기였다. 기업들은 이때부터 자영업 방식의 고용에 의존하기 시작했는데, 이 고용 방식이 노동자의 관리상 자율이나 경제적 자립과 부합하는 것은 아니었다. 반면에 기업은 자영업 고용 방식을 도입한 덕분에 급여, 사회보장비와 같은 직접비용과 노동권 보장에 쓰이던 간접비용의 절감 효과를 톡톡히 누릴 수 있었다. 이런 식으로 절감한 비용의 일부가 순이익의 형태로 노동자에게 지급됐는데, 그 금액은 노동자가 고용됐을 때 받는 금액보다도 많았다. 분명한 사실은 이것이 명백한 고용 책임에 대한 회피일 뿐 아니라, 사용자 권한의 남용이었다는 점이다. 그리고 행정 및 사법 당국은 이를 통제하지 못했다.

이 모든 것이 고용과 자영업 사이에 있는 회색 영역의 경계를 크게 넓혔으며,[55] 자영업자가 된 노동자들은 특별한 보호 장치나 충분한 힘을 갖추지 못한 채 시장에서 '맨손으로' 경쟁하면서 자신을 보호할 수밖에 없었다. 노동자들은 자신의 업무와 일정을 관리할 수 있도록 더 많은 자율권을 부여받았으며, 심지어 고객을 선택할 수 있는 가능성이 주어졌다. 그럼에도 전통적인 자영업자들이 누렸던 경제적·조직적 독립성을 달성하지 못했다.

긱 경제의 성장이 가파른 미국에서 일부 논객들은 플랫폼 기업에 노동법을 준수하도록 강요하는 대신, 플랫폼 노동자를 부분적으로 보호하기 위해 고용과 자영업 사이에 중간 범주를 도입할 것을 제안했다.[56] 그러나 플랫폼 기업들이 주민투표를 통해 고용 책임이라는 거대한 "감옥으로부터의 해방" 카드를 쟁취한 캘리포니아를 제외하고는, 어떤 주도 이런 조처를 하지 않았다.* 캘리포니아 대법원의 기념비적인 판결 이후 캘리포

---

* 유럽연합집행위원회는 "일부 회원국이 국내법에 이를 도입하기로 한 선택을 존중하면서 유럽연합 수준에서 '제3의' 고용 지위를 만들 의도는 없다"라고 명시했다. Consultation Document, Second-phase consultation of social partners under Article 154 TFEU on possible action addressing the challenges related to working conditions in platform work

니아주 의원들은 노동자들의 고용 상태를 결정하기 위해 세 가지 테스트(ABC 테스트)를 명문화한 '의회법안 5(Assembly Bill No.5, AB5)'를 통과시켰다. 기업이 노동자를 독립 계약자로 간주하려면 다음 세 가지 조항을 만족시켜야 한다. "(A) 해당 개인은 직무 수행 계약에 따라, 그리고 실제로 직무 수행과 관련해 고용 주체의 통제와 지시에서 벗어난다. (B) 해당 개인은 고용 기업의 통상적인 직무 과정을 벗어난 직무를 수행한다. (C) 해당 개인은 관례에 따라 수행한 직무와 동일한 성격을 가진 독립적인 무역, 직업 또는 사업에 종사하고 있다."[57] 이 테스트는 원칙적으로 캘리포니아주의 노동법과 실업법, 그리고 산업복지위원회 임금 명령을 적용할 목적으로 법원에서 사용돼야 한다.[58] 이 법안이 발효된 뒤 플랫폼 기업들은 자신들과 계약한 독립 사업자들이 테스트 범주에 해당하지 않는다고 주장하면서, 법안 무효 소송을 제기하기 위해 최선을 다했다. 하지만 결국 실패했다. 그러자 플랫폼 업체들은 새로운 법안의 영향을 무력화하기 위해 로비 활동을 벌이기 시작했다.

플랫폼 노동자를 AB5 적용에서 면제시키기 위한 주민발의안 제22호가 발의됐다. 2020년 11월 캘리포니아 유권자들은 '앱 기반 운전자 및 서비스 보호법' 채택 여부를 결정하기 위한 주민투표에 참여했다. 플랫폼 노동자 대부분을 ABC 테스트에서 배제하는 것을 목표로 하는 이 법은 많은 노동 플랫폼 기업의 지지는 물론이고 노동자들의 지지도 받는 듯했다. 플랫폼 기업들은 보이는 모든 곳에 광고를 싣고, 플랫폼 사용자와 노동자에게 법안 지지를 위한 대량의 메시지를 발송하는 등 로비 활동과 광고 캠페인에 총 2억 달러를 투자했다. 그들은 AB5 법안을 플랫폼 모델이

(SWD(2021) 143 final).

제공하는 노동 유연성에 대한 치명적인 위협으로 묘사했다. 결국 발의안은 통과됐다. 플랫폼 기업들이 쏟아부은 투자금은 즉시 회수됐다. 우버의 시장 가치는 발의안이 통과된 뒤 14%, 약 90억 달러 증가했다. 그 결과 플랫폼 노동자들은 이제 자영업자로 분류돼 차별 금지 보호 장치, 의료 보조금, 일부 자동차 비용 상환, 산재보험 및 효과적인 작업을 위한 최저 소득을 포함한 제한적인 보호조치만을 적용받게 됐다.[59]

당연하게도 우버 CEO인 다라 코스로샤히(Dara Khosrowshahi)는 다음과 같이 선언했다. "앞으로 여러분은 우리가 '주민발의안 제22호'와 같은 새로운 법률을 더 확실히 지지한다는 사실을 알게 될 것입니다. 우리는 운전자들이 그토록 중요하게 여기는 유연성과 모든 긱 노동자가 마땅히 누려야 할 보호 사이의 균형을 맞출 수 있다고 믿습니다. (…) 이를 실현하기 위해 미국 및 전 세계 정부와 협력하는 것이 우리의 최우선 과제입니다."[60] 코스로샤히는 플랫폼 노동에 관한 유럽연합의 잠재적 규제 조치에 대한 협의에 이바지하는 백서 작성을 지시했다. 그러면서 플랫폼 노동에 대한 모든 유럽연합의 규정은 운전자와 배달 기사가 가장 중요하다고 말하는 원칙, 즉 그들이 일할 시간과 장소를 결정할 수 있는 유연성에 기반해야 한다고 말했다.[61] 그러나 주민발의안 제22호가 승인한 모델(independent plus)은 플랫폼의 문제를 은폐할 뿐이다(최근 앨러미다 카운티 대법원은 이 모델에 위헌 결정을 내렸지만, 항소가 예상된다). 유럽에서 주민발의안 제22호와 유사한 모델은 건강보험과 차별 금지 등 이미 노동자에게 적용되는 권리를 관대하게 용인하는 척하면서, 법적 투쟁을 통해 얻은 다른 권리와 보장권을 제한한다.

주민발의안 제22호는 궁극적으로 과거에 긱 노동자를 보호하기 위해 도입했던 '제3의 범주' 접근 방식으로 귀결된다. 이 모델에서 노동자는 고용과 자영업 사이에 존재하는 하이브리드 상태에 해당하며, 고용된 직원이 받을 수 있는 권리와 보장의 일부를 제공받는다. 하이브리드 모델의 전례가 없었던 것은 아니다. 물론 하이브리드 범주는 국가마다 크게 다르며, 노동자가 최저임금과 집단 노동권, 노동시간 및 차별 금지 권리를 누리는 영국처럼 의미 있는 보호를 제공하는 법적 시스템도 존재한다. 그러나 캘리포니아의 새로운 주민발의안에 따라 결정된 노동자의 지위는 이에 해당하지 않는다. 그래도 주민발의안 덕분에 일반적인 독립 사업자보다 더 큰 보장을 받을 권리를 줬다고 주장할 수도 있다. 하지만 이것은 "반이 빈 유리컵인가, 혹은 반이 찬 유리컵인가?"처럼 바라보는 관점의 문제가 아니다.[62]

세 번째 범주에 대한 제안은 플랫폼 경제에서 수면 위로 떠오른 다양한 문제에 대한 맞춤식 해결책으로 여겨졌다. 그러나 이러한 초기 반응은 다른 국가에서 하이브리드 상태를 적용한 내용과 그 역사에 관한 추가 연구가 이뤄지면서 잠잠해졌다. 이 책의 저자 중 한 명은 성공 전략과 규제의 실패를 배우기 위해 노동법 교수인 미리엄 A. 체리와 함께 다른 국가의 사례를 조사했다.[63] 실제로 하이브리드 범주의 도입은 여러 국가에서 긍정적인 효과를 거뒀지만, 문제점 또한 발견됐다. 예를 들어, 캐나다에서는 다양한 법령에서 '피고용인'의 정의를 수정해 '의존형 계약자'라는 새로운 범주를 만들었다. 그 결과 더 많은 노동자를 보호 범위에 넣는 실질적인 소득이 있었다. 경제적 의존 정도에 기반해 노동자들을 위한 '안전한 항구(Safe harbour)*' 제도가 도입됐다. 이 조치는 더 많은 노동자에게

* 특정 조건 아래서 법적 책임이나 규제로부터 보호받을 수 있는 안전한 구역을 말한다(옮긴이).

법의 적용 범위를 확대한다는 측면에서 긍정적으로 평가받는다.

반대로 제3의 범주에 대한 실험이 시작된 이탈리아에서는 기업들이 직원의 권한과 보장 규정을 회피하기 위해 준종속 범주를 이용하는 것으로 보고됐다. 중간 범주가 채택되자 많은 기업은 고용직 노동자들을 준종속 범주로 변경했는데, 이는 노동자들에 대한 보호 수준을 낮추는 결과를 낳았다. 의원들은 제도가 이런 식으로 악용되는 것을 방지하기 위해 수년에 걸쳐 준종속 지위 적용에 필요한 요구 사항을 더욱 엄격하게 다듬고, 장려책과 기업 재량의 여지를 줄이는 방향으로 제도 변화를 모색했다. 그 결과, 소송이 늘고 법적 불확실성이 커지자 2015년부터 준종속적 지위 도입을 철회하자는 움직임이 나타났다. 특히 새로운 법은 상대방(고용주나 플랫폼)이 조직한 직무를 수행하는 모든 노동자(기본적으로 모든 준종속 노동자가 여기 해당한다)는 가장 대표적인 노동조합이 서명한 단체협약에 다르게 규정돼 있지 않는 한, 노동 및 고용 보호를 받아야 한다고 규정하고 있다. 하급 법원에서의 초기 논의와 일부 법 조항 조정이 이뤄진 뒤 대부분의 이탈리아 법원은 음식 배달 라이더들이 준종속 지위에 속한다고 판단했다.[64] 그러나 이 법망에서 빠져나가려는 플랫폼의 시도는 계속되고 있다.[65]

스페인이 채택한 법률 시스템은 주목할 만하다. 제3의 범주를 채택하고 있지만, 그 범주가 극소수의 노동자에게만 적용되고 있기 때문이다. 이 법은 주로 한 사업체에서 일하는 노동자를 경제적으로 의존적인 노동자로 간주한다. 이 범주가 이렇게 제한적으로 적용되는 이유는 엄격한 경제적 기준 등 충족시켜야 할 요구 사항이 주는 부담이 크기 때문이다. 독일에서는 노동자가 총소득, 피고용인에게 필적하는 사회적 보호, 서비스 계약(직원 없이)에 따라 수행되는 업무를 주로 다른 주체에 의존하면, 그를 유사 피고용인으로 분류한다. 스페인과 독일의 사례 모두 아쉬운 면이 많다. 최근의 비교 연구에 따르면, 중간 범주의 도입이 사회적 보호가 필요한 노동자들을 충분히 보호하지 못하는 것으로 나타났다.[66]

무엇보다도 새로운 범주가 추가됨으로써 "법적 지위 쇼핑"의 가능성이 커지고, 고용과 자영업 사이의 회색 지대가 제거되는 대신 다른 곳으로 이동하고 있다. 또한 각각 범주 사이의 경계에 대한 분쟁이 생기므로 소송의 복잡성이 증가할 수 있다. 영국에서는 우버 운전자가 대법원에서 "노무제공자(worker)" 범주에 해당한다는 최종 판결을 받기까지 무려 5년의 세월이 걸렸다.[67] 또한 중요한 사항 몇 가지가 미해결 상태로 남아 있다. 중간 범주에 속하는 노동자를 포함한 자영업자들은 종종 차별 금지, 노동조합 조직 및 가입 권리와 같은 기본권을 보호받지 못한다. 유럽에서도 종속되지 않은 노동자들은 이러한 보호에서 사실상 배제되고 있다.[68] 이탈리아, 프랑스, 영국을 포함한 여러 국가에서 노동조합들과 노동법 학자들이 기본적인 노동 보호 조치를 보편화하기 위해 다양한 제안을 하고 있다.[69]

국제노동기구가 출범시킨 '노동의 미래에 관한 글로벌위원회(Global Commission on the Future of Work)'가 국제적 차원에서 특히 중요한 제안을 했다. 국제노동기구는 노동을 다루는 전문 유엔 기구로서 대규모 국제 조직 중 유일하게 전 세계 국가의 정부, 노동조합, 사용자 협회의 대표들로 구성된다. 1919년 1차 세계대전을 끝낸 베르사유조약으로 설립된 국제노동기구는 출범 100주년을 맞은 2019년에 '보편적이고 항구적인 평화는 사회 정의에 바탕을 둔 경우에만 확립될 수 있다'라는 점을 언급한

100주년 기념 선언문을 발표했다. 100주년을 앞두고 학계, 기업, 노동계 및 다양한 지리적 배경을 가진 27명의 독립적인 전문가로 꾸려진 글로벌 위원회*는 200주년까지 국제노동기구가 나아갈 방향에 대한 제안을 공식화하는 권한을 위임받았다. 글로벌위원회는 '보편적 노동 보장(Universal Labour Guarantee)'을 채택할 것을 국제노동기구에 제안했다.

보편적 노동 보장은 자영업자와 종속 노동자의 구분 없이 모든 노동자에게 적용되는 강제 노동 금지, 아동 노동 금지, 사업장 내 차별 철폐 등의 보편타당한 기본 원칙과 권리를 포함한다. 국제노동기구의 모든 회원국은 이미 이러한 목표를 추구해야 할 의무를 갖고 있다. 보편적 노동 보장은 이러한 보편적 권리에 직업 보건 및 안전보호, '노동시간 제한'과 '적절한 생활임금' 보장을 넣었다. 글로벌위원회에 따르면, 이러한 권리는 고용 상태와 관계없이 보장돼야 하므로 자영업자에게도 적용된다. '노동의 미래 이니셔티브(The Future of Work Initiative)'는 2019년 국제노동기구가 노동의 미래에 대한 선언을 채택함으로써 막을 내렸다. 한동안 국제노동기구는 이 독립적인 전문가 집단의 권고를 느슨하게 받아들였으며, 이 선언에서도 보편적 노동 보장을 비롯해 미래 지향적인 일부 제안을 명시적으로 지지하지 않았다.** 그럼에도 보편적 노동 보장이 논의되고 있다는

* 디지털 시대에 모든 사람에게 양질의 일자리를 제공하고 '인간 중심의 접근 방식'을 보장한다는 목표는 국제노동기구 출범 100주년(2019년)을 맞아 시작된 주요 프로젝트인 '노동의 미래 이니셔티브'의 핵심이다. ILO, Report of the Director-General, Report I The Future of Work Centenary Initiative, International Labour Conference, 104th Session, Geneva, 2015, wcms_369026.pdf. ILO Global Commission on the Future of Work, Work for a brighter future (Ginevra, ILO, 2019).
** 결정적으로, 선언은 직장에서의 산업안전보건(OSH)에 대한 권리를 아직 직장에서의 기본 원칙 및 권리 수준으로 승격하지 않았으며, 글로벌위원회에서 제시한 생활임금 대신 적정한 최저임금 보장을 명시하고 있다. 더욱이 이 선언은 노동시간 주권의 확대 대신 노동시간 상한제를 시행할

사실 자체가 노동의 미래에 대한 논쟁에서 중요한 진전이라 할 수 있다.

국제 노동법은 피고용인만 보호해서는 안 된다는 점을 점점 더 분명히 하고 있다. 2019년 국제노동기구가 노동의 세계에서 직장 폭력과 괴롭힘을 금지하는 협약을 채택했을 때, 회원국과 노동조합, 사용자 대표단은 자영업자뿐 아니라 자원봉사자와 실직자, 구직자 모두가 폭력적이고 괴롭히는 행동으로부터 보호받아야 한다는 점에 동의했다. 따라서 보호의 보편주의는 노동에 관한 논의에서 점점 더 핵심 의제가 되고 있다.

몇 년 전 노동법 학자인 마크 프리드랜드와 니콜라 쿤투리스는 노동법과 관련해 일종의 '코페르니쿠스적 혁명'을 제안했다. 이 제안은 노동법이 고용과 자영업, 중간 범주 사이의 경계를 허무는 대신, 주로 "개인적으로 일하는" 모든 사람을 보호해야 한다고 주장한다.[70] 모든 노동자는 고용 상태와 관계없이, 다른 사람을 고용하거나 중소기업을 만들 수 있는 자본과 고객을 소유하지 않는 한 보호돼야 한다는 것이다. 이 제안은 보호의 필요성이 고용관계에 있는 노동자에게만 해당하는 것이 아니라는 점을 분명히 한다. 한편, 소프트웨어와 알고리즘과 같은 새로운 기술이 등장하면서 고용과 자영업 사이의 경계가 모호해지고 있으며, 첨단 기술 기업들은 고용의 개념을 뛰어넘는 영역까지 관리 특권을 넓히고 있다.

물론 프리드랜드의 제안은 시간과 조정이 필요한 급진적이고 광범위

필요성을 재언급한다. 설령 유럽연합 회원국이 "그들의 고용 상태나 계약과 관계없이"라는 명시적인 표현에 반대하더라도, 선언은 '모든 노동자'에 대한 보호를 강화하고 확대할 것을 촉구하고 있다. 전체 위원회 보고서: 절차 요약 ILC108-PR6B(Rev.) www.ilo.org/wcmspS/groups/public/---ed_norm/ ---relconf/documents/meetingdocument/wcms_? 11582. pdf, para 1133. 다음을 참조할 것 N Potocka-Sionek and A Aloisi, "Festina Lente": the ILO and EU agendas on the digital transformation of work', *International Journal of Comparative Labour Law and Industrial Relations* (2021) 37(1), 35-64.

한 아이디어다. 그럼에도 개인이 자영업자가 아닌 피고용인이라는 사실을 증명해야 하는 부담, 여기에 따르는 모든 불확실성, 그리고 현실적인 어려움이 따르는 현재의 보호 패러다임을 뒤집을 수 있는 장점이 있다. 이 방향으로 나아가는 것은 법에 명시된 전통적인 노동자의 범주를 수정해야 함을 의미한다. 하지만 자세히 따져보면, 실질적인 결과는 영국의 노동당 정부가 시행하고 있는 노동법상 노무제공자(limb(b)workers)에게 제공되는 보호 범위[71]나, 자영업자에 대한 보호권을 확대하기 위해 2015년 이탈리아에서 도입한 준종속 제도 개혁의 결과와 그리 다르지 않을 수 있다. 이러한 접근 방식은 궁극적으로 노동 및 고용 권리를 확장하는 더욱 투명하고 명확한 방법이 될 것이며, 많은 자영업자가 효과적인 보호 없이 의도적으로 방치돼 온 잘못을 바로잡을 수 있을 것이다. 또한 위계 관계를 넘어 조직에 권한을 부여하고 노동자를 의사 결정에 참여시키는 새로운 모델을 도입하는 데 이바지할 수 있다. 노동의 세계에서 엄격한 위계 구조를 극복하는 것은 필요하다. 하지만 권한 귀속의 핵심 기준이 종속 개념으로 남아 있다면, 위계 구조 극복은 비현실적인 꿈에 그치고 말 것이다.

  비급여 노동력이 노동법의 보호를 받을 자격이 있고 보호가 필요하다는 사실이 팬데믹 기간에 극적으로 드러났다. 이에 미국과 유럽 여러 국가의 국회의원들이 자영업자에 대해 부분적인 지원 조치를 채택했다. 지원 조치에는 영국의 '자영업자 소득 지원 제도(SEISS)'와 같은 현금 지급, 실업급여 연장, 소득 보조금, 세금 및 모기지 상환 유예 등이 포함됐다.[72] 표준고용관계의 존재에 의존하지 않는 소득 대체 제도에 따라 임시직 및 플랫폼 노동자 역시 때때로 위의 지원 조치 대상에 포함됐다. 그러나 고용의 경계 너머로 사회 안전망을 확장하려는 시도에도 불구하고, 임시직 및 플랫폼 노동자가 보호망의 틈 사이로 빠지는 일이 비일비재했다.[73] 일부 자영업자를 보호 제도에 편입시킨 조치가 팬데믹 이후에도 중단되기보다 오히려 확대돼 사회구조의 일부가 됨으로써, 긴급 조치가 지닌 왜곡된 특징과 한계가 개선되기를 바란다. 노동자 보호의 필요성은 우발적인 상황에서만 필요한 것이 아니다. 보건 비상사태 동안 취해진 조치들이 긍정적인 것은 사실이지만, 모든 노동자를 더 넓게, 더 많이 보호하는 방향으로 새로운 구조적 균형이 이뤄져야 한다는 점을 모두가 이해할 필요가 있다.

비표준 노동 형태 직업군

플랫폼 노동에 대해 떠도는 상투적인 표현 중 가장 끈질기게 살아남은 것은 아마 플랫폼 노동이 급진적인 규제 전환이 필요한 완전히 새로운 현상이라는 말일 것이다. 단도직입적으로, 이 말은 전문가들이 억울해할 만큼 사실과 다르다. 플랫폼 매개 노동은 지난 40년 동안 두각을 나타낸 다른 형태의 비표준 노동과 크게 다르지 않다.[74]

'비표준 노동'은 표준고용관계에서 벗어난 대규모 직업군을 뜻한다. 표준고용관계는 노동자와 사용자 간 공식적이고 직접적인 관계가 있는 영구 고용직 혹은 정규직으로 정의되며, 산업화된 세계에서 여전히 가장 보편적인 노동 형태다.* 비표준 노동은 고용권과 노동권의 보호가 구축된 노동 형태에서 다양한 축(시간, 공간, 보호 수준)을 따라 "이탈"한다.[75] 거의 모든 국가에서 노동과 고용 보호, 사회보장의 핵심은 주로 전형적인 노동

---

* 유럽연합 노동력의 58%가 무기한 전일제 고용 상태다.

자를 중심으로, 그리고 매우 남성적인 관점에서 설계됐다.[76] 역사적으로 정규직 모델은 주로 '남성 생계 부양자' 모델과 관련 있다. 남성 가장은 가계를 책임지는 임금노동자로 상정됐지만, 여성의 노동은 집안일처럼 이차적인 보호 모델로 격하되거나 무급 돌봄 노동처럼 보호에서 완전히 배제됐다.

2차 세계대전 뒤 "표준적이고 위계적인 고용관계와 내부 노동시장에서 직무를 조직하는 모델이 오히려 역사적 예외가 아닌지"에 대한 의문이 제기됐다.[77] 통계를 보면 지난 10년 동안 만들어진 신규 일자리의 절반이 비표준 고용직이며, 유럽연합 노동력의 25% 이상이 임시 업무나 불규칙한 업무에 종사하고 있다.[78] 최근 수십 년 동안 선진국 내 비표준 고용은 수치상 많이 증가했을 뿐 아니라, 일반적 고용 형태로 인식되는 경향이 강해지고 있다. 미국에서는 계약직, 임시 파견직, 호출 대기 노동자, 긱 노동자와 같은 대안적 계약에 종사하는 노동자의 비율이 2005년 10.1%에서 2015년 15.8%로 급증했다.[79] OECD 국가에서는 3개 중 1개가, 유럽연합에서는 40%가 비표준 형태의 일자리다.[80]

비표준 고용직의 '불안정성' 문제는 오랫동안 고용·노동 문제의 중심에 있었다. 따라서 비표준 노동 방식이 "새로운" 노동 형태로 제시됐을 때 전문가들이 황당한 것은 결코 무리가 아니다. 덧붙이자면, 우리는 "불안정한 노동"보다는 "비표준 노동"이라는 용어를 선호한다.[81] 그 이유는 일단, 모든 비표준 형태의 노동이 불안정한 것은 아니기 때문이다. 예를 들어, 안정적인 시간과 적절한 보수를 확보한 상태에서 일부 시간을 다른 활동에 할애하고자 하는 노동자는 시간제 계약을 선호할 수 있다(불행히도 대부분의 선진국에서 이러한 형태는 점점 드물어지고 있다. 자발적인 선택이 아닌 정규직 기회의 부족으로 비정규직에 종사하면서 두 개 이상의 아르바이트를 하는 사람들이 점점 늘어나고 있다). 더 중요한 것은 불안정한 노동이 비표준 노동을 넘어 그 영역을 넓히고 있다는 점이다. 정규직조차 저임금과 비위생적인 노동 환경, 개인 생활을 보장하지 않는 근무시간, 노동권 보호 부족으로 불안정하고 위태로워질 수 있다.

이런 점에서 또 하나의 잘못된 통념이 불식돼야 한다. 이른바 "내부자"(일반적으로 표준 고용 계약을 맺은 사람과 동일시되며 보호를 받는 것으로 추정되는)와 "외부자"(영구 고용직의 세계에서 제외된 자)의 대결 구도다.[82] 이 구도는 보기보다 더 복잡하다. 표준 고용 계약의 많은 부분이 불안정한 고용에 포함된다. 내부자-외부자의 구분은 간단히 말하면 환영(幻影)에 불과하다. 여기에 더해 모순되게도, 일부 문헌들은 비표준 노동 형태가 노동자와 기업에 "윈-윈" 상황을 가져다줄 수 있다는 생각을 지지해 왔다. 하지만 연구에 따르면 노동자들, 그중에서도 젊은 노동자와 육아를 책임져야 하는 여성, 이민자와 같은 취약 집단이 특히 불이익에 노출된 것으로 나타났다.[83] 비표준 노동 계약은 교육, 기술 습득 및 자본 투자 비용, 수요 변동에 따른 위험을 사용자에서 노동자와 복지 시스템으로 전가한다.[84]

비표준 노동이란 정확히 무엇일까? 저마다 다양하게 정의하겠지만, 우리는 2016년 국제노동사무국이 전 세계 노동조합, 기업, 정부에서 선정한 전문가들과의 심도 있는 논의 결과 채택한 정의를 신뢰한다.[85] 국제노동사무국은 비표준 노동의 거시적 형태를 네 가지로 구분했다. 우선, 임시직에는 특정 기간에 수행하는 작업, 특정 프로젝트 완료를 위한 계약, 계절별 작업(특히 관광, 농업 및 식품 부문)을 포함한 모든 기간제 작업이 포함된다. 이러한 작업은 작업 기간이 길거나 짧을 수 있다. 작업 기간이 짧은 작업은 비정기적이거나 "일일 노동"의 형태로, 남반구 경제에서 흔하게 볼 수 있다. 그러나 북반구에서는 그렇지 않으며, 특히 지방이나 식음 산업 및 환대 산업에서는 찾아보기 어렵다.[86]

국제노동기구 보고서에는 비표준 노동 계약 목록에 평균 노동시간보다 적게 일하는 시간제 노동도 들어 있다. 이것은 가장 안정적인 형태의 시간제 직업으로, 유연한 시간 관리가 가능하므로 다른 직무나 비직무 활동과 잘 양립할 수 있는 형태. 시간제 직업은 노동자의 자발적 선택일 수도 있지만, 정규직 일자리를 구하지 못한 노동자의 비자발적인 선택일 수도 있다. 2017년 유럽연합에서 시간제로 고용된 노동자 중 1/4 이상(26.4%)이 비자발적 선택에 해당한다. 유럽연합 전역에서 비자발적 시간제 노동 비율이 큰 국가는 그리스(전체 시간제 노동자의 70.2%)와 키프로스(67.4%), 이탈리아(62.5%), 스페인(61.1%), 불가리아(58.7%), 루마니아(55.8%), 포르투갈(47.5%), 프랑스(43.1%) 순이다.[87] 비자발적 시간제 노동은 영구적인 불완전 고용 상태로 이어질 수 있으며, 노동자는 일자리를 찾는 데 많은 시간을 쓴다.

국제노동기구는 이른바 초단시간 시간제 역시 시간제 노동으로 간주한다. 초단시간 시간제 노동은 사용자가 노동자를 사용하기로 한 뒤에야 호출(및 지급)할 권리가 생기므로, 노동자는 호출 여부와 그 시기를 미리 알 수가 없다(아일랜드에서는 이러한 유형을 '이프 앤드 웬(if and when)' 계약이라고 부른다). 선진국에서는 시간제와 가장 불안정한 임시직 사이에 있는 이러한 형태의 노동이 점점 널리 퍼지고 있다. 영국에서는 사용자가 호출을 보장하지 않는다는 의미에서 '제로 아워(zero hour)' 계약이라고 하며, 네덜란드에서는 '주문형 노동(on-demand work)'으로, 독일에서는 '호출 대기 노동'(널리 알려진 '미니 잡'의 특정 형태로서 많은 독일 가정의 주요 소득원이다)으로 불린다.[88] 이탈리아에서는 '호출 대기(on-call)' 또는 '단속적 노동'이라고 한다(예를 들면, 바우처 기반 노동처럼 노동자를 호출하고 보수를 지급할 때 사용자의 유연성을 극대화할 수 있는 다양한 형태의 모델이 있다). 영국의 통계를 살펴보면, 임시 계약직의 30%가 종신 고용과 정규직을 원한다고 한다. 이 임시 계약직 중 제로 아워 계약자의 비율은 50%에 이른다.[89]

다음으로, '다자간' 고용이 있다. 이것은 국제노동기구가 정한 고용 계약의 고전적 특징인 '양자성'을 위반한 형태로, 노동자의 활동을 전체적으로 또는 부분적으로 사용자가 아닌 제3자가 지시하거나 사용하는 노동 형태다. 여기에는 무엇보다도 파견 노동, 즉 대행 업체가 노동자를 고용한 뒤 고용한 노동자를 사용자 회사에 '배정'해 보내고, 회사는 노동 비용과 수수료를 대행사에 지급하는 방식이 있다. 그 밖에도 하도급, 프랜차이즈와 점점 비중이 커지고 있는 공급망 외주 계약도 있다. 외주 계약은 원청 기업이 최저 가격에 계약을 맺은 뒤 생산 표준 및 계약 조건을 철저히 준수하도록 강요하는 사례가 허다하다. 그러면 하청 업체 노동자들은 원청 기업과 직접 교섭하지 못한 채 낮은 임금과 열악한 노동조건이라는 대가를 치를 수도 있다. 산업화된 국가의 물류와 환대 사업 부문, 농식품 부문에서 이러한 노동 중개 관행에 따른 불리한 결과가 종종 발견된다.

또한, 고용과 자영업 사이의 회색 지대가 점점 넓어지고 있다. 예전에 프리랜서는 말 그대로 '고정된 주인이 없는 기사'로서 가장 높은 입찰자에게 서비스를 제공할 자유가 있었다.[90] 그들은 자신의 '창(lance)'을 마음대로(free) 쓸 수 있었다. 마찬가지로 자영업은 고용에 따른 종속 제약을 피하면서 시장에서 자유롭게 독립적으로 경쟁하기를 원하는 사람들의 선택지였다. 그러나 오늘날 많은 자영업자의 현실은 그렇지 않다. 기업은 고용에 드는 인건비를 줄이기 위해 노동자에게 명목상에 불과한 "자영업" 지위를 부과한다.[91] 이른바 '가짜' 자영업자들이 등장한 것이다. 이들에게는 진정한 의미의 자영업자가 누려야 할 독립성이 보장되지 않는다. '가짜' 자영업자들은 피고용인과 정확히 똑같은 직무를 수행하는데도 노동 보호(최저임금, 초과근무 수당, 유급휴가 등) 비용뿐 아니라 사회보장 비용, 세금 등이 훨씬 적게 드는 "독립 계약자"와 같다.[92]

비표준 노동의 마지막 형태는 '의존적 자영업'이다. 이 형태는 사용자 측의 강력한 지시 권한이나 고정된 보상, 시간 사용 등으로부터 상대적으로 자유롭다는 점에서 종속 관계의 전형적인 특징은 부족하다. 하지만 한 명 또는 극소수의 고객에게 의존하며 시장에 독립적으로 접근하지 못한다는 점에서 전통적인 자영업자보다 고객에 대한 의존도가 훨씬 높다.[93] 앞에서 이야기한 중간 범주에 속하는 많은 노동자가 이 정의에 속한다.

우리가 비표준 계약 노동의 분류에 관해 이야기하는 이유는 무엇일까? 플랫폼 노동이 비표준 계약 노동과 많은 특징을 공유하고 있기 때문이다. 임시직과 비정규직은 물론 일부 형태인 초단기간 시간제나 주문형 업무와도 분명히 유사하다. 플랫폼 노동은 작업이 끝난 뒤 새로운 작업이 제공된다는 보장이 없으며, 단시간 또는 매우 짧은 시간(심지어 몇 분) 동안 노동을 수행하는 때가 많다.[94] 다자간 고용과의 유사점도 간과해서는 안 된다. 사실 플랫폼은 대행 업체와 매우 비슷한 역할을 한다.[95] 플랫폼 어디에나 중개인이 존재하며, 이들은 특정 작업에 대한 수요와 공급을 조직하고, 크라우드워크 운영에 경험이 없는 다른 고객들을 대신해 이러한 직무의 실행을 조직하기도 한다. 또 노동자들에게 서비스 실행을 위한 수단을 제공하기도 하는데, 이를테면 운송 서비스는 차량을 제공하고 대가로 수수료의 일정 비율을 받는다. 실제로 협력 경제를 위한 유럽 의제에 관한 의회 결의안은 "중개를 목적으로 한 많은 온라인 플랫폼"이 "임시 작업 대행 업체와 구조적으로 유사하다"라고 명시했다.[96] 이러한 플랫폼 노동은 법체계뿐 아니라 노동자의 보호에 대한 전망을 복잡하게 만들고, 분쟁이 생기면 의무와 책임 소재를 가리는 것 역시 어렵게 한다. 또한 이탈리아와 스페인의 일부 플랫폼에서 발생한 것처럼 인권 침해로 이어질 소지가 있다.*

플랫폼 노동이 고용과 자영업 사이의 회색 지대에 속한다는 사실을 숙고해야 한다. 거의 모든 플랫폼 노동자는 자영업자로 분류되는데, 플랫폼 기업은 플랫폼 노동이 자율적이고 비전문적이라는 잘못된 사회적 인식을 악용한다. 그러나 플랫폼 노동의 고유한 다양성을 고려할 때 플랫폼 작업의 현실은 훨씬 더 복잡하므로, 모든 플랫폼 노동을 동질적인 법적 범주로 취급해서는 안 된다. 플랫폼 노동자의 자율성은 작업의 종류에 따라 그 수준이 천차만별이므로 더욱 그러하다. 진정한 자율성은 그저 상상 속에만 존재할 때가 많다.

플랫폼 노동은 새로운 현상이 아니다. 플랫폼 노동은 정규직 일자리를 잠식하고 고용 기간을 단축한다. 또한 점점 늘어나는 복잡한 하도급과 비즈니스 구조의 균열화, 자영업자와 종속 노동자 간 회색 영역의 확대와 같이 노동시장에서 오랫동안 진행돼 온 추세와 동떨어져 있지 않다. 그러

---

* 2020년 5월 밀라노재판소는 범죄 혐의로 기소된 우버이츠이탈리아를 특별 관리 대상으로 지정했다. 우버이츠는 취약 계층 노동자를 모집하기 위해 작은 회사를 이용해서 불법 노동 알선 및 착취 행위를 일삼은 것으로 알려졌다. E Allaby, 'The rise of Uber Eats gang masters is tearing the gig economy apart', *Vice* (15 February 2021).

므로 플랫폼 노동을 분석할 때는 다른 비표준 노동에 대해 이미 알려진 요소들을 고려해야 한다. 국제노동기구에 따르면, 이러한 절차가 더 안정적인 계약과 더 나은 노동조건으로 가는 '디딤돌'이 될 수 있지만 결코 저절로 이뤄지지 않는다. 비정규직을, 특히 여성, 청년, 이민자, 노인 등 가장 취약한 노동자 집단을 단기 일자리와 열악한 기회라는 "막다른 골목"에 "가두는" 것을 방지하기 위해서는 적절한 규제가 필수다.[97] 우리는 고용의 증대뿐 아니라 고용의 질을 높이는 것이 노동시장의 역할임을 잊은 채, 취업자 수(이 숫자는 임의적인 분류 때문에 종종 '오염'된다)에만 매몰돼 노동시장을 바라보고 개혁의 틀을 짜는 경향이 있다. 실업자와 구직 활동 포기자의 통계 수치에 대한 우려, 세계은행 및 국제통화기금 등 국제기구의 압력이 이러한 경향을 부추긴다.

많은 나라에서 비표준 노동의 문제를 방치한 채 비정규직 양산을 통해 고용의 양을 늘리는 데만 자원을 집중하는 현상이 나타나고 있다. 물론 비표준 노동이 유연성에 대한 노동자와 회사의 요구에 부응할 수도 있다.[98] 그러나 노동자 보호 및 권리의 측면에서 정규직 노동자와 비정규직 노동자 간에는 상당한 격차가 있다는 점을 간과해서는 안 된다. 비정규직 노동자는 동일 직무에 대한 임금 차별 금지 원칙에도 불구하고 같은 업무를 수행하는 정규직 노동자에 비해 낮은 임금, 교육 및 경력 개발 기회 부족, 열악한 직업 보건을 경험한다. 또한 단체교섭을 통한 권리 보호 역시 상당히 제한적인데, 이는 노동조합이 임시직과 비정규직 노동자를 다룰 때 생기는 전통적인 어려움뿐 아니라 임시직과 비정규직 노동자에 대한 정규직 노동자의 불신과 관련 있다.

이와는 별개로 비정규직 노동자의 노동조합 결성은 본질적으로 규제에 가로막혀 있다(일부 국가에서 독점 금지 규제법은 자영업자들의 노동조합 결성을 금지한다. 다음에서 다루겠지만, 유럽연합 기관 역시 이 문제에 대해 모순된 견해를 가지고 있다). 기업들이 비정규직 노동자의 노동조합 결성을 규제하는 이유는 노동조합 결성을 통해 재계약을 협상 조건으로 파업을 벌일지도 모른다는 우려 때문이다. 이런 기업의 우려는 플랫폼 노동에도 영향을 끼친다. 회사는 직장 폐쇄 또는 노동조합 결성을 반대하는 독점 금지 소송을 통해 이러한 위협을 억제한다.

지난 20년 동안 유럽 대륙의 많은 국가의 국회의원들은 기간제 및 파견 근무 노동자 사용에 대한 제한을 점진적으로 해제했다. 특히 비정규직 노동자 채용이 필요한 객관적이며 정당한 이유를 제시해야 하는 기업의 의무가 심각하게 축소되거나 제거됐다. 그 결과 기업들은 영속적인 일자리에도 비정규직 노동자를 고용하는 등 임시직에 더욱 의존하게 됐다. 따라서 신뢰할 수 있는 규제가 기업 행위의 방향성에 강력한 영향을 끼친다는 사실을 결코 무시할 수 없다.

비표준 계약에 대한 규제가 완화되면, 기업은 규제가 완화된 현실에 맞게 비즈니스 모델을 조정한다. 그리고 이 관행이 굳어지면 노동자에 대한 보호 강화를 통해 기업을 재규제하는 것은 더욱 힘들어진다. 2018년 이탈리아 정부는 온건한 수준의 임시직 규제 조치를 재도입했다. 최근 정부와 노동조합, 사용자가 노동시장 개혁에 합의한 스페인[99]이나 프랑스의 노동자 보호 정책 수준으로 되돌아간 것이다. 하지만 상대적으로 온건한 이 규제 조치마저 이탈리아 재계의 강경파들에게는 용납할 수 없는 부담으로 작용했다. 많은 평론가는 새로운 규제 시행에 따라 해고될 노동자의 수에만 초점을 맞췄다. 바우처의 남용을 막기 위해 바우처 기반 근로 제도를 엄격하게 제한했던 몇 년 전에도 반응은 유사했다. 비표준 계약 노동이 일상적으로 머리기사를 장식하고 있지만, 비표준 계약 노동자의 임금이나 보호 수준과 같은 질적인 측면에 의문을 제기하는 사람은 거의 없다.

모든 시선은 취업자의 수에 맞춰질 뿐 노동 환경에 대한 분석은 영구적으로 미뤄진다. 플랫폼 노동의 세계에서도 마찬가지다. 여론을 주도하는 이들에게 규제 개입은 결국 일자리의 감소나 '비공식 노동'의 사용으로 이어질 뿐이다. 기업에 비공식 노동은 합법적인 선택 사항이지만, 사실은 해결해야 할 나쁜 관행일 뿐이다. 관행을 바로잡기 위해서는 자금난과 인력난을 겪고 있는 노동감독관들에게 더 많은 자원을 지원해야 한다. 우리는 취업자 수라는 제단에 모든 규제 가능성을 제물로 바치기보다, 끝없이 나락으로 떨어지는 노동조건과 보호 수준을 제자리로 되돌려 놓아야 한다고 믿는다. 이 책의 에필로그에서는 급진적인 디지털 발전 시대를 위한 새로운 제도를 제시할 것이다.

에필로그

디지털 시대를 위한 새로운 제도

미래에도 끄떡없는 노동법

요약하자면, 이 책의 가장 중요한 주제는 로봇과 알고리즘 그리고 플랫폼이 성장과 복지, 성별, 세대 및 지역 간의 연대, 새로운 기술 개발 및 생산 모델 갱신을 위한 중요한 도구가 될 수 있다는 것이다. 하지만 그것은 우리가 정확한 인식과 책임을 갖고 이들을 통제할 수 있을 때 비로소 가능하다.

우리는 종종 디지털 혁신이 가져온 엄청난 변화를 유토피아적 혹은 디스토피아적 렌즈의 왜곡된 프리즘을 통해 봄으로써 사실보다 믿음을 우선시하곤 한다. 최근에 비즈니스를 (재)설계하는 조직 모델과 운영 공식을 분석함으로써 디지털 전환의 효과와 영향을 파악하려는 노력이 이뤄지고 있다. 기업 조직의 개념과 유연성 요구에 대한 기계, 알고리즘, 플랫폼의 대응 사이에는 강력한 연결 고리가 존재한다. 따라서 노동의 전환을 논할 때 노동의 구체적인 대상, 생산 과정에서 노동이 차지하는 위치와 노동의 (사회적, 기업적, 관계적, 본질적 또는 인지적) 가치를 간과해서는 안 된다. 기술이 노동의 변화에 끼치는 영향은 점점 더 커지고 있으며, 그 결과는 우려스럽고 파급효과 또한 만만찮다. 각 직무의 추상적 구성 요소에 대한 평가절하는 노동집약적인 직종에 영향을 끼치고, 노동자의 기여를 낮게 평가함으로써 노동자를 대체 가능한 상품으로 전락시키며, 사회 안전망과 복지 시스템을 무너뜨린다.

한편, 최근 발생한 몇 가지 사건은 거대 디지털 기업과 혁신 전문가에 대한 불신을 조장하는 데 이바지했다. 언론에서 테크래시(techlash, '기술(technology)'과 강한 반발을 의미하는 '백래시(backlash)'의 조합으로 거대 기술 기업에 대해 커지는 적대감을 뜻한다)[1]로 명명한 정서가 퍼지고 있으며, 이러한 정서는 "실리콘 마스터(silicon masters)"[*]가 더 이상 처벌을 피하지 못하도록 독점 금지 규정[2]을 엄격하게 적용하겠다는 미국 및 유럽 규제 당국의 태도 변화를 동반한다. 이러한 태도 변화의 결과로 권한 남용의 제한, 개인정보 보호 문화 촉진 및 조세 회피 관행을 규제하는 새로운 규정이 통과됐다. 이는 노동 보호 정책을 입안하는 데 분명한 돌파구가 되고 있으며,[3] 그 결과 우리는 운명의 반전을 목격하고 있다. 가상공간[4]이 국가 정부와 국제기관의 손이 닿지 않는 초국적이고 개인주의적이며, 사실상 규제되지 않는 유토피아적 공간이라는 이미지가 무너진 것이다. 가상공간에 대한 환멸이 일기 시작했으며, 이러한 환멸은 대학과 의회에만 국한된 것이 아닌 듯하다.

[*] 실리콘밸리를 중심으로 한 대형 기술 기업들을 가리킨다(옮긴이).

과연 웰빙과 진보의 대명사인 디지털 기술의 신화가 무너지는 것일까? 지난 몇 년을 살펴보면, 무분별한 혁신의 추구가 항상 좋은 결과를 가져오는 것은 아니다. 새로운 디지털 세계의 부정적인 외부 효과, 즉 기술 부문이 사회에 떠넘기는 비용이 다시 논쟁의 중심으로 떠올랐다. 다양한 집단이 조사와 규제를 이용한 압박과 공개 비판을 통해 거대 기술에 반대하는 목소리를 내는 데 힘을 합쳤다. 디지털 플랫폼은 19세기 말 세계를 지배한 자본가와 마찬가지로 새로운 강도 귀족이라는 비판을 받고 있다.[5] 반자본주의 정서에 영향 받지 않는 경제학자들의 분석에 따르면, 대형 디지털 기업의 관행은 사실상 혁신에 부과되는 세금과 같다. 이러한 대형 기업의 시장 지배력으로 신규 기업들이 독자적으로 창출할 수 있는 가치가 감소하고, 그 결과 기업의 몸값 역시 낮아진다. 또한 "우수한 기술을 보유한 신규 기업이라도 고객 유치에 어려움을 겪게 되는데, 소비자들은 결국 기존 대형 플랫폼이 그 기술을 인수·통합할 것이라고 예상하므로" 굳이 "전환 비용"을 들여 신규 기업의 서비스를 이용할 필요성을 느끼지 않기 때문이다. 결국 신규 기업들이 확보할 수 있는 고객의 규모가 제한되고 기업 가치가 하락하며, 혁신에 대한 동기 역시 약화된다.[6] 다시 말하면, 지대를 추구하는 디지털 중개 기업은 국가의 글로벌 경쟁력에 치명적인 위협이 된다. 우리는 이제 '파괴적 혁신가'를 자처하는 기업들이 역설적으로 혁신을 질식시킨다는 중대한 문제에 직면해 있다.[7]

'케임브리지애널리티카-페이스북 정보 유출 사건*'과 같은 사례가 늘어나는 추세는 소셜 미디어를 통해 수집·가공된 데이터가 맞춤형 메시지

---

* 2018년 '케임브리지애널리티카'라는 정치 컨설팅 회사가 수천만 명(약 8,700만 명)의 페이스북 사용자 정보를 무단으로 수집하고 이를 정치 캠페인에 활용한 사건이다(옮긴이).

전달에 비윤리적으로 활용되고 있음을 보여준다.[8] 이러한 행위는 주로 극단적 여론을 증폭시키거나 선거 결과에 영향을 끼치려는 의도로 이뤄진다. 코로나19 팬데믹 동안 소셜 미디어는 바이러스에 대한 음모론과 백신 반대 주장을 확산시키는 데 중요한 역할을 하면서 큰 논란을 불러일으켰다. 2021년 미국 국회의사당 습격 사건처럼 사회적 불안을 일으키는 시위가 발생했을 때, 이들 플랫폼은 의도적인 유화책은 아닐지라도 거품처럼 자가 증식하는 급진적 극단주의자에 대해 적절한 대응책 없이 방관함으로써 상황을 악화시켰다.[9] 탐사보도 언론인과 시민사회단체, 내부고발자들의 행보 덕분에 일주일이 멀다 하고 유사한 사건이 연이어 폭로되고 있다. 이에 따라 우리의 사생활과 이 사회, 더 나아가 세계 민주주의가 권력을 악용하는 파렴치한 '기생충' 같은 집단으로부터 위협받고 있다는 두려움이 커지고 있다. 우리는 한때 투자자들의 압박과 세계 지배라는 야망으로 캘리포니아 차고에서 고군분투한 젊은 천재들의 신화에 매료됐다. 그러나 이제는 어른이 되지 못한 그 천재들이 우리 미래의 큰 부분을 좌우하는 시대에 살고 있음을 깨닫는다.[10] 우리가 느끼는 불만은 배신당한 희망과 우리가 마주한 불행한 결과에서 비롯된다.

    몇 년 동안 우리가 '공유 경제'라고 오해한 것들은 세상을 혁신하는 데 실패했다. 거기에는 새로운 현상도, 새로운 언어도, 새로운 아이디어도 없었다. 개인용 컴퓨터가 발명되고 인터넷이 등장한 뒤에도 파괴적인 변화는 거의 없었으며, 그 결과 세계의 여러 지역에서 생산성과 임금이 정체됐다. 만약 이 주장이 과장이라고 생각한다면 얼마나 많은 노동자와 기업이 공유 경제의 혜택에서 소외됐는지를, 그리고 공유 경제가 기존 자원에서 이윤을 추출할 뿐 새로운 자원이나 서비스 창출에 이바지하지 못했는지를 생각해 보라. 노동경제학자 데이비드 오터(David Autor)가 말했듯이, "우리는 중요한 일보다는 주로 사소한 일을 자동화하고 있다. 항생제, 실내 배관, 전기, 항공, 여행, 통신과 같은 혁신과 비교한다면 배달 애플리케이션과 스마트폰, 무인 체크아웃이 이 사회에 끼치는 영향은 전혀 크지 않다."[11] 더 심각한 것은 우리가 디지털 미디어를 수동적으로 사용한다는 사실이다. 우리는 침대에서도 노트북과 스마트폰을 사용할 정도로 디지털 기기에 크게 의존하지만, 비판적인 시각을 갖지 못한 고분고분한 사용자일 뿐이다.[12] 이런 습관은 우리를 어디로 이끌까?

세상 물정 몰랐던 시대는 끝났고, 더 이상 변명의 여지가 없다. 이제 권리와 보호 기능을 침해하는 잘못된 시스템의 위험을 줄이는 방법을 자문해야 한다. 안정된 일자리를 통해 다 함께 번영하는 미래를 일구려면 지금 행동해야 한다. "항상 이런 식이었다"라는 말은 변명에 불과하다.[13] 디지털 기술이 사회에 미치는 부작용을 비판하는 목소리에 대해 우리들 혹은 선조들도 같은 실수를 저질렀다는 식의 논리로 가볍게 넘기는 것은 게으르고 소심한 태도일 뿐이다.[14] 우리가 행동하지 못한 가장 큰 이유는 현재 상황이나 과거 경험에 기반해 판단했을 뿐 다양한 가능성을 적극적으로 고려하지 않았기 때문이다. 사람들은 기술이 단순히 우리의 편견을 재생산한다고 여기며 기술이 일으키는 문제를 대수롭지 않게 생각한다. 한편으로는 현 상태를 크게 변화시키지 못하는 '진보의 평범함'이 밝은 미래에 대한 찬사와 함께 받아들여져야 한다는 점이 다소 기이하게 느껴지기도 한다. 관리자의 독재, 회피하는 태도, 경쟁자 약탈, 윤리적 실패와 차별의 남용이 디지털 기술을 통해 지속돼서는 안 된다.[15] 우리는 둘 중 하나를 선택해야 한다. 기술을 역사의 흐름을 바꾸는 게임체인저로 받아들일 것인가, 아니면 인간의 나약함을 부추기는 것으로 간주하고 이 '새로운 것'에 대한 숭배를 단호히 거절할 것인가.

디지털 혁신의 핵심 목표는 사회 환경을 개선하는 동시에, 노동에 부정적 영향을 주거나 통제를 강화하지 않으며 인종, 성적 취향, 교육 배경, 거주 지역에 따른 불평등을 만들어내지 않는 것이다. 그러나 에이아이나우(AInow)연구소의 보고서에 따르면, "인공지능은 다양한 영역과 맥락에서 불평등을 확대하고 있으며 이미 권력을 가진 사람들의 정보 권한과 통제 권한을 강화하는 한편, 그렇지 못한 사람들의 권한을 더욱 약화한다."[16] 이것이 항상 사실이라는 점은 우리의 상황을 더욱 나쁘게 만든다. 현 상황이 만족스럽지 않은 사람들은 긍정적인 변화에 대한 열망을 품어야 한다. 이 열망은 변화를 바라는 사람들의 행동에 영향을 끼친다.

변화하는 노동 세계는 평등과 공정한 경쟁을 강화하고 유의미한 직업 기회에 대한 광범위한 접근에 이바지해야 한다. 그뿐 아니라, 사회적 혜택의 포용적이고 효율적인 배분과 뿌리 깊은 편견, 부정행위, 위법 행위에 맞설 수 있는 능력 향상에도 이바지해야 한다. 기계는 인간을 고된 노동에서 해방시키는 역할을 해야 한다. 진입장벽이 낮은 플랫폼은 원활하고 지속 가능한 방식으로 노동 공급과 수요를 일치시킴으로써 소외된 지역사회에 이바지할 수 있으며, 알고리즘은 직업 보건 및 안전 조치의 시행과 노동시간 규제를 용이하게 할 수 있다. 기술은 인간의 의사 결정 과정을 편견이 내재된 시스템[17]으로 대체할 것이 아니라, 오랫동안 인간의 의사 결정 과정을 왜곡시켜 온 고정관념, 편향성 등을 식별하고 극복하는 데 일조해야 한다. 디지털 기술은 노동자를 감시·관리하는 수단이 아니라, 노동 현장 내 결정의 투명성과 검증 가능성, 개방성을 개선해 사회경

제적 격차를 줄이는 지렛대로 사용돼야 한다.[18]

이런 점에서 우리에게는 인간보다 더 나은 결과를 생산할 수 있는 기술이 필요하다. 또한 새롭고 강력한 재분배 메커니즘과 사회적 보호 장치가 필요하다.

지속 가능성을 모색하기 위한 보편적 기본소득과 근본 대책

닉 스르니첵, 알렉스 윌리엄스와 같은 급진적 좌파 지식인과 매트 즈볼린스키와 같은 자유주의 철학자, 마크 저커버그, 일론 머스크와 같은 기술 거물의 공통점이 있다.[19] 모두가 자동화에 따른 대량 실업을 해결할 유일한 정책으로 보편적 기본소득을 주장한다는 점이다.[20]

오해하지 말아야 할 점은 이들이 오래된 노동 복지 제도에 보편주의라는 가짜 이름표를 붙여서 새것인 양 내세우는 서투른 실험을 염두에 둔 것이 아니라는 점이다. 보편적 기본소득은 2012년 영국의 보수 자유주의 연합정부가 기존의 다양한 혜택 제도를 대체하기 위해 도입한 '유니버설 크레딧(Universal Credit)'이나 2019년 이탈리아에서 시작된 '시민소득(Citizen's Income)'과는 아무런 관련이 없다. 그중 시민소득은 최저소득(소득이 빈곤선 미만인 사람들에게 지급되는 금액) 보장과 적극적인 노동 연계 프로그램(실업자와 구직 활동을 하지 않는 사람들의 노동시장 유입을 목적으로 한다)이라는 다른 두 가지 정책이 뒤섞여 탄생한 제도라고 할 수 있다. 이와 다르게 보편적 기본소득은 소득과 관계없이, 다시 말하면 아무런 조건 없이 모든 시민 또는 거주자에게 분배되는 돈으로 이해해야 한다. 억만장자에게도 지급되며, 노동하지 않아도 지급되는 돈이 기본소득이다.

윤리철학자이자 정치철학자인 존 롤스는 기본소득 도입을 위한 영향력 있는 제안을 끌어내기 위해 스승의 철학을 실마리로 삼겠다는 제자 필립 반 파리스의 생각에 우려를 드러낸 적이 있다. 롤스는 제자를 향해 온종일 말리부에서 파도를 타며 시간을 보내는 서퍼들이 왜 매달 현금을 받아야 하냐고 탐탁지 않은 어조로 반문했다.[21] 롤스에게는 미안하지만, 보편적 기본소득의 기본 개념은 개인의 경제적 상황이나 사용 목적에 상관없이 지급되는 돈이다. 고비용에 오류투성이인 행정 시스템을 갖출 필요도 없고, 자신의 빈곤이나 실업자임을 증명할 필요도 없고, 사람들을 사회적으로 통제할 필요도 없다. 이 제도의 기본 비전은 모든 사람이 기본소득을 받음으로써, 생존을 위해서는 어떤 대가를 치르더라도 계속 일해야 한다는 노동의 강제성에서 벗어나 창의적인 에너지를 발휘할 수 있게 하는 것이다. 또한, 이는 기본소득이 없었다면 사회 전체로 확산됐을 경제적 불안에서 벗어나는 데 도움이 된다.

전체 인구가 평생 일하지 않고 살 수 있을 만큼 돈을 지급하는 것은 명백히 유토피아적인 목표다. 반 파리스와 그의 동료 야닉 반더보르흐와 같은 보편적 기본소득의 열정적인 지지자들 역시 진정한 보편적 기본소득 프로그램이 중단기적으로 실현될 수 없다는 점을 잘 알고 있다.[22] 신시아 에스틀룬드 교수는 프랑스의 모든 국민에게 매달 1,100유로의 기본소득을 제공하기 위해서는 프랑스 국내총생산(GDP)의 약 35%에 해당하는 비용이 드는 것으로 추정한다. 벨기에 국민에게 매달 600유로의 기본소득을 제공하는 데 필요한 예산은 GDP의 6%다. 보편적 기본소득이 다른 모든 복지 프로그램을 대체한다고 하더라도, 미국이 모든 국민에게 월 1,000달러를 지급하려면 연간 수조 달러의 비용을 투입해야 한다.[23]

이러한 가정은 현재로서는 공상과학소설처럼 들린다. 그런데도 보편적 기본소득은 왜 그렇게 광범위하게 논의되고 논란의 대상이 될까? 애초 학계에 국한됐던 제안의 파급력이 어떻게 주류 정치권까지 확대됐을까?

현재 상황을 고려할 때 보편적 기본소득은 현실적인 제안이 아니다. 무엇보다도 기본소득이 소득 분배의 형평성 개선에 긍정적인 영향을 끼치리라는 주장을 확신할 수 없다. 그럼에도 재분배와 복지 모델에 대한 논의는 불가피할 뿐 아니라 시급하게 이뤄져야 한다. 자동화와 새로운 비즈니스 모델이 노동 방식과 노동에 대한 이해를 근본적으로 변화시키고 있는 지금, 우리는 어떻게 그리고 얼마나 일할 것인지 성찰해야 한다.[24] 이 논의는 나중으로 미뤄도 되는 먼 이야기가 아니다. 앞서 논의한 것처럼 디지털 기술이 도입되면서, 기업이 순환 배치하는 노동자의 고용 지위는 점점 더 불안해지고 있는 반면에 기업이 활용할 수 있는 비표준 계약 노동자의 풀은 상당히 안정되고 있다. 기업 생산 주기는 그 자체로 우발적이고 예측 불가능한 방향으로 이동하고 있다. 부도덕한 관행이 존재하긴 하지만, 고용과 소득이 불안정해지는 것 자체가 나쁜 관행 때문만은 아니다. 이러한 패러다임 변화에 대응하는 방법에는 여러 가지가 있다. 하지만 보편적 기본소득 정책을 기존의 복지 제도를 무력화하는 수단으로 사용하는 것은 가장 어리석은 방법이다.

보편적 기본소득 지지자 중 변종이라고 할 수 있는 자유주의 세력은 이 정책의 도입과 국가의 개입으로 유지되는 다른 모든 복지 프로그램 및 노동 보호 장치들의 제거를 동일시한다. 그러나 노동 및 고용 규제가 보편적 기본소득으로 대체될 수 있다는 가설은 난센스가 아닐 수 없다. 기본소득 제도가 도입돼도 일하는 노동자는 계속 존재하며, 이들은 보호받아야 마땅하다. 노동법은 일반적으로 '가난한' 사람들을 보호하거나 최저 소득을 보장하기 위해 만들어진 것이 아니고, 우리가 앞서 길게 논의한 것처럼 사용자의 관리 권한 남용에 대응하기 위해 만들어진 것이다. 관리자의 권한은 자본주의 사회에서 기업이 작동하는 데 필수적이며 기업과 노동자가 존재하는 한 사라지지 않는다. 따라서 보편적 기본소득이 도입되더라도 차별과 독단에 맞서고, 사적 영역의 침해를 제한하며, 노동조합의 권리를 보장함으로써 집단적 대항력을 제공하는 노동법의 역할은 절대로 줄어들지 않을 것이다.

빈곤 퇴치 프로그램이나 적극적 노동시장 정책을 통해 실업자나 비경제활동인구를 노동시장에 통합하고, 궁극적으로 빈곤이나 실업이 개인의 잘못이라는 오래된 편견을 뿌리 뽑아야 한다. 우선, 오늘날 수많은 노동자들이 빈곤에서 벗어나지 못하고 있음을 인정해야 한다. 미국의 노동통계국에 따르면, 2017년 일하고 있거나 6개월 이상 구직 활동한 사람 중 700만 명의 소득이 빈곤선 아래였다. 그중에서도 정규직으로 일한 사람의 3%와 시간제로 일한 사람의 10% 이상이 노동 빈곤층이었다.[25] 유럽연합집행위원회의 요청으로 작성된 연구 자료에 따르면, 같은 해 유럽연합 노동자 중 9.4%가 빈곤의 위험에 처해 있다. 예상대로 비표준 계약 노동자의 삶의 질은 정규직 노동자보다 훨씬 더 위험하다. 같은 연구 보고서에 따르면, 2017년 유럽연합 28개국의 '노동 빈곤' 비율은 무기한 계약직원(5.8%)보다 임시 계약 직원(16.2%)이 거의 세 배 더 높았으며, 시간제 노동자의 '노동 빈곤' 비율은 정규직 노동자(7.7%)의 두 배(15.6%)였다.[26]

노동시장 동향 관련 정책 토론에서 이러한 노동 빈곤 비율은 간과되곤 한다. 비평가나 규제 당국은 고용 수치에만 관심이 있을 뿐, 노동자가 독립적이고 품위 있는 생활을 보장받을 수 있는지는 묻지 않는다. 세계인권선언의 한 조항은 다음과 같이 규정하고 있다. "모든 일하는 인간은 자신과 가족에게 인간적 존엄에 합당한 생존을 보장해 주며, 필요할 경우 다른 사회적 보호의 수단에 따라 보충되는 정당하고 유리한 보수를 받을 권리를 갖는다."[27] 이 선언의 초안자들이 보수와 인간적 존엄을 연결하고 있는 만큼, 노동 빈곤 현상은 세계인권선언의 원칙과 국가의 헌법 및 국제 조약에 들어 있는 엄숙한 약속들에 대한 배신이 아닐 수 없다. 결국 노동 빈곤 현상을 극복하는 방법을 이해하는 것이 중요하다. 그리고 고용 보호를 강화하고, 보호 범위 밖에 있는 사람들을 보호하며, 단체교섭처럼 평등을 확대할 수 있는 도구를 통합하고 강화하는 조치들은 소득을 늘리고 지속 불가능한 작업 형태를 줄이기 위해 꼭 필요하다.

국민의 세금으로 유지되는 복지 제도 역시 제 역할을 해야 한다. 소득 지원 프로그램은 노동자의 협상력을 키워야 한다. 사실 보조금에는 종종 수혜자가 일해야 한다는 조건이 붙어 있는 경우가 대부분이다. 따라서 구인 제안을 거절하면 혜택을 받지 못하거나 혜택이 줄어들 수 있다. 이러한 조건 때문에 사람들은 저임금과 억압적 노동 환경을 무릅쓰고 일에 얽매인다. 수많은 조건으로 수혜자의 선택을 제한하는 복지 시스템은 인간의 존엄성을 보장하는 헌법과 양립할 수 없다.[28] 기술 도입의 부작용 역시 비판의 대상이다. 2020년 초 네덜란드 법원은 정부가 복지 사기를 가려내기 위해 도입한 알고리즘 감시 시스템의 사용을 중단할 것을 판결했다. 모두의 예상대로 인공지능은 가장 가난하고 가장 취약한 사람들을 표적으로 삼는다.[29] 유엔 인권 단체는 네덜란드 법원의 결정을 환영했다.[30] 이 판결은 인종 프로파일링 혐의로 구설수에 오른 네덜란드 총리의 사임으로 이어졌다.[31] 영국과 미국에서도 비슷한 충격적인 이야기가 분노를 불러일으켰다.[32] 2019년 말 독일 헌법재판소는 일자리 제의를 거절한 실업급여 프로그램 수혜자를 과도하게 제재하는 것은 헌법에 어긋난다고 판결했다.[33]

독일의 실업급여 제도는 제안자의 이름을 따서 '하르츠 IV(Hartz IV)'라고 불린다. 이 제도의 핵심은 수혜자가 구직 면접 불참, 훈련 과정 중퇴, 당국이 제공하는 취업 알선 계획에 대한 협조 거부 시 처벌받는다는 것이다. 이때 수혜자는 실업급여가 30~60% 삭감되거나 몇 달 동안 아예 실업급여를 받지 못할 수도 있다. 독일 헌법재판소는 이러한 극단적인 삭감 조치가 최저 생활 수준을 보장해야 한다는 기본권과 양립할 수 없다고 판결했다. 당시 독일 노동복지부 장관은 이러한 사법부의 판결을 환영했는데, 이러한 반응이 놀랍지 않은 이유는 하르츠 IV 제도의 효과가 비생산적이고 불공정하다는 지적이 꾸준하게 이어졌기 때문이다.

한편, 독일의 한 민간단체는 하르츠 IV와 관련해 3년 동안 이어지는 실험에 들어갔다. 이 실험에서 하르츠 IV 시스템이 무작위로 선택한 250명은 구직 관련 프로그램에 비협조이었다는 이유로 당국이 부과한 벌금을 비공개로 환급받았다.[34] 이러한 제재 해제가 피실험자에게 끼치는 심리적 영향을 모니터링하는 것이 이 실험의 목적이었다. 사실 무조건적인 보조금 제도가 반드시 일할 의욕을 꺾는 것은 아니며, 제재 해제가 수혜자의 구직 결정에 끼치는 영향을 알아보는 것은 흥미로운 일이다. 가장 유명한 기본소득 실험이 1974년부터 1979년까지 캐나다의 한 작은 마을에서 이뤄졌다. 마을 주민들은 4인 가족 기준으로 연간 약 1만5,000달러의 수입을 보장받았으며, 실험 결과 주민들의 노동시간은 단 1%만 줄어든 것으로 나타났다.[35] 캘리포니아의 해안에 있는 산업 도시인 스톡턴에서 실시된 실험 결과 역시 캐나다의 실험 결과와 일치한다. 노동 인구는 줄지 않았고, 실험군의 정규직 비율은 대조군에 비해 12% 포인트 늘었다.[36]

복지 프로그램을 재고하기 위해서는 편견을 버리는 것이 중요하다. '복지 사기꾼', 무임승차자 혹은 게으름뱅이로 묘사되는 복지 수혜자들은 정치적 목적을 가진 미디어 캠페인의 표적이 된다. 이러한 캠페인은 보통 빈곤과의 싸움이 아닌 빈곤층과의 싸움을 목표로 삼는다. 이는 결코 과거의 유물이 아니다. 팬데믹 당시 미국의 많은 공화당 소속 주지사들이 연방 정부가 실시한 실업수당 인상 정책을 거부하기로 한 적이 있는데, 이 정책이 기업들의 노동력 부족 문제를 일으킨다는 이유에서였다. 재난지원금, 임대료 감면, 학자금 대출 탕감과 같은 복지 정책과 노동력 부족 현상 사이의 상관관계에 대한 의구심이나, 구인난을 겪는 기업들은 '임금을 인상하라'는 바이든 대통령의 단호한 태도도 이들의 결정에 별다른 영향력을 행사하지 못했다.

노동력 부족 추세는 장시간 노동과 그에 따른 극도의 피로감에 대한 광범위한 반발의 결과로 볼 수 있다. 이는 서비스 부문에 종사하는 노동자들의 기대치가 변화하고 있음을 보여 준다.[37] 전문가들은 팬데믹 기간에 노동자들이 원치 않는 직장을 그만두는 현상을 '대퇴직(Great Resignation)'이라고 정의했다. 의미심장하게도, 노동경제학자인 데이비드 오터는 미국과 다른 지역에 만연한 노동력 부족에 대한 필요 이상의 불안 조장에 반대했다. 그러면서 일시적으로 노동력이 부족한 상황은 "위기가 아니라 오히려 기회"이며, 노동자에게 더 높은 임금과 더 좋은 혜택, 더 많은 교육 기회를 제공하고 노동자를 더욱 생산적으로 사용하도록 사용자들을 독

려해야 한다고 주장했다.[38]

이탈리아에서 특별할 것이 하나도 없는 시민소득이 승인됐다. 그러자 주요 언론과 텔레비전 프로그램은 '우리는 돈이 있다'를 외치면서 일자리를 외면하는 이탈리아 남부 출신 젊은이들의 이야기를 끊임없이 만들어내고 있다. 그러나 이런 이야기들은 한동안 지중해 지역 국가들에서 유행했던 "일은 있는데 직원을 구할 수 없는 기업" 이야기의 또 다른 버전일 뿐이다.[39] 이탈리아의 팩트체커들에 따르면,[40] 이런 이야기들은 싼 가격에 회사를 홍보하고 싶어 하는 기업가들이 만들어낸 싸구려 마케팅 수법에 불과하다.

노동력 부족 시대를 맞아 우리는 '까다로운 청년', 혹은 게으름뱅이 같은 헛소리를 접고 현실을 직시해야 한다. 현재의 노동시장은 전후 수십 년 동안 지속돼 온 완전고용 시장이 아니다. 신기술을 제대로 관리하지 않으면 일자리, 특히 양질의 일자리가 더욱 줄어들 위험이 있다. 우리가 주목해야 할 통계는 게으른 남부 젊은이나 무임승차자에 대한 것이 아니라, 노동 빈곤층에 관한 것이다. 모두에게 일자리가 있던 시절의 좋았던 조건들은 더 이상 허용되지 않는다. 오늘날 정책 입안자들은 사회복지 개선에 투자할 자원을 찾는 임무를 부여받았다. 세금을 회피하거나 사회복지를 축소하는 방식으로 소수 거대 기술 기업이 독점해 온 부를 재분배하고, 기존의 공공 지출과 복지 혜택을 재정의하는 일을 금기시해서는 안 된다. 또한 노동자들을 고용 불안, 초저임금, 초강도 노동으로부터 보호하는 복지 시스템의 기반을 비실용적이라는 이유로 허물어서도 안 된다.

요컨대, 우선순위를 재정의할 필요가 있다. 일단 비효율적인 회사에 보조금을 지급해 복지 수혜자를 고용하는 식으로 사람들에게 노동을 강요하기보다 양질의 일자리를 창출해야 한다. 또한 시민과 노동자가 자유롭게 선택할 수 있는 복지 모델을 설계해야 한다. 이를 위해서는 더 용감한 아이디어와 덜 계급적인 태도가 필요하다.

집단의 목소리 VS. 디지털 전제주의: 알고리즘과 타협하기

2019년 10월 유럽연합 부집행위원장 지명자인 마르그레테 베스퇴르(Margrethe Vestager)는 첫 공개석상에서 "플랫폼 노동자가 임금 협상을 위해 노동조합을 결성하려는 시도를 막는 경쟁법이 없는지 확인해야 한다"라고 주장했다.[41] 베스퇴르의 이 발언은 예상대로 별 시선을 끌지 못했지만, 중요한 전환점이 됐다. 경쟁 담당 집행위원인 베스퇴르는 유럽연합 독점금지법의 수호자로서 구글, 아마존, 페이스북, 애플, 마이크로소프트와 같은 거대 기술 기업의 반경쟁적 관행에 대한 조사로 이름을 날려 왔다.

독점금지법에 따르면, 기업 간 상품 혹은 서비스의 가격 담합 행위는 불법이다. 예를 들어 시내의 모든 레스토랑이 감자튀김을 곁들인 햄버거 가격을 15유로 이상으로 유지하기로 합의하면 불법이다. 사업자들이 능력에 따른 경쟁 대신 가격 담합을 통해 소비자에게 손해를 끼쳐서는 안 되기 때문이다. 문제는 자영업자를 하나의 기업으로 간주하므로, 자영업자들끼리 최소 수수료를 정해서 고객에게 청구하면 독점금지법 위반이라는 점이다. 또한 자영업자는 많은 국가의 국내법과 관행에 따라 특정 범주의 노동자에게 허용되는 노동권을 보장받지 못한다. 자영업자들은 단체협약을 체결할 수 없다는 뜻이다.[42] 자영업자들이 단체협약을 위해 노동조합을 조직하는 것은 독점금지법 위반이므로 심각한 처벌을 받을 위험이 있다. 예를 들어, 미국 시애틀의 친기업 로비스트들은 우버를 비롯한 차량 호출 플랫폼 운전자들이 단체교섭에 참여할 수 있도록 하는 시애틀시의 조례가 독점금지법을 위반했다며 법원에 가처분신청을 냈고, 시애틀연방법원은 이를 받아들인 바 있다.[43]

이것은 분명한 역설이다. 우버 운전자, 딜리버루 배달원, 헬핑에서 일감을 구하는 청소부, 고객 대신 장을 보는 인스타카트의 쇼퍼가 계약서상 '자영업자'라는 이유만으로 미슐랭 스타 레스토랑 경영자나 성공한 외과 의사와 동일 선상에 놓여서는 안 된다. 경쟁법에 대한 이런 비논리적 해석은 플랫폼 노동자와 취약한 자영업자의 노동조합 결성권을 심각하게 제한할 소지가 있다. 모든 직원을 대신해서 직원의 이익을 위해 협상하는 단체협약은 독점금지법의 영향을 받지 않는다. 유럽 학자들은 현대 노동시장의 요구에 더 이상 적합하지 않은 반독점 규제를 재해석하거나 완전히 재구성할 것을 주장해 온 반면,[44] 유럽연합의 연방법원은 여전히 전통적인 모델에 애착을 가지고 있다.* 현행 반독점 규제법은 일반적인 금지에 대한 예외로서, 그리고 제한된 상황에서 종속 노동자에 대해서만 독점금지법 적용을 면제하는데, 이는 국제법과도 양립하지 않는다.** 이러한 해석은 많은 국가에서 직원으로 인정되는 최고 경영진은 노동조합에 가

---

* Court of Justice of the European Union, Case C-67/96 Albany International BV v Stichting Bedrijfspensioenfonds Textie/industrie (1999) ECR I-5751. 한편, 사법재판소는 단체협약이 '가짜 자영업자' 노동자라는 (다소 인위적인) 범주에 의존하는 피고용인과 '비슷한' 상황에 있는 노동자 역시 포괄하지 않는다고 판결했다. Court of Justice of the European Union, Case C-413/13 FNV Kunsten Informatie en Media v Staat der Nederlanden (2014).
** 특히, 단체교섭이 유럽인권협약, 유럽사회헌장, 국제노동기구기본협약 및 유럽연합기본권헌장에 따라 보호되는 근본적인 개념이라는 정의와 양립할 수 없다. 다음을 참조할 것. N Countouris and V De Stefano, 'The Labour Law Framework: Self-Employed and Their Right to Bargain Collectively' in B Waas and C HieBl (eds), *Collective Bargaining for Self-Employed Workers in Europe, Bulletin of Comparative Industrial Relations* (Alphen aan den Rijn, Kluwer Law International, 2021), 3-17.

입함으로써 단체협약이 보장하는 권한을 누릴 수 있지만, 배달원, 운전자, 가사도우미는 그럴 수 없다는 역설을 낳는다.

베스퇴르 집행위원은 임기 초반에 이러한 불합리성을 언급한 뒤 이 문제를 시정하기 위해 노력하고 있다. 하지만 결코 쉬운 도전이 아니다. 집행위원회는 취약한 노동자들의 단체교섭 권리를 지지한다. 하지만 유럽연합의 여러 기관은 소기업과 자유직 분야의 경쟁을 위협한다는 우려 때문에 자영업자의 단체교섭권에 부정적이다. 플랫폼 노동에 관한 지침 초안이 발표된 바로 그날, 유럽연합집행위원회는 자영업자의 단체교섭에 관한 지침을 발표했다.* 이 지침은 "일인 자영업자, 즉 직원이 없고 서비스 제공을 위해 주로 자신의 노동에 의존하는 서비스 제공자"만을 대상으로 한다.[45] 일인 자영업자가 상대방과 단체교섭을 거쳐 합의한 단체협약은 유럽연합 경쟁법의 규제 대상에서 제외되며, 독점 금지 집행 시 우선순위에서 벗어난 것으로 간주된다.

이번 지침은 기존 경쟁법과 비교하면 한 단계 진일보했다고 볼 수 있다. 그러나 국제노동기구 및 유럽평의회 기준에 따라 단체교섭권이 필요하거나 그 권리를 가진 모든 노동자에게 효과적이고 견고한 보호를 제공하기에는 여전히 충분하지 않다.[46] 기존의 독점 금지 기준을 완전히 바꾸지 않는다면, 앞 장에서 논의한 개인 노동 접근 방식이 사회적 보호를 제

---

* Annex to the Communication from the Commission, Approval of the content of a Draft for a Communication from the Commission, Guidelines on the application of EU competition law to collective agreements regarding the working conditions of solo self-employed persons, C(2021) 8838 final. 또한 위원회는 지침에 따라 허용되거나 '용인되는' 단체협약을 지지하는 파업이 이러한 협약의 결론에 '필요하고' '비례적'이어야 한다고 요구한다. 파업의 최종 단계와 목표에 대한 이러한 검토는 파업권, 자영업자 보호, 국제노동기구 기준에 관한 여러 국가의 헌법 전통과도 양립할 수 없는 것으로 보인다.

공하는 데 훨씬 적합하다.⁴⁷

비정규직 노동자가 겪는 어려움은 비단 불리한 법체계에서 그치지 않는다. 몇 가지 실질적인 어려움을 꼽아 보자. 먼저, 비정규직 및 플랫폼 노동자는 협상력이 부족한데 이는 단기적인 업무 특성과 보복에 대한 두려움 때문에 더욱 심해진다.⁴⁸ 물리적(일정한 작업장이 없을 경우)·시간적(근무시간이 일정하지 않을 경우) 장벽, 혹은 언어(여러 국가에서 온 이주 노동자들이 많은 경우) 문제는 이들의 연대를 가로막는다. 노동자들은 각자의 이해에 따라 의제나 필요, 선호가 상충할 수 있으므로 공동 요구 사항에 대한 효과적인 동맹을 구축할 필요가 있다. 한편, 기업은 다양한 전략을 동원해서 노동자들의 조직화 시도를 봉쇄한다. 이들의 전략은 입법 개혁을 막기 위해 소비자를 동원하는 하향식부터 경영진의 반대와 위협에 이르기까지 다양하다.⁴⁹ 특히 기업은 디지털 기술을 사용해서 새로운 갈등을 억제하거나, 시위를 조직하고 이끄는 대표자를 미리 제거해⁵⁰ 행동주의의 핵심 세력을 무력화시켜 왔다.⁵¹ 더욱이 재고용과 이직에 대비해야 하는 노동자들은 평판과 등급에 끼치는 부정적인 영향을 고려해 단체 활동을 주저하는 경향이 있다.

그럼에도 긍정적인 측면은 플랫폼 노동자를 포함해 많은 '의존적' 자영업자들이 기존 노동조합에 가입하거나 새로운 풀뿌리 방식 운동을 결성하는 등 조직화하기 시작했다는 점이다. 특히 이러한 운동 방식은 재계와 일부 반독점 당국의 분노를 유발하기에 충분했다.⁵² 이것은 매우 긍정적인 변화다. 경쟁법의 경계에 있는 이러한 노동조합 활동이 없었다면, 유럽위원회가 문제를 해결할 가능성은 거의 없었을 것이다.

공교롭게도, 전 세계적으로 모든 종류의 플랫폼 노동자가 집결하던 시기에 비정규직 노동자의 (자기) 조직화가 이뤄지면서 언론들과 학자들의 이목이 쏠리고 있다. 최근 몇 년 동안 뉴욕, 밀라노, 런던, 파리, 바르셀로나뿐 아니라 부에노스아이레스, 나이로비, 델리, 벵갈루루에서도 단체행동이 급증했다.[53] 우버 운전자들은 요금 인하에 항의하거나, 고객으로부터 팁을 받을 수 있도록 소프트웨어 업데이트를 요구하는 파업에 돌입했다. 딜리버루, 우버이츠, 라피, 저스트잇, 글로보와 같은 플랫폼의 배달 기사들은 급여 인상을 요구하거나, 시간당 지급하던 보수를 성과급제로 전환하는 것에 반대하는 파업을 벌였다. 미국에서는 패스트푸드 체인점의 노동자와 가사 노동자, 요양 서비스 종사자 등 일용직 노동자들이 중심이 돼 최저 시급 15달러를 요구하는 '15달러를 위한 투쟁(Fight For 15)'을 펼치며 거리로 나섰다. 소매업, 레스토랑, 호텔, 청소 서비스 부문은 물론 일부 전문 직종 노동조합까지 이 풀뿌리 노동운동에 참여함으로써 대대적인 지원에 나섰다.[54]

최근 미국국방부가 추진 중인 드론과 인공지능을 이용한 안면 인식 프로젝트에 대한 비판에 앞장선 엔지니어들과 개발자들이 본격적인 조직화에 나섰다(이 군사 프로젝트에 참여한 구글은 프로젝트에서 손을 떼면서 반대 서명 운동을 주도한 직원 일부를 해고했다).[55] 그리고 세일즈포스, 마이크로소프트, 액센츄어, 구글, 태블로, 깃허브의 기술 노동자들은 미국 남부 국경에서 디지털 기술이 이민자와 라틴계 거주자의 인권 침해에 사용되는 것에 반대의 목소리를 높이고 있다.[56] 샌프란시스코 첨단 기술 산업계에서도 단체행동이 점점 늘어나고 있는데, 이들은 생산직의 파업(strike)과 구별하기 위해 자신들의 단체행동을 '출근거부파업(walk-outs)'이라 부른다. 진전에는 시간이 걸리겠지만, 첨단 기술 업계에도 조직적 집단화가 이뤄지고 있다는 사실 자체가 중요하다. 2020년 2월 이 업계의 상징적인 회사인 킥스타터에서 노동조합이 결성된 것은 그 증거라고 할 수 있다.[57]

안타깝게도 이러한 투쟁은 그 목표의 공통성에도 불구하고 특정 산업에 국한돼 있다. 하지만 유럽연합 규제 당국이 노동시장의 건전성과 혁신적 추진력을 조화시키기 위한 규제 틀을 정의하려고 노력하면서 노동자들의 집단적 움직임이 만들어지고 있다. 이러한 흐름은 10억 달러 이상 가치를 지닌 실리콘밸리 스타트업들의 불순한 꿈을 산산조각 내고 있다.[58] 플랫폼 노동자의 단체행동 덕분에 비평가들과 정책 입안자들이 스타트업 자체에 품고 있던 경외감은 어느 정도 사라졌다. 누군가는 분명히 '기술 중심 기업이 입은 새 옷'에 문제가 있다는 점을 지적해야 했다

비정규직의 집단적 움직임에 직면하자 제도권 노동조합마저 위기에 빠진 기존 조직을 수호하기 위해 힘을 합쳐야 할지, 아니면 새로운 분야의 활동가 집단을 이끌어야 할지 결정하지 못한 채 엉거주춤하고 있다. 국제적인 노동운동 풍경을 살펴보자면, 모든 산업 분야나 직종을 아우르는 광범위한 프로젝트부터 특정 산업이나 직종에 초점을 맞춘 '부문' 기반 프로젝트에 이르기까지 비정규직 집단화의 형태가 다양하다. 영국에서는 GMB와 같은 노동조합과 IWGB, UVW, IWW, ADCU 같은 '풀뿌리' 조직이 차별, 반노조 관행, 자동화된 의사 결정 및 정보 보호 위반과 같은 플랫폼의 불공정한 행위에 맞서는 운전자와 배달 기사에게 법적 지원을 제공하기 위해 나서고 있다. 미국에서 배달원들은 최대 노동조합 연맹인 AFL-CIO가 대표하는 운전자들과 동맹을 맺고 있다. 사람들이 상상하는 것보다 훨씬 더 노동집약적인 노동에 종사하는 비디오 게임 개발자들 역시 노동조합을 조직하기 시작했고, 심지어 유튜브 영상 원본 제작

자들과 트위치, 온리팬스 콘텐츠 제작자들도 플랫폼을 향해 목소리를 내기 시작했다. 독일의 전설적인 노동조합인 금속노조(IGMetal)는 이들을 위해 지원사격에 나섰다.[59] 금속노조는 오스트리아, 덴마크, 스웨덴, 미국, 캐나다에서 활동하는 노동조합 활동가들을 모으고 변호사와 경제학자의 도움을 받아, "디지털 봉건주의를 혁파"하고 "플랫폼에서 공정한 노동조건을 확보"하기 위해 다자간 초국적 협력을 촉구하는 행동 수칙을 마련했다. 이 행동 수칙은 노동자의 조직화과 선진국 중산층의 경제적 복지 사이에 밀접한 관계가 있음을 지적하고, 성과 평가, 직무 할당, 직무 내용 및 징계 조치를 관리하는 내부 시스템을 더욱 투명하게 만들 것을 제안한다.[60]

플랫폼 경제에서 저항은 피켓 시위, 연좌 농성 등 전통적인 형식으로 이뤄지지만, 폭풍 트윗이나 플래시몹처럼 최근에 유행하는 시위에서 영감을 얻은 온라인 저항 방식을 통해 파업 중인 동료를 지원하기도 한다. 최근 영국에서는 파업 중인 노동자들을 경제적으로 지원하기 위해 크라우드 펀딩에 나서는 등의 시위가 벌어지고 있다. 이와 동시에 사회학자인 트레버 숄츠가 예고한 바 있는 디지털 협동조합 운동의 지지자들은 거대 기술 기업과 "같은 경기장"에서 경쟁하면서, 노동자와 사용자가 공동으로 소유하는 "윤리적"이고 "민주적"인 플랫폼 구축을 위해 노력하고 있다.[61]

이 모든 움직임은 플랫폼의 재정에 타격을 입히고 고객의 분별 있는 소비를 촉구하는 것에 그 목표가 있다. 이들은 해당 기업의 이미지를 희화화해 기업 평판에 영향을 끼치고, 소셜 네트워크 해시태그를 사용하거나 '싫어요'를 누르며, 댓글 창에 부정적인 댓글을 등록한다. 그리스와 미국에서는 앱 마켓에서 일부 애플리케이션을 삭제하거나 애플리케이션의 등급을 낮추기 위해 노동자와 고객을 동원하기도 했다.[62] 이러한 운동을 조직하는 노동자들은 소셜 미디어 환경에 매우 익숙하다. 관리자가 왓츠앱을 사용해 그들을 소환하면, 이들은 텔레그램, 슬랙, 디스코드, 시그널을 통해 활동을 조직하고 정보를 교환한다.[63] 작업량에 대한 정보를 제공하고 노동자의 선택권과 목표에 대한 인식을 높이는 디지털 도구가 급증하고 있다. 아마존 미케니컬터크에서 일하는 노동자들은 열악한 노동 환경, 보수 지급 지연 행위, 노골적인 임금 착취를 피할 수 있도록 돕는 "터콥티콘(Turkopticon)"이라는 소비자 평가 시스템을 만들었다.[64] 또한 고객과 음식점이 비양심적인 플랫폼을 거부하도록 전단을 배포하고, 판촉 활동 기간이나 가장 붐비는 시간에 소프트웨어의 연결을 끊는 등 노동자들은 전통적인 쟁의 행위에 의존하기도 한다.

이러한 긍정적인 변화는 구조적으로 '조직되지 않거'나 '배제돼 있다'고 여겨졌던 노동자들 사이에서 강력한 인식과 저항, 실험적인 해결책이 나타나고 있다는 생각을 뒷받침한다. 이탈리아에서는 2018년 5월 노동조합과 배달원이 자발적으로 결성한 모임이 볼로냐 시의회의 지원을 받아 배달 대행 업체들과 단체협약을 체결했다. 이 '도시 환경 내 디지털 작업에 관한 기본권 헌장'은 시간당 임금이 업계의 가장 대표적인 노동조합이 서명한 단체협약상의 시간당 임금보다 낮지 않아야 한다고 규정한다. 더불어 유급휴가와 초과근무수당을 보장하며, 노동조건과 평가 시스템, 사고 및 질병에 대한 보험 관련 정보를 명시한다.[65] 이 협약은 또한 해당 지역에서 활동하는 모든 디지털 플랫폼 노동자의 노동조합 권리를 인정한다.

2018년 7월 덴마크 노동조합 3F와 청소 서비스 플랫폼 힐퍼 간에 또 다른 단체협약이 체결됐다. 이 단체협약에 따르면, 이전에 자영업자로 분류됐던 가사 노동자는 노동자가 거부하지 않는 한 100시간의 작업을 완료하면 직원으로 간주돼 노동조합의 권리가 인정된다. 또한 이 단체협약은 최저 시급 보장, 해고 시 보호 시스템, 개인정보 및 직업적 평판 보호를 위한 규정을 두고 있다. 힐퍼는 자영업자로 분류된 노동자에게 최소 수수료를 보장하는 정책을 채택하고 있는데, 덴마크 관계 당국은 이 정책이 독점 금지 조약을 위반하고 있다며 조사에 착수했다.[66]

2019년 2월 영국의 배송 업체인 헤르메스는 GMB 노동조합과 최저임금과 유급휴가를 보장하는 협약을 체결했다. 2020년 11월에는 이탈리아의 물류 및 운송 부문 주요 노동조합과 사용자 단체가 배달 라이더에 관한 새로운 기본 협약에 서명했다. 2021~2022년에는 음식 배달 업체인 저스트이트가 이탈리아 및 스페인의 노동조합과 단체협약을 체결했다.[67] 이들 협약에 따르면, 라이더는 직원으로 분류되고 관련 부문의 표준 계약 노동자와 동등한 대우를 받는다. 오스트리아, 독일, 노르웨이의 라이더들은 회사 차원에서 노동자 대표 기구와 노사협의회를 설립하는 데 성공했다.

이 모든 사례는 전형적인 비표준 고용 모델의 적용이 곧 디지털 경제의 지속 불가능성을 의미한다는 신화를 파괴할 뿐 아니라, 노동집약적인 비즈니스에서 고용과 노동 유연성이 상충하지 않는다는 점을 보여 준다. 더 중요한 점은 이러한 사례들이 초기의 (때로는 지속적인) 상호 불신에도 불구하고, 제도권 노동조합과 자체 조직 운동 간의 연합이 구축되고 있는 증거라는 사실이다. 마지막으로, 이러한 협약은 경쟁법을 지나치게 보수적으로 해석하는 관점에 도전한다. 유럽 및 국제 수준에서 노동조합을 결성할 권리는 자영업자나 피고용인에 상관없이 모든 노동자에게 주어진다. 노동조합 결성 권리는 자영업자를 포함한 모든 사람에게 부여돼야 하는 기본권이자 인권으로 널리 인식되는 것이다. 유럽인권재판소의 판례는 단체교섭권이 "자신의 이익을 보호하기 위해 노동조합의 결성 및 가입할 권리를 포함해 타인과의 결사의 자유"를 위한 본질적인 요소임을 확실히 했으며,[68] 단체교섭권을 보장하는 직종의 범위를 성직자까지 넓혔다.[69] 이와 유사한 '보편적' 접근 방식을 유럽사회헌장에서 찾을 수 있다. 유럽사회헌장은 많은 유럽연합 국가를 구속하는 또 다른 조약으로, 유럽위원회가 최근 언급한 것처럼 사회적 권리에 관해 헌장의 준수 여부를 모니터링한다. 유럽위원회에 따르면, 유럽사회헌장은 자영업자의 단체교섭권을 보호하고 있다.[70]

우리가 이 책에서 설명하려고 시도한 변화에 비춰 볼 때, 집단 권리에 대한 제한은 점점 더 정당화되기 힘들어지는 듯하다. 비단 유럽만이 아니다. 세계인권선언은 '모든 사람'이 자신의 이익을 보호하기 위해 노동조합을 결성하고 가입할 권리를 보장한다. 국제노동기구는 1948년에 제정된 '결사의 자유 및 단결권 보호에 관한 협약(87호)'과 1949년 '단결권 및 단체교섭권 협약(98호)'에 따라 결사의 자유와 단체교섭권의 실질적인 인정이야말로 전 세계 모든 국가의 모든 노동자에게 '차별 없이' 적용돼야 하는 권리라고 간주한다. 따라서 경쟁법을 자영업자에게 맹목적으로 적용하면 국제적으로 인정된 인권을 침해할 소지가 있다.[71]

이것은 반독점법만의 문제가 아니다. 기존 노동법에 대한 엄격한 해석은 플랫폼 노동자를 포함한 비정규직 노동자의 기본권을 쉽게 빼앗는다. 예를 들어, 영국의 딜리버루는 배달원이 자신의 작업을 다른 사람에게 넘길 수 있도록 하는 대체 조항을 삽입해 이들이 수행하는 작업이 '개인적'인 작업이 아니라는 점을 부각함으로써 배달원으로부터 단체교섭권을 배제할 수 있었다.[72] 이 조항이 플랫폼의 주장을 강화하기 위해 청문회 직전에 포함됐다는 사실에는 아무도 관심을 두지 않았다. 이러한 해석은 국제노동기구의 규정을 포함한 다양한 국제 기준과 맞지 않는다.[73]

이 모든 장애물에도 불구하고 배달 라이더, 운전기사, 기타 비정규직 노동자의 집단적 요구 및 단체행동이 늘어나고 있는데, 이는 노사 관계에 새로운 활력이 생겨나고 있음을 보여 준다. 초반에 약간의 망설임이 있었지만, 노동운동의 놀라운 부활에 힘입어 '제도권' 노동조합 역시 비정규직 노동자들의 투쟁에 힘을 보탠 것도 이러한 이유 때문이었다. 이른바 탈중개화 시대에도 디지털 전환을 협상하고 현재의 변화를 관리할 수 있는 조직된 단체와 대표 집단은 여전히 필요하다. 법적인 관점에서는 정규직과 자영업의 이분법적 구분과 그에 따른 부작용을 막는 것이 중요하다. 디지털 노동시장의 성격이 독과점에 가까운 지금, 소송이나 입법 개혁보다도 모든 수준에서 더 빠르고 유연하게 대응할 수 있는 수단 확보가 선행돼야 한다.[74] 집단적 목소리와 영향력을 확산할 수 있는 노사 단체협약은 그 수단 중 하나다.

이를 염두에 두고, 고용과 노동 보호 확대를 목표로 "주로 개인적으로 일하는"(여기서 '주로'는 영국 플랫폼 업체가 신중하게 고안해 성공적으로 사용했던 인력 대체 조항을 무력화시키는 역할을 한다) 모든 사람에게 단체교섭권을 부여하는 아이디어가 제안됐다.[75] 다양한 노력이 이뤄지고 있지만, 자영업자는 노동조합 권리를 법적으로 인정받을 자격이 없다는 통념을 부수기는 어렵다. 그리고 이러한 통념은 비표준 계약 노동자의 이익을 위한 연대 노력과 새로운 산업계에서 이뤄지는 노동조합의 광범위한 노력을 저해하고 있다.

노동의 미래가 플랫폼 노동자의 조직화에만 달려 있는 것은 아니다. 자동화, 인공지능, 알고리즘, 빅데이터는 우리의 성찰과 행동을 촉구한다. 직장과 일상생활에서 진행되고 있는 중대한 변화에 대한 우리의 집단적 대응이 필요하다. 수집되는 개인정보의 양은 물론 정보 수집 및 처리 방법을 제한하는 규정이 필요하다. 정보의 "관계적" 특성은 집단 수준의 대응을 필요로 한다.[76] 이것은 비단 사생활의 문제만이 아니다. 웨어러블 및 기타 사생활을 침해하는 장치 등 신기술을 통한 작업의 편성과 조정은 생산성 향상을 추구하되, 노동자의 차별, 건강 위험, 스트레스 증가로 이어지지 않는 방향으로 규제돼야 한다.

기술과 알고리즘 관리 시스템으로 가능해진 통제 메커니즘 역시 규제가 필요한 핵심 요소다. 인공지능이 개입해 작업 속도를 높이거나 생산을 강화하는 등의 문제를 결정할 때 인간이 최종 결정권을 갖는 것이 중요하다(특히 기계 학습 과정을 통해 평가 기준을 업데이트할 수 있을 때). 이 점은 자동화된 모니터링 시스템이나 알고리즘을 통해 수집한 정보에 근거해 징계 조처를 내릴 때도 동일하게 적용된다. 계량 분석에 기반한 직무 수행 평가 역시 집단으로 협상·합의돼야 한다. 평가 기준은 노동자에게 투명하게 공개되고 이해와 설명이 쉬워야 하며, 자의적이거나 차별적인 결과를 초래하지 않아야 한다.[77] 한층 강화된 사용자의 지배력을 약화시키기 위해서는 기존 규제를 동원해 선제적이고 집단적으로 권력을 행사해야 한다. 이러한 관리 기능은 특히 취약한 집단에 영향을 끼치기 때문이다.[78] 이것이 현대 노동의 세계에서 '인간 지휘(human-in-command)' 접근 방식을 보장하는 최소한의 필요조건이다.

인간이 자동화된 의사 결정을 감독하기 위해서는 새로운 기술에 유연하게 대응할 수 있는 규제가 필요하다. 일반 법률뿐 아니라 맞춤형 규정이 필요하며, 다양한 수준(초국가, 국가, 부문, 기업)에서 이 규정을 정립하는 것이 단체교섭의 핵심 과제다.[79] 개인정보보호법은 정보 접근 권한과 자동화된 의사 결정 결과에 이의를 제기할 수 있는 개인의 권리를 보장하지만, 이것만으로는 충분하지 않다. 개인이 자동화된 의사 결정의 광범위한 영향력에 맞서고자 할 때, 혁신의 복잡성에 따른 어려움을 홀로 떠안게 해서는 안 된다. 따라서 인력 관리와 규제에 사용되는 디지털 기술, 정보 수집, 알고리즘 활용을 단체협약의 범위에 포함시켜야 하며, 피해를 사후에 통제하는 방식에서 벗어나 투명성과 지속 가능성, 직장 내 인권 존중을 보장해야 한다. 또한 단체협약은 노동자의 활동으로부터 수집된 정보의 소유권 문제를 규제할 수 있으며, 디지털 기술과 데이터 수집을 통해 얻을 수 있는 경제적 가치를 재분배하기 위한 양자 또는 독립적인 기금을 설정할 수 있다. 다수의 국가와 중소기업처럼 단체교섭의 적용 범위가 넓지 않으면 전담 행정기관의 개입이 필요하다.

조심스럽지만 올바른 방향으로 향하는 입법 조치들이 등장하고 있다. 스페인의 새로운 라이더법(Ley Rider)에 따르면, 노동자 대표는 프로파일링을 포함해 노동조건과 작업 접근 및 유지 결정에 영향을 끼치는 인공지능, 알고리즘에 기반한 매트릭스, 규정 및 지침에 대해 의미 있는 정보를 얻을 권리가 있다. 이 라이더법은 노동자에게 제공해야 할 정보에 관해 명시한 유럽의 일반정보보호법 제13조와 제14조, 정보 접근 권한에 관한 제15조, 프로파일링 등 자동화된 의사 결정에 관한 제22조를 통합해 옮겨놓은 것과 유사하다.⁸⁰ 이 법은 인공지능을 기반으로 운영되는 사업과 관련한 모든 노동자에게 적용된다. 하지만 이 집단적 권리는 이의 제기나 구제 장치가 여전히 불충분하며, 개인정보권은 이 분야에 필요한 '선의에 의한 협상권(right to negotiate in good faith)'에 미치지 못한다. 그럼에도 이 새로운 법률은 사업장 감시를 제한하는 국가적 노력 및 정보 보호에 관한 일반적인 유럽연합의 법적 틀과 결합해, 알고리즘의 작동 방식과 의사 결정 과정에 대한 현대적인 이해에 이바지할 수 있다. 한편, 유럽연합 시장 자유화를 목표로 도입된 인공지능법(AI Act)과 같은 법은 노동자 대표에게 정보와 협의 권한, 공동 결정 및 거부권을 부여하는 식으로 노동권을 보호하는 수많은 국내 보호 장치에 위협이 될 수 있다.*

우리는 오랫동안 '알고리즘 협상'이 노동자와 회사의 주요 목표가 돼야 한다고 주장해 왔다.** 이는 최근 일부 전국 노동조합 운동에서 채택한 구호이기도 하다. 2017년에 국제산별노조연맹인 유니글로벌유니온은 윤리적 인공지능과 노동자 정보 처리에 관한 선도적인 제안을 발표했다.⁸¹

---

* J Niklas and L Dencik, 'What rights matter? Examining the place of social rights in the EU's artificial intelligence policy debate', *Internet Policy Review* (2021) 3, 10. 법의 효력을 제한하려는 여러 시도에 대해서는 다음을 참조할 것. M Heikkila, 'POLITICO AI: Decoded: Big Tech on the AI Act-AI inventors–Deepfakes.' (기업은 '법적 확실성'을 제공하는 명확하고 정확한 법이 필요하다고 말한다. 아이러니하게도 지나치게 명확하고 정확한 법은 기술의 발전 속도를 따라가지 못해 규제의 허점을 드러낼 수 있다. 반면에 법이 너무 광범위하면 수익을 창출하는 제품 대부분이 규제 대상에 포함되므로, 기업은 길고 비용이 많이 드는 법정 다툼에 휘말릴 수 있다.)

** V De Stefano, 'Negotiating the algorithm: automation, artificial intelligence and labour protection', *ILO Employment Working Paper*, No. 246. 현재 접근 방식의 가장 중요한 단점 가운데 하나는 정보 보호에 대한 개인주의적 개념이며, 이는 전략적 소송의 초기 성과에서도 분명히 드러난다. M Tisne, 'The Data Delusion: Protecting Individual Data Isn't Enough When the Harm Is Collective', (2020); P Townsend, 'Data Privacy Is Not Just a Consumer Issue: It's Also a Labor Rights Issue', *The Century Foundation Next 100* (14 May 2021).

또한 유럽사회적파트너협약(European Social Partners Framework Agreement)은 채용, 평가, 승진, 해고, 평가 분석과 같은 인적 자원 관리와 관련해 디지털화에 관한 정보의 투명성을 요구하고, 인공지능이 산출한 결과에 대해 개입, 반대, 시험할 권리가 노동자에게 있다고 명시하고 있다.[82] 더불어 플랫폼이 자동화된 감시 또는 의사 결정 시스템을 채택하거나 수정하기에 앞서 노동자 대표에게 알고리즘 관리에 대해 알리고 협의할 의무가 있다고 규정하고 있다.[83]

다양한 국가에서 이뤄지는 단체협약은 인간의 존엄성, 건강, 안전을 도모하기 위해 노동자 감시뿐 아니라 직원 관리에 사용되는 기술을 규제하는 방향으로 나아가고 있다. 노동조합과 사용자는 이미 실용적 관점에서 이 문제에 접근하고 있다.[84] 물론 이 과정은 쉽지 않으며, 관련한 모든 당사자의 노력이 필요하다. 무엇보다도 노동자, 경영진, 노동조합 활동가, 인적 자원 관리자가 기술이 부여하는 도전과 기회를 적절히 처리할 능력을 갖춰야 하며, 이를 위해서는 막대한 교육 투자가 필요하다. 이처럼 프로세스 규제와 집단 거버넌스를 갖추는 데는 오랜 시간이 걸린다. 그러나 우리 사회를 포괄적이고 응집력 있는 방식으로 개선하기 위해서 꼭 필요하다.

IT 사회의 해피 엔딩을 위해: 디지털 전환을 그 자체로부터 구하는 방법

모두가 노동의 미래에 관해 이야기한다. 그러나 수많은 예측은 대중의 관심을 떨어뜨릴 뿐 아니라 쟁점을 흐릴 위험이 있다. 생산 모델, 산업 정책, 노동권 상황, 노동의 질에 대한 모든 분석은 제롬 K. 제롬(Jerome K. Jerome)의 전언처럼, "일을 너무나 좋아해서 몇 시간이고 앉아서 지켜볼 수 있는"

소수 특권층의 학문적 활동으로 인식될 소지가 농후하다. 반면, 디지털 전환에 정면으로 맞서는 것은 중요한 메시지를 반복하는 역할을 한다. 즉 변화가 진행되고 있지만 기술은 통제 가능하며, 진보는 노동자의 권리 존중 및 강화와 함께 갈 수 있다.

인류는 무방비 상태가 아니다. 정책 논쟁은 '적은' 규제와 '더 강한' 규제 간의 이분법적 선택으로 귀결되곤 한다. 하지만 우리는 대중에게 사안의 긴급성을 알리기 위해 실용적인 현실주의와 구체적인 아이디어를 제안하고자 한다. 우리는 몇 년 전 독일 금속노조의 요청으로 긱 경제를 (무엇보다도 그 자체로부터) 구하기 위한 〈선언문〉 초안을 작성했으며, 다른 국제적 정책 제안들을 개선하기 위한 목록을 제안한 바 있다. 우리는 이 작업을 디지털 노동자를 위한 노동조합 결성 캠페인을 주도한 소프트웨어 엔지니어 식스 실버만(Six Silberman)과 함께했다.

하지만 이제 사회적 권리 증진 및 공정한 경쟁 보장과 진정한 혁신 사이의 균형을 맞추기 위해서는 제안 내용을 수정할 필요가 있다. 우리의 제안은 플랫폼에서 일하거나 알고리즘의 지배를 받는 사람들뿐 아니라, 단속적 계약 노동자, 노동시간을 예측할 수 없거나 불안정한 보수를 받는 많은 노동자에게도 적용된다. 여기서 우리가 제안하는 내용은 물론 완전 무결한 결론이 아니다. 이 내용은 '실리콘 마스터'뿐 아니라 정책 입안자와 사용자, 노동조합, 그리고 특히 노동자에게 전달될 것이다. 디지털 혁명이 우리에게 연대와 복지, 재분배 정책 포기를 요구한다고 가정하는 것은 명백한 잘못이며 지적 무능이다. 우리는 많은 것을 이룰 수 있다. 다음은 우리의 짧은 제안이다.

• **표준 고용 계약** 시장의 상당 부분을 장악한 플랫폼 기업은 대량 주문을 소화하는 파견 노동자에게 안정적인 고용 계약을 제공해야 한다. 기업이 수집한 데이터는 서비스 수요가 가장 높은 시간대와 기간을 분석하는 데 활용될 수 있으며, 이를 바탕으로 시간제 근무를 포함한 적정 고용 규모를 결정할 수 있다. 기업은 다른 협력자들을 합법적인 방식으로 활용함으로써 성수기와 비수기에 대처할 수 있다. 여러 사례들은 이러한 주장이 실현 가능함을 보여 주고 있다. 기업은 안정적인 인력을 확보함으로써 플랫폼 비즈니스 모델의 지속 가능성과 실행 가능성에 대한 명확한 메시지를 보낼 수 있으며, 많은 소비자와 투자자의 신뢰를 구축할 수 있다.

• **디지털 사업자를 위한 행동 규범** 플랫폼별 최저 보수 수준을 규제하고, 알고리즘 적용 기준에 대한 이해를 높이며, 온라인에서 교환되는 콘텐츠의 적법성을 보장하기 위해서는 2017년 독일의 크라우드워크 플랫폼들이 채택한 것과 유사한 행동 규범이 필요하다. 이러한 행동 규범은 비표준 노동의 모범 사례를 널리 알리고 제재 대상이 되는 행위 목록을 신속하게 제공하는 도구의 역할을 한다. 옥스퍼드인터넷연구소의 페어워크 프로젝트처럼, 최고와 최악의 플랫폼 노동 관행을 알리는 데 헌신하는 활동도 이 방면에서 매우 유용한 수단이다. 기술 설계는 플랫폼과 고객과 노동자의 관계에서 서로에 대한 기대치를 설정하고, 상호작용의 방식을 결정하며, 결과를 생산하는 데 결정적인 역할을 한다. 이제 내부 프로세스의 투명성과 경쟁 가능성을 촉진하는 사회적 책임 모델을 정의할 때다.

• **온라인 작업 수수료 지급에 대한 명확한 규칙** 수수료 지급에 대한 투명한 규칙을 제시해야 하며, 완성된 작업에 대해 고객이 거부 가능한 경

우를 명확하게 명시해야 한다. 수많은 온라인 플랫폼의 이용 약관은 고객이 품질이 불만족스럽다는 이유로 수수료를 지불하지 않고 최종 결과물을 보류할 수 있도록 허용한다. 노동자는 정보를 수집하고 의견을 제시할 수 있는 채널같이 고객의 결정에 이의를 제기할 기회를 제공받아야 한다(오늘날 흔히 발생하는 보복이나 계정 비활성화와 같은 조치는 배제돼야 한다). 결과물의 품질에 대한 갈등이 발생하면, 판단의 공정성이 보장된 중재인위원회와 같은 갈등 해결을 위한 시스템을 구상할 수 있다. 그렇지 않으면, 노동자가 주로 근무하는 국가의 법원에 보상을 요청할 수 있어야 한다(이는 사용자와 다른 국가에서 일하는 오프라인 노동자가 당면한 문제다).

- **외주 기업의 의무** 최근 많은 기업이 외주를 통해 인건비 절감을 시도하고 있다. 그러나 이러한 방식은 폐기돼야 한다. 비정규직 노동자의 고용이 단순히 비용 절감을 목적으로 정규직 노동자를 동일한 업무의 비정규직으로 대체하는 형태로 의심될 경우, 기존 단체협약을 참고해 노동시간, 임금, 고용 보호, 건강 및 안전 보험, 노동 수단 등에서 비정규직 노동자에게 적용된 조건의 공정성을 평가해야 한다. 이러한 규제는 플랫폼 기업에만 국한되지 않는다. 여러 국가가 법적·산업적 대응을 위해 다양한 조치를 시행해 왔으나, 우리는 이 전통을 머릿속에서 지워 버렸다. 유럽 차원에서 이 문제를 해결하려면, 모든 형태의 비표준 노동이 표준 노동과 실질적으로 동등한 대우를 받도록 보장하는 지침을 마련할 필요가 있다. 이 지침이 채택된다면, 비정규 노동 대우와 관련해 발생하는 여러 문제와 허점도 함께 해소할 수 있을 것이다.

- **보호 및 권리의 확대** 입법자들은 플랫폼을 넘어 노동 및 고용 보호의 범위를 확대하는 문제를 다루어야 한다. 새로운 형태의 노동을 제대로

보호하려면, 고용직과 자영업이라는 고전적 개념을 개혁하고 필요하다면 새로운 개념으로 대체해야 한다. 자영업자와 임금노동자를 구분하지 않고 보편적인 보호를 향해 나아가는 것이 앞으로 갈 길이다. 새로운 패러다임의 확실성을 높이고 노동자의 올바른 분류를 둘러싼 논쟁을 줄임으로써 사회적 비용과 예측 불가능성을 줄일 수 있다. 노동조합의 보호, 정보 보호, 건강 및 안전, 차별 금지와 같은 일부 권리는 유럽 수준의 국제법과 소송 덕분에 이미 새로운 길이 열리고 있다.

- **최소 시간 보장** 수많은 프리랜서가 활동하고 온라인에 일회성 일감이 넘치는 시대를 맞아, 임시직의 특성인 불안정성을 극복하는 방법을 파악하는 것이 중요하다. 우리는 플랫폼 안팎에서 임시직 노동시간을 좀 더 규칙적이고 예측 가능하도록 바꿀 수 있다. 예를 들어 제로 아워 계약을 제한하는 네덜란드의 사례로부터 힌트를 얻을 수 있다. 이 규제를 도입하면, 노동자는 이전 분기의 평균 노동시간을 기준으로 최저 시급을 보장받는다. 투명하고 예측 가능한 노동조건에 대한 새로운 유럽 지침에 따라 유럽연합 회원국은 2022년부터 유사한 계약 방식을 채택해야 한다.

- **유연한 노동 방식, 안정적인 권리** 디지털 플랫폼 노동을 선호하는 사람들, 좀 더 일반적으로 진정한 조직적 유연성을 추구하는 노동자들에게도 맞춤형 교대 근무와 장기 프로젝트 혹은 합리적인 기한이 있는 복잡한 프로젝트가 보장돼야 한다. 고용과 자영업의 구분이 유지되는 상태에서 노동자가 자영업자로 간주되는 경우라면, 자영업자에 대한 직접적인 감독 및 세부 지시는 물론 플랫폼과 고객 및 기타 주체의 개입 역시 가능한 한 제한돼야 한다. 유럽연합에서는 최근에 도입된 P2B[*] 규정 조항을 적

---

[*] P2B는 Person to Business 또는 Peer to Business의 약자로, 개인이 기업을 대상으로 서비스를

용해 이를 제약할 수 있다.[85] 원격 근무는 유연한 노동 방식의 한 형태로서 여전히 유용하다. 그러나 노동자의 조직적 자치, 건강한 일과 삶의 균형을 보장하기 위해서는 '접속을 끊을 권리'를 강화하는 방향으로 개선해야 한다. 기술은 사람을 감독하거나 노동자를 개별적으로 관리하는 등 비생산적으로 사용되지 않을 때만 비로소 사회에 도움이 된다.

• **비정규직 노동자를 위한 노동조합** 분열과 고립에도 불구하고 플랫폼 노동자와 진짜 자영업자, 가짜 자영업자 모두 노동조합을 조직하고 있으며, 국제 법체계는 이들이 노동조합을 조직할 권리를 인정하고 있다. 유럽위원회가 인정했듯이, 유럽연합과 회원국 모두 경쟁법에 대한 구시대적인 해석을 극복해야 한다. 동시에, 전통적인 노동조합은 비정규직 노동자들의 조직화 구상을 실질적으로 지원해야 한다. 다양한 의견을 하나로 묶어 교섭력을 강화하는 것은 노동운동의 존재 목적이다. 교섭력 강화는 풀뿌리 운동 그룹이 기존의 노동조합과 의사소통할 수 있도록 촉진하고, 특히 노동조합의 경험과 자원을 활용할 수 있도록 돕는다. 미국의 '15달러를 위한 투쟁'과 같은 캠페인은 전통적인 노동조합과 독립 집단 간의 협력이 얼마나 큰 성과를 거둘 수 있는지를 보여 준다.

• **정보의 이동 가능성과 상호 운용성** 디지털 세계에 남겨진 우리 삶의 흔적이 점점 더 중요해지고 있다. 온라인 평판에 의존하는 노동자에게는 더욱 그렇다. 플랫폼에서 획득한 평가와 작업 이력(서비스를 제공받은 고객, 노동자가 수행한 서비스)은 신뢰성과 전문성에 관한 개인의 이력서와 같은 역할을 한다. 이러한 평가와 작업 이력은 여러 정보 보호 기관에서 요청한 것처럼 '이동 가능'해야 한다. 또한 노동자의 디지털 경력이 다른 플랫

제공하거나 거래하는 형태를 가리킨다(옮긴이).

폼에서 똑같이 인정되도록 적응성과 상호 운용성을 보장해야 한다. 플랫폼 시장 안에서 노동자의 자유로운 작업 선택을 가로막는 비경쟁 계약 조항을 삭제해야 하며, 이 조항을 유지하려면 노동자에게 금전적인 보상이 따라야 한다. 면책과 독점이 아닌 사회적 권리의 이전 가능성과 상호 운용성에 기반해 더욱 유연한 해결책을 채택한 사회 보호 모델을 재창조하는 것은 미래로 향하는 우리가 수행해야 할 도전 과제다. 이 과정에서 점진적이고 체계적이며 영구적인 방식으로 비정규 노동자에 대한 보호를 확대해야 한다.

- **보편적 혜택과 복지 조건의 완화** 다양한 조건이 붙은 강제 보조금은 수혜자들을 질 낮은 일자리로 내몬다. 이는 비효율적인 기업에 이익이 될 뿐, 생산성이나 복지에서 모두에게 도움이 되지 않는다. 이런 이유로 일시적으로 직장을 잃은 사람들을 위한 혜택을 재설계하는 일은 더 이상 미룰 수 없는 과제다. 우리는 기존 모델을 재점검하고, 과도한 조건이 붙는 보조금 제도를 재고할 필요가 있다. 보편적 혜택은 노동 빈곤 타파와 궁핍으로부터의 해방을 목표로 노동 여부, 경제적 능력에 상관없이 지급돼야 한다. 특히 이 보편적 혜택 정책은 초국가적·지역적 차원에서 단체협약을 적용받지 못하는 노동자들의 최저임금 보호 강화를 위한 심층적 성찰과 결합돼야 한다.

- **알고리즘 상사에게 책임 묻기** 인공지능과 알고리즘은 관리자를 보완하거나 대체해 다양한 기능을 수행한다. 따라서 이에 대한 해결책은 정보 보호, 차별금지법, 산업 보건 및 안전과 같은 법적 영역뿐 아니라 광범위한 분야를 포괄해야 한다. 개인정보는 대부분 단독으로 사용되지 않으므로 노동조합의 영향력이 줄어들고 있는 현 상황에서도 직원들과의 정보

공유와 협의는 매우 중요하다. 이를 통해 이해하기 쉽고 검증 가능하며 공정한 데이터 기반 의사 결정 시스템을 맞춤형 방식으로 신속하게 구축할 수 있다. 노동자가 알고리즘 관리의 모든 단계(설계, 도입, 시행, 유지 관리, 개선)에 관여하게 되면 조직의 활동이 더욱 강화된다. 이러한 노동자의 참여는 특정 목적에 꼭 필요한 정보만 처리되도록 보장하는 '정보 보호 기본 설정(privacy by default)' 모델을 채택한 전문 집단의 신뢰를 구축하는 데 크게 이바지할 것이다. 플랫폼 작업에 대한 유럽연합 지침 중 알고리즘 관리에 관한 조항은 좀 더 강화돼야 하겠지만, 일단 올바른 방향으로 나아가고 있다.

• **디지털 전환에 대해 협상하기** 기업은 일자리를 대체하거나 작업장 내 신기술 도입, 빅데이터 및 인공지능 사용 등을 결정할 때 노동자 또는 노동조합과 협상해야 한다. 사람들의 삶과 일에 중대한 영향을 끼치는 공적·사적 결정을 객관성으로 위장한 기계가 내려서는 안 된다. 단체협약과 모범 사례, 노동 규정은 인간이 지휘하는 접근 방식을 보장하고, 정보가 투명하고 유용하게 사용되도록 할 것이다. 기록이 보여 주는 것처럼,[86] 노동자 참여를 활성화한 방식은 생산성에 긍정적인 영향을 끼친다. 따라서 정부는 기업에 구조 조정과 기술 혁신을 위한 인센티브를 제공할 때, 사회적 파트너 간 합의 여부와 합의 내용의 준수 여부를 연계함으로써 이해 당사자들 간 사회적 대화를 장려해야 한다. 노동자들은 디지털 문해력을 기르고 기업에서 제공하는 교육을 이수함으로써 기술의 가치 하락에 대응하고 정보 권한을 행사해야 한다. 앞으로 도입될 더욱 포괄적인 협약은 노동시장 세분화를 막기 위해 고용 상태와 관계없이 모든 노동자를 보호하는 조항을 포함하는 것을 목표로 해야 한다. 이러한 협약은 경쟁력의

약화나 배제를 통한 손실을 피하면서 상호 신뢰를 강화하는 데 이바지할 것이다.

기술의 미래와 노동의 미래는 정해져 있지 않다. 이들의 미래가 불가해하고 불변하는 자연법칙에 따라 변화하는 것도 아니다. 디지털화, 노동, 자동화, 사회적 권리 모두 너무나 인간적인 과정이며, 집단 스스로 설정한 규칙에 따라 달라진다. 인류의 미래를 컴퓨터 프로그래머나 실리콘 밸리의 CEO, 대규모 디지털 감시 도구 혹은 알고리즘 관리 도구를 만들고 판매하는 사람들의 결정에 전적으로 맡겨 둘 수 없다. 혁신에 대한 논쟁은 좋은 일자리 창출의 시급성과 밀접한 관련이 있다. 논의가 점점 명확해지면서 드러나는 공통 맥락은 겉보기에 단절된 것처럼 보였던 문제가 모두 연결돼 있으며, 우리의 책임임을 명확히 한다. 국제노동기구가 창립 이후 줄곧 주장해 왔듯이 "노동은 상품이 아니다. 그리고 노동은 기술도 아니다."

주

프롤로그

1 K Roose, *Futureproof : 9 Rules for Humans in the Age of Automation* (London, Hachette UK, 2021).
2 일반적으로 다음을 참조할 것. VB Dubai, 'The Drive to Precarity: A Political History of Work, Regulation, & Labor Advocacy in San Francisco's Taxi & Uber Economies', *Berkeley Journal of Employment and Labor Law* (2017) 38(1), 73-136.
3 L Hyman, *Temp. How American Work, American Business, and the American Dream Became Temporary* (New York, Viking Press, 2018).
4 J Susskind, *Future Politics: Living Together in a World Transformed by Tech* (Oxford, Oxford University Press, 2018).
5 C O'Murchu, 'Facial recognition cameras arrive in UK school canteens', *Financial Times* (17 October 2021).
6 S Kessler, *Gigged: The Gig Economy, the End of the Job and the Future of Work* (New York, Random House, 2018). 다음도 참조할 것. G Valenduc and P Vendramin, *Work in the digital economy: sorting the old from the new* (Brussels, European Trade Union Institute, 2016).
7 PV Moore, M Upchurch and X Whittaker, *Humans and machines at work: Monitoring, surveillance and automation in contemporary capitalism* (Cham, Palgrave Macmillan, 2018).
8 ML Gray and S Suri, *Ghost Work: How to Stop Silicon Valley from Building a New Global Underclass* (New York, Eamon Dolan/Houghton Mifflin Harcourt, 2019).
9 다음을 참조할 것. K Roose, 'Farewell, Millennial Lifestyle Subsidy', *The New York Times* (8 June 2021).
10 CB Frey, *The Technology Trap. Capital, Labor, and Power in the Age of Automation* (Princeton, Princeton University Press, 2019).
11 A Bogg and M Freedland, 'Labour Law in the age of populism: towards sustainable democratic engagement' in J López Labor (ed), *Collective Bargaining and Collective Action. Labour Agency and Governance in the 21st Century?* (London, Bloomsbury Publishing, 2019).
12 T Novitz, 'Why Brexit will be bad for workers', *Futures of Work*, (19 November 2018).
13 S Deakin, 'Luddism in the age of Uber', *Social Europe*, (3 November 2015). 다음도 참조

할 것. D Susskind, *A World Without Work: Technology, Automation and How we Should Respond* (London, Penguin, 2020).
14 어떤 의미에서는 A McAfee and E Brynjolfsson, *Machine, Platform, Crowd: Harnessing our Digital Future* (New York, WW Norton & Company, 2017)에서 설명한 세 항목에 대해 다시 쓴 것이다.

1. 노동 없는 미래?

1   K Schwab, 'The Fourth Industrial Revolution. What It Means and How to Respond', *Foreign Affairs* (12 December 2015).
2   J Suzman, *Work. A History of How We Spend Our Time* (London, Bloomsbury, 2020).
3   이 논쟁에 대한 비판적 관점은 다음을 참조할 것. M Vivarelli, *Innovation and employment: A survey* (IZA Discussion papers, No. 2621, 2007).
4   C Estlund, Automation Anxiety, *Why and How to Save Work* (Oxford, Oxford University Press, 2021).
5   RE Susskind and D Susskind, *The Future of the Professions: How Technology will Transform the Work of Human Experts* (Oxford, Oxford University Press, 2015).
6   S Kolhatkar, 'Welcoming Our New Robot Overlords', *The New Yorker* (23 October 2017).
7   DH Autor, 'Why are there still so many jobs? The history and future of workplace automation', *The Journal of Economic Perspectives* (2015) 29(3), 3-30.
8   C Mims, 'New Research Busts Popular Myths About Innovation', *The Wall Street Journal* (18 September 2021).
9   G Mundlak and J Fudge, 'The Future of Work and The Covid-19 Crisis', *Futures of Work* 5 (June 2020).
10 D Acemoglu and P Restrepo, 'Automation and new tasks: How technology displaces and reinstates labor', *Journal of Economic Perspectives* (2019) 33(2), 3-30.
11 I Ferreras, *Firms as Political Entities: Saving Democracy Through Economic Bicameralism* (Cambridge, Cambridge University Press, 2017). 다음도 참조할 것. A Lowrey, 'Low-Skill Workers Aren't a Problem to Be Fixed', *TheAtlantic* (23 April 2021).
12 The Economist, 'Robots Threaten Jobs Less Than Fearmongers Claim', *The Economist* (10 April 2021). JE Smith, *Smart Machines and Service Work: Automation in an Age of Stagnation* (London, Reaktion Books, 2020), 76.
13 W Knight, 'Now You Can Rent a Robot Worker-for Less Than Paying a Human', *Wired* (18 January 2022).
14 A Georgieff and A Milanez, 'What Happened to jobs at High Risk of Automation?', *OECD* (25 January 2021).
15 Future of Work Commission, 'The Impact of Automation on Labour Markets: Interactions with Covid-19', *IFOW* (2021).

16 S Amrute, 'Automation Won't Keep Front-Line Workers Safe', *Slate* (9 April 2020).
17 S Amrute, A Rosenblat and B Callaci, 'Why Are Good Jobs Disappearing if Robots Aren't Taking Them?', *Points Data&Society* (16 June 2020).
18 K Crawford, *The Atlas of AI* (New Haven, CT, Yale University Press, 2021).
19 A Lindbeck and DJ Snower, *The Insider-Outsider Theory of Employment and Unemployment* (Cambridge, MA, The MIT Press, 1988); T Boeri and P Garibaldi, 'Two tier reforms of employment protection: A honeymoon effect?', *The Economic Journal* (2007) 117(521), 357-85.
20 JM Keynes, 'Economic Possibilitiesfor our Grandchildren', *Essays in Persuasion* (New York, Harcourt Brace, 1930) 358-73. A Toffier, *Future Shock* (New York, Random House, 1970); D Ricardo, *Principles of political economy and taxation* (London, G Bell & Sons, 1891); D Bell, 'The Coming of the Post-Industrial Society', *The Educational Forum* (1976) 40(4), 574-79; J Rifkin, *The End of Work:The Decline of the Global Labor Force and the Dawn of the Post-Market Era* (New York, GP Putnam's Sons, 1995).
21 M Arntz, T Gregory and U Zierahn, 'The risk of automation for jobs in OECD countries: A comparative analysis', *OECD Social, Employment and Migration Working Paper, No. 189* (2016).
22 OECD, *OECD Employment Outlook 2019: the future of work* (Paris, OECD Publishing, 2019).
23 DH Autor, 'Why Are There Still So Many Jobs? The History and Future of Workplace Automation', *The journal of Economic Perspectives* (2015) 29(3), 3-30.
24 E Morath, 'Automation isn't killing jobs, study says, but may be keeping income in check', *The Wall Street Journal* (8 March 2018).
25 DH Autor, 'The 'task approach' to labor markets: an overview', *NBER Working Paper*, No. 18711, (2013). DH Autor and D Dorn, 'The growth of low-skill service jobs and the polarization of the US labour market', *American Economic Review* (2013) 103(5), 1553-97.
26 E Anthes, 'The shape of work to come: Three ways that the digital revolution is reshaping workforces around the world', *Nature* (2017) 550, 316-19.
27 DH Autor, 'Polanyi's Paradox and the Shape of Employment Growth', *NBER Working Paper*, No. 20485, (2014).
28 M Polanyi, *The Tacit Dimension* (London, Routledge & Kegan Paul, 1967). G Colvin, *Humans Are Underrated: What High Achievers Know That Brilliant Machines Never Will* (London, Penguin, 2016).
29 S Raisch and S Krakowski, 'Artificial Intelligence and Management: The Automation-Augmentation Paradox', *Academy of Management Review* (2021) 46(1), 192-210; E Stewart, 'Robots were supposed to take our jobs. Instead, they're making them worse', *Vox* (2 July 2021).

2. 디지털은 정치적이다

1. A Lo Faro, 'Core and contingent work: a theoretical framework' in E Ales, O Deinert and J Kenner (eds), *Core and Contingent Work in the European Union: A Comparative Analysis* (Oxford, Hart Publishing, 2017), 7-23.
2. T Bradshaw and A Mooney, 'Disaster strikes as Deliveroo becomes "worst IPO in London's history"', *Financial Times* (31 March 2021).
3. G Barber, 'This Company Hires Gig Workers-as Employees', *Wired* (13 January 2021).
4. JE Cohen, 'What Privacy is For', *Harvard Law Review* (2013) 126, 1904-33.
5. S Giubboni, '《In a spirit ofsolidarity between Member States》. Noterella a prima lettura sulla proposta della Commissione di una 《cassa integrazione europea》', *Eticaeconomia menabò* (6 April 2020). M Ferrera, J Miró and S Ronchi, 'Walking the road together? EU polity maintenance during the COVID-19 crisis', *West European Politics* (2021) 55(5-6), 1329-52.
6. R Solow, 'We'd Better Watch Out', *New York Times Book Review* (12 July 1987). 그리고 J Triplett, 'The Solow Productivity Paradox:What Do Computers Do to Productivity?', *The Canadian Journal of Economics* (1999) 32(2), 309-34.
7. 다음도 참조할 것. M Sandbu, 'Europe's social model is a source of productivity', *Financial Times* (4 May 2021).
8. OECD, *Negotiating Our Way Up: Collective Bargaining in a Changing World of Work* (Paris, OECD Publishing, 2019).
9. A Toeffler, *The Third Wave: The Classic Study of Tomorrow* (Bantam, New York, 1980).
10. DA Spencer, 'Fear and hope in an age of mass automation: debating the future of work', *New Technology, Work and Employment* (2018) 33(1), 1-12.
11. 'Artificial intelligence-The consequences of artificial intelligence on the (digital) single market, production, consumption, employment and society', *own-initiative opinion* (2017/C 288/01).
12. Ibid. 아울러 다음도 참조할 것. I Bartoletti, *An Artificial Revolution: On Power, Politics and AI* (London, Indigo Press, 2020).
13. JAT Fairfield, *Runaway Technology: Can Law Keep Up?* (Cambridge, Cambridge University Press, 2021), 5. 다음도 참조할 것. S Deakin and C Markou, 'The Law-Technology Cycle and the Future of Work', *Giornale di diritto del lavoro e di relazioni industriali* (2018) 158(2), 445-62. 한편, 다음 글도 참조할 것. GE Marchant et al (eds), *The Growing Gap Between Emerging Technologies and Legal-Ethical Oversight: The Pacing Problem* (New York, Springer, 2011).

3. '남아 있는 일자리'의 운명

1. P Holland and A Bardoel, 'The impact of technology on work in the twenty-first

century : exploring the smart and dark side', *The International Journal of Human Resource Management* (2016) 27(21), 2579-80.
2. GS Lowe, *The Quality of Work: A People-Centred Agenda* (Oxford, Oxford University Press, 2000).
3. E Brynjolfsson and A McAfee, *The Second Machine Age: Work, Progress, and Prosperity in a Time of Brilliant Technologies* (New York, WW Norton & Company, 2014).
4. C Estlund, 'What Should We Do after Work: Automation and Employment', *Yale Law Journal* (2018) 128(2), 257-326.
5. B Merchant, 'Amazon's first fully automated factory is anything but', *The New York Times* (21 October 2019).
6. B Rogers, *Data and democracy* (Cambridge MA, MIT Press, 2022). 다음도 참조할 것. N Scheiber, 'Inside an Amazon Warehouse, Robots Ways Rub Off on Humans', *The New York Times* (3 July 2019).
7. A Mateescu and MC Elish, 'AI in context, the labor of integrating new technologies', *Data & Society* (2019).
8. 예를 들면, 다음을 참조할 것. B Heater and K Korosec, 'Walmart reportedly ends contract with inventory robotics startup Bossa Nova', *TechCrunch* (3 November 2020).
9. B Merchant, 'There's an automation crisis underway right now, it's just mostly invisible', *Gizmodo* (11 October 2019).
10. T Lamont, 'The student and the algorithm: how the exam results fiasco threatened one pupil's future', *The Guardian* (18 February 2021).
11. DK Citron, 'Technological Due Process', *Washington University Law Review* (2007) 85, 1249-1313.
12. Algorithm Watch, 'Automating Society Report', *automatingsociety .algorithmwatch. org* (October 2020).
13. F Pasquale, *New Laws of Robotics* (Cambridge MA, Harvard University Press, 2020).
14. E Di Nicola, *La dissolvenza del lavoro* (Roma, Ediesse, 2019).
15. V De Stefano, A Aloisi and N Countouris, 'The Metaverse is a labour issue', *Social Europe* (1 February 2022).
16. K Schwab, *The Fourth Industrial Revolution* (Geneva, World Economic Forum, 2016).

4. 노동 환경을 변화시키는 기술

1. G Leonhard, *Technology vs. Humanity: The coming clash between man and machine* (Kent, UK, Fast Future Publishing, 2016). 다음도 참조할 것. A Azhar, *Exponential: How Accelerating Technology Is Leaving Us Behind and What to Do About It* (London, Random House, 2021).
2. G Vardaro, 'Tecnica, tecnologia e ideologia della tecnica nel diritto del Javoro' in L Gaeta, AR Marchitiello and P Pascucci (eds), *Itinerari* (Milano, Franco Angeli, 1989),

231-308.

3 JY Chen and JL Qiu, 'Digital Utility: Datafication, Regulation, Labor, and DiDi's Platformization of Urban Transport in China', *Chinese Journal of Communication* (2019) 12(3), 274-89. 다음도 참조할 것. N Srnicek, 'The Only Way to Rein in BigTech Is to Treat Them as a Public Service', *The Guardian* (23 April 2019).

4 A Toffler, *Future shock* (New York, Random House, 1970). 다음도 참조할 것. EG Popkova, YV Ragulina and AV Bogoviz, 'Fundamental Differences of Transition to Industry 4.0 from Previous Industrial Revolutions', *Industry 4.0: Industrial Revolution of the 21st Century* (Cham, Springer, 2019), 21.

5 Art 4(1), Regulation (EU) 2016/679 of 27 April 2016 on the protection of natural persons with regard to the processing of personal data and on the free movement of such data (GDPR). H Schildt, *The Data Imperative: How Digitalization is Reshaping Management, Organizing, and Work* (Oxford, Oxford University Press, 2020).

6 PV Moore and J Woodcock (eds), *Augmented Exploitation: Artificial Intelligence, Automation, and Work* (London, Pluto Press, 2021). S Adler-Bell and M Miller, 'The datafication of employment, Report on surveillance and privacy', *The Century Foundation* (19 December 2018).

7 S Zuboff, 'Big other: Surveillance capitalism and the prospects of an information civilization', *Journal of Information Technology* (2015) 30(1), 75-89. J Cheney-Lippold, *We Are Data: Algorithms and the Making of Our Digital Selves* (New York, New York University Press, 2017)도 참조할 것.

8 S Zuboff, *In the Age of the Smart Machine: The Future of Work and Power* (New York, Basic Books, 1988). 다음도 참조할 것. V Mayer-Schonberger and K Cukier, *BigData: A Revolution That Will Transform How we Live, Work, and Think* (Boston MA, Houghton Mifflin Harcourt, 2013).

9 주로 다음을 참조할 것. R Milkman, *Farewell to the Factory* (Berkeley, University of California Press, 1997); A Goldstein, *Janesville: An American Story* (New York, Simon and Schuster, 2017).

10 J Russo and S Lee Linkon, 'The social costs of deindustrialization', *Manufacturing a better future for America* (2009), 183-216.

11 A Benanav, *Automation and the Future of Work* (London, Verso, 2020).

12 Eurostat, 'Three jobs out of four in services', (2019).

13 Eurofound, *The future of manufacturing in Europe* (Luxembourg, Publications Office of the European Union, 2019).

14 S Helper, E Reynolds, D Traficonte and A Singh, *Factories of the Future: Technology, Skills, and Digital Innovation at Large Manufacturing Firms* (MIT Work of the Future Research Brief, 2021).

15 Eurofound, *Game changing technologies: Exploring the impact on production processes and work* (Luxembourg, Publications Office of the European Union, 2018).

16 R Baldwin, *The Globotics Upheaval: Globalization, Robotics, and the Future of Work*

(Oxford, Oxford University Press, 2019).

17 A Merkel, 'Speech by Federal Chancellor Angela Merkel to the OECD Conference' (2014).

18 Gartner, 'Forecasts Global Spending on Wearable Devices to Total $81.5 Billion in 2021', *Gartner* (12 January 2021).

19 B Gutelius and N Theodore, 'The future of warehouse work: technological change in the U.S. Logistics Industry' (UC Berkeley Labor Center-Working Partnerships USA); G Winant, 'Life under the algorithm', *The New Republic*, (4 December 2019).

20 C Mims, *Arriving Today: From Factory to Front Door-Why Everything Has Changed About How and What We Buy* (London, Harper Collins, 2021); A MacGillis, *Fulfillment: Winning and Losing in One-Click America* (New York, Farrar, Straus and Giroux, 2021).

21 S O'Connor, 'Amazon unpacked', *Financial Times* (8 February 2013).

22 K Votavova, 'In Central Europe, Concern Over Toll, Fairness of Amazon Algorithms', *Balkan Insight* (13 September 2021).

23 SOC, 'Primed for Pain: Amazon's Epidemic of Workplace Injuries'. https://thesoc.org/amazonprimed-for-pain/.

24 S O'Connor, 'Why I was wrong to be optimistic about robots', *Financial Times* (9 April 2021). 다음도 참조할 것. S Soper, 'Amazon Delivery Partners Rage Against the Machines: "We Were Treated Like Robots"' *Bloomberg* (7 October 2021).

25 W Evans, 'How Amazon hid its safety crisis', Real News (29 Sumpter 2020). 가혹한 노동 조건은 창고에만 한정되지 않는다. 다음을 참조할 것. D Politi, 'Amazon Admits Drivers Sometimes Have to Pee in Bottles While on the Job', *Slate* (4 April 2021).

26 C O'Neil and others, 'Burnout by design? Warehouse and shipping workers pay the hidden cost of the holiday season', *The Conversation* (29 November 2021).

27 MC Carrozza, *The Robot and Us. An 'antidisciplinary' perspective on the scientific and social impacts of robotic* (Cham, Springer, 2019).

28 Recital n. 1, Civil Law Rules on Robotics, European Parliament resolution of 16 February 2017 with recommendations to the Commission on Civil Law Rules on Robotics (2015/2103(INL)) (2018/C 252/25).

29 B Ng, 'Could Robots From Boston Dynamics Beat Me in a Fight?', *The New York Time Magazine* (8 September 2021).

30 HR Ekbia, Artificial dreams: *The quest for non-biological intelligence* (Cambridge, Cambridge University Press, 2008).

31 UNDP Asia and Pacific, 'UNDP in Asia and the Pacific appoints world's first non-human innovation champion', (2017).

32 Civil Law Rules on Robotics, European Parliament resolution of 16 February 2017 with recommendations to the Commission on Civil Law Rules on Robotics (2015/2103(INL)) (20 18/C 252/25).

33 주로 다음을 참조할 것. J Turner, *Robot rules: regulating artificial intelligence* (Cham, Palgrave Macmillan, 2018); DJ Gunkel, *Robot Rights* (Cambridge, MIT Press, 2018).

34 Vincent, 'Pretending to give a robot citizenship helps no one', *The Verge*, (30 October 2017). 다음도 참조할 것. JJ Bryson, 'Patiency is not a virtue: The design of intelligent systems and systems of ethics', *Ethics and Information Technology* (2018) 20, 15-26.

35 E Guendelsberger, *On The Clock: What Low-Wage Work Did to Me and How It Drives America Insane* (Boston, Little, Brown and Company, 2019).

36 B Veneziani, 'Le nuove forme di lavoro' in R Blanpain and M Biagi (eds), *Diritto del lavoro e relazioni industriali nei Paesi industrializzati ad economia di mercato. Projili comparati, I. Diritto del lavoro* (Rimini, Maggioli, 1991), 107-39.

37 ILO, *Teleworking During the COVID-19 Pandemic and Beyond: A Practical Guide* (Geneva, International Labour Office, 2020). 다음도 참조할 것. C Warzel and AH Petersen, *Out of Office: The Big Problem and Bigger Promise of Working from Home* (New York, Knopf Publishing Group, 2021).

38 J Crary, *24/7: Late capitalism and the ends of sleep* (London-New York, Verso, 2013).

39 T Makimoto and D Manners, *Digital nomad* (Chichester, Wiley, 1997).

40 G Mari, *Liberta nel lavoro. La sjida della rivoluzione digitale* (Bologna, II Mulino, 2019). 다음도 참조할 것. AJ Martin, JM Wellen and MR Grimmer, 'An eye on your work: How empowerment affects the relationship between electronic surveillance and counterproductive work behaviours', *The International Journal of Human Resource Management* (2016) 27(21), 2635-51.

41 Eurofound and International Labour Office, *Working anytime, anywhere: The effects on the world of work* (Luxembourg, Publications Office of the European Union and Geneva, International Labour Office, 2017).

42 T Alon, Titan, M Doepke, J Olmstead-Rumsey and M Tertilt, 'The impact of the coronavirus pandemic on gender equality', *Covid Economics Vetted and Real-Time Papers* (2020) 4, 62-85.

43 ETUC, Business Europe, CEEP and UEAPME (2002), 'Framework agreement on telework'.

44 E Defilippis, SM Impink, M Singell, JT Polzer and R Sadun, 'Collaborating During Coronavirus : The Impact of COVID-19 on the Nature of Work', *National Bureau of Economic Research* (2020). No. w27612.

45 Eurofound and Cedefop, *European Company Survey 2019: Workplace practices unlocking employee potential* (Luxembourg, Publications Office of the European Union, 2020).

46 A Aloisi and V De Stefano, 'Essential jobs, remote work and digital surveillance. Addressing the Covid 19 pandemic panopticon', *International Labour Review* (2022) 161 (2).

47 The Economist, 'Covid-19 Has Forced a Radical Shift in Working Habits', *The Economist* (12 September 2020).

48 D Thompson, 'Hard Work Isn't the Point of the Office', *The Atlantic* (21 September 2021).

49 JM Jensen and JL Raver, 'When Self-Management and Surveillance Collide:

Consequences for Employees, Organizational Citizenship and Counterproductive Work Behaviors', *Group & Organization Management* (2012) 37(3), 336-38; PJ Holland, B Cooper and R Hecker, 'Electronic monitoring and surveillance in the workplace: The effects on trust in management, and the moderating role of occupational type', *Personnel Review* (2015) 44(1), 170-71.

50 E Hafermalz, 'Out of the Panopticon and Into Exile: Visibility and Control in Distributed New Culture Organizations', *Organization Studies* (2020) 42(5), 697-717. GF Delfino and B Van Der Kolk, 'Remote Working, Management Control Changes and Employee Responses During the COVID-19 Crisis', *Accounting Auditing & Accountability Journal* (2021) 34(6), 1376-87.

51 S Migliano, 'Employee Surveillance Software Demand up 51% Since Start of Pandemic', *Topl O VPN* (18 November 2020).

52 TUC, 'Technology Managing People-The Worker Experience', *TUC*, (2020); R Allen QC and D Masters, 'Technology Managing People-The Legal Implications', *TUC* (2021).

53 D Abril and D Harwell, 'Keystroke tracking, screenshots, and facial recognition: The boss may be watching long after the pandemic ends', *The Washington Post* (24 September 2021); D Harwell, 'Contract lawyers face a growing invasion of surveillance programs that monitor their work', *The Washington Post* (11 November 2021).

54 D Harwell, 'Managers turn to surveillance software, always-on webcams to ensure employees are (really) working from home', *The Washington Post* (30 April 2020).

55 B Cyphers and K Gullo, 'Inside the Invasive, Secretive "Bossware" Tracking Workers', *EFF* (30 June 2020).

56 A Nguyen, 'On the Clock and at Home: Post-COVID-19 Employee Monitoring in the Workplace', *SHRM* (Summer 2020).

57 C Tucker, 'Privacy, Algorithms, and Artificial Intelligence' in A Agrawal, J Gans and A Goldfarb, *The Economics of Artificial Intelligence: An Agenda* (Chicago, University of Chicago Press, 2018).

58 Eurofound, *Right to disconnect: Exploring company practices* (Luxembourg, Publications Office of the European Union, 2021).

59 T Bateman, 'Portugal makes it illegal for your boss to text you after work in "game changer" remote work law', *EuroNews* (11 November 2021). 다음도 참조할 것. A Kersley, 'Portugal's Home Working Laws Are a Model for the Post-Pandemic World', *Tribune* (20 November 2021).

60 Case C-266/14 Federación de Servicios Privados de/ sindicato Comisiones obreras (CC.00.) v Tyco Integrated Security SL and Tyco Integrated Fire & Security Corporation Servicios SA [2016] 1 C.M.L.R.22.

61 S Jaffe, *Work Won't Love You Back: How Devotion to Our Jobs Keeps Us Exploited, Exhausted, and Alone* (New York, Bold Type Books, 2021). 다음도 참조할 것. RA Ventura, *Teoria de/la classe disagiata* (Rome, minimum fax, 2017); S Lorusso,

  Entreprecariat (Brescia, Krisis Publishing, 2018).
62 L Widdicombe, 'The WeWork Documentary Explores a Decade of Delusion', *The New Yorker* (5 April 2021). 다음도 참조할 것. M Isaac, *SuperPumped, The Battle for Uber* (New York, W. W. Norton, 2019).
63 S Lund, A Madgavkar, J Manyika, S Smit, K Ellingrud, M Meaney and O Robinson, *The future of work after COVID-19* (McKinsey Global Institute, 2021).
64 I Ajunwa, 'The Algorithmic Capture of Employment and The Tertius Bifrons', *LPE Project* (10 May 2020). 다음도 참조할 것. S Zuboff, *The Age of Surveillance Capitalism: The Fight for a Human Future at the New Frontier of Power* (London, Profile Books, 2019). 하지만 다음을 참조할 것. R Morozov, 'Capitalism's New Clothes', *The Baffler* (4 February 2019). 다음도 참조할 것 SE Merry, 'Controlling Numbers: How Quantification Shapes the World' in C Besteman and H Gusterson (eds), *Life by Algorithms* (Chicago, University of Chicago Press, 2019), 145-64.
65 I Ajunwa. 'The "black box" at work', *Big Data & Society* (2020) 2, 7. 다음도 참조할 것. P Kim, 'Manipulating Opportunity', *Virginia Law Review* (2020) 106, 867-935.
66 AE Waldman, 'Power, Process, and Automated Decision-Making', *Fordham Law Review* (2019) 88(2), 613-32.
67 A Aneesh, 'Global Labor: Algocratic Modes of Organization', *Sociological Theory* (2009) 27(4), 347-70; J Danaher, 'The threat of algocracy: Reality, resistance and accommodation', *Philosophy & Technology* (2016) 29(3), 245-68.
68 AlgorithmWatch, 'People analytics in the workplace-how to effectively enforce labor rights', https://algorithmwatch.org/en/auto-hr/.
69 M Bogen and A Rieke, 'Help wanted: An examination of hiring algorithms, equity, and bias' (2018).
70 C O'Neil, *Weapons of math destruction: how big data increases inequality and threatens democracy* (New York, Crown, 2016). 다음도 참조할 것 AE Waldman, *Industry Unbound: The Inside Story of Privacy, Data, and Corporate Power* (Cambridge, Cambridge University Press, 2021).
71 I Ajunwa, 'Beware of Automated Hiring', *The New York Times* (8 October 2019). I Ajunwa, 'The paradox of automation as antibias intervention', *Cardozo Law Review* (2019) 41 (5), 1671-1742. 다음도 참조할 것. P Kim and S Scott, 'Discrimination in Online Employment Recruiting', *St. Louis University Law Journal* (2018) 63(1), 93-118.
72 J Dastin, 'Amazon scraps secret AI recruiting tool that showed bias against women', *Reuters* (11 October 2018); M Oppenheim, 'Amazon scraps "sexist AI" recruitment tool', *Independent* (11 October 2018).
73 A Agrawal, J Gans and A Goldfarb, *Prediction Machines: The Simple Economics of Artificial Intelligence* (Brighton MA, Harvard Business Press, 2018); G Resta, 'Governare l'innovazione tecnologica: decisioni algoritmiche, diritti digitali e principio di uguaglianza', *Rome Forum Disuguaglianze e Diversita*, (2019).
74 R Xenidis, 'Tuning EU equality law to algorithmic discrimination: Three pathways to resilience', *Maastricht Journal of European and Comparative Law*, (2020) 27(6),

736-58.
75 성별과 관련한 유사한 유럽연합 사례는 다음을 참조할 것. C-236/09 Association belge des Consommateurs Test-Achats ASBL and Others v Conseil des ministres [2011] ECR 1-00773.
76 J Walker, 'Meet the New Boss: Big Data', *The Wall Street Journal* (20 September 2012).
77 일반적으로 다음을 참조할 것. R Benjamin, *Race After Technology: Abolitionist Tools for the New Jim Code* (Cambridge, Polity, 2019); S Skinner-Thompson, *Privacy at the Margins* (Cambridge, Cambridge University Press, 2020).
78 SU Noble, *Algorithms of oppression* (New York, New York University Press, 2018). 다음도 참조할 것. B Harcourt, *Against Prediction: Profiling, Policing and Punishing in the Actuarial Age* (Chicago, University of Chicago Press, 2006).
79 V Eubanks, Automating Inequality. *How High-Tech Tools Profile, Police and Punish the Poor* (London, St. Martin's Press, 2018).
80 A Murad, 'The computers rejecting your job application', *BBC* (8 February 2021).
81 J Fuller, M Raman, E Sage-Gavin and K Hines et al, *Hidden Workers: Untapped Talent Harvard Business School Project on Managing the Future of Work and Accenture* (September 2021); N Lewis and J Marc, 'Want to work for L'Oreal? Get ready to chat with an AI bot', *CNN Business* (29 April 2019).
82 모든 것의 자동화에 관해서는 MIT의 팟캐스트를 참조할 것. https://forms.technologyreview.com/in-machines-we-trust/; B Waber, People Analytics: How Social Sensing Technology Will Transform Business and What it Tells us About the Future of Work, Upper Saddle River (FT Press, 2013).
83 LF Barrett, R Adolphs, S Marsella, AM Martinez and SD Pollak, 'Emotional Expressions Reconsidered: Challenges to Inferring Emotion From Human Facial Movements', *Psychological Science in the Public Interest* (2019) 20(1), 1-68.
84 D Harwell, 'A face-scanning algorithm increasingly decides whether you deserve the job', *The Washington Post* (6 November 2019).
85 L Zuloaga. 'Industry leadership: New audit results and decision on visual analysis', *Hire Vue Blog* (12 January 2021). www.hirevue.com/blog/hiring/industry-leadership-new-audit-resultsand-decision-on-visual-analysis.
86 M Murgia, 'Emotion recognition: can AI detect human feelings from a face?', *Financial Times* (12 May 2021).
87 L Graham, A Gilbert, J Simons and A Thomas, *Artificial intelligence in hiring, Assessing impacts on equality* (Institute for the Future of Work).
88 Independent EU Advisory Body on Data Protection and Privacy (Art. 29 Working Party, 'WP29'), Opinion 2/2017 on data protection at work, adopted in June 2017 and aimed at complementing the Opinion 08/2001 on the processing of personal data in the employment context. Independent EU Advisory Body on Data Protection and Privacy (Article 29 Working Party, 'WP29'), Working document on the surveillance of electronic communications in the workplace, U.N. Doc. 5401/01/EN/Final; Guidelines on Automated individual decision-making and Profiling for the purposes of

89 ME Kaminski and G Malgieri, 'Algorithmic Impact Assessments under the GDPR: Producing Multi-layered Explanations', *International Data Privacy Law* (2021) 11(2), 125-44.

90 M Veale and L Edwards, 'Clarity, surprises, and further questions in the Article 29 Working Party draft guidance on automated decision-making and profiling', *Computer Law & Security Review* (2018) 34(2), 398-404.

91 D Kamarinou, C Millard and J Singh, 'Machine Learning with Personal Data' in R Leenes et al (eds), *Data Protection and Privacy: The Age of Intelligent Machines* (Oxford, Hart Publishing, 2020), 89-114.

92 EDPB, Guidelines 05/2020 on consent under Regulation 2016/679.

93 S Wachter, B Mittelstadt and C Russell, 'Counterfactual explanations without opening the black box: Automated decisions and the GDPR', *Harvard Journal of Law & Technology* (2018) 31(2), 841-87. 다음도 참조할 것. S Wachter, Sandra, B Mittelstadt and L Floridi, 'Why a right to explanation of automated decision-making does not exist in the general data protection regulation', *International Data Privacy Law* (2017) 7(2), 76-99.

94 G Buttarelli, Privacy 2030, https://iapp.org/media/pdf/resource_center/giovanni_manifesto.pdf.에서 확인 가능.

95 T Bucher, *If...then: Algorithmic power and politics* (Oxford, Oxford University Press, 2018).

96 R Xenidis and L Senden, 'EU non-discrimination law in the era of artificial intelligence: Mapping the challenges of algorithmic discrimination' in U Bernitz et al (eds), *General Principles of EU law and the EU Digital Order* (Alphen aan den Rijn, Kluwer Law International, 2020), 151-82; L Grozdanovski, 'In search of effectiveness and fairness in proving algorithmic discrimination in EU law', *Common Market Law Review* (2021) 58(1), 99-136.

97 Judgment of 14 March 2017, Case C-188/15 Asma Bougnaoui et Association de defense des droits de l'homme (ADDH) contre Micropole SA [2018] ICR 139. 다음을 참조할 것. R Ducato, M Kullmann and M Rocca, 'European Legal Perspectives on Customer Ratings and Discrimination' in T Addabbo, E Ales, Y Curzi, T Fabbri, O Rymkevich and I Senatori (eds), *Performance Appraisal in Modern Employment Relations* (Palgrave Macmillan, Cham, 2020), 225-51.

5. 기술에 봉사하는 인간

1 다음 예는 더욱 불안하고 심각하다. S Curtis, 'Google Photos Labels Black People as "Gorillas"', *The Telegraph* (4 May 2017). 주로 다음을 참조할 것. M Broussard, *Artificial unintelligence: How computers misunderstand the world* (Cambridge, MIT Press, 2018).

2 주로 다음을 참조할 것. L DeNardis, *The Internet in Everything* (New Haven, Yale

University Press, 2020).

3   M Hildebrandt, *Smart Technologies and the End(s) of Law: Novel Entanglements of Law and Technology* (Cheltenham, Edward Elgar, 2016); C Veliz, *Privacy is Power. Why and How You Should Take Back Control of Your Data* (London, Penguin Books, 2020); FN David, *Forces of production: A social history of industrial automation* (New York, Routledge, 2017).

4   A Gorz, 'La personne devient une entreprise. Note sur le travail de production de soi', *Revue du Mauss* (2001) 18, 61-66.

5   M Hirsch, 'Future Work', *University of Illinois Law Review* (2020), 889-958.

6   M Palm, *Technologies of Consumer Labor: A History of Self-Service* (New York, Routledge, 2016). 다음도 참조할 것. I Bogost, 'Hyperemployment, or the Exhausting Work of the Technology User', *The Atlantic* (8 November 2013).

7   L Lurtis, 'Apple locked me out of its walled garden. It was a nightmare', *Quartz* (13 August 2019).

8   I Manokha, 'The Implications of Digital Employee Monitoring and People Analytics for Power Relations in the Workplace', *Surveillance & Society* (2020) 18(4), 540-54.

9   S Adler-Bell and M Miller, *The datafication of employment. How surveillance and capitalism are shaping workers' futures without their knowledge* (The Century Foundation, 2018).

10 I Bogost, 'Welcome to the age of privacy nihilism', *The Atlantic* (23 August 2018). 다음도 참조할 것. M Sacasas, 'Personal Panopticons', *Real Life Mag* (5 November 2018).

11 다음도 참조할 것. S Marassi and P Collins, 'Is That Lawful? Data Privacy and Fitness Trackers in the Workplace', *International Journal of Comparative Labour Law and Industrial Relations* (2021) 37(1), 65-94.

12 S Brayne, *Predict and Surveil: Data, Discretion, and the Future of Policing* (Oxford, Oxford University Press, 2020).

13 D Lyon, *The Culture of Surveillance: Watching as a Way of Life* (Hoboken, New Jersey, John Wiley & Sons, 2018).

14 Trades Union Congress (TUC), 'Technology managing people, *The worker experience*' (2021).

15 S Zuboff, 'You Are the Object of a Secret Extraction Operation', *The New York Times* (23 November 2021). 다음도 참조할 것. C Gilliard and D Golumbia, 'Luxury Surveillance', *Real Life Mag* (6 July 2021).

16 G Marx, *Windows Into the Soul: Surveillance and Society in an Age of High Technology* (Chicago, University of Chicago Press, 2016).

17 A Robin Q.C. and D Masters, 'Technology Managing People-the legal implications', *Al Law* (11 February 2021); M Tomprou and M Kyung Lee, 'Employment relationships in algorithmic management: A psychological contract perspective', *Computers in Human Behavior* (2022) 126, 1-12.

18 RA Bales and KVW Stone, 'The Invisible Web at Work: Artificial Intelligence and Electronic Surveillance in the Workplace', *Berkeley Journal of Employment & Labor*

Law (2020) 41(1), 1-60.

19 T May and AC Chien, 'Slouch or Slack Off, This "Smart" Office Chair Cushion Will Record It', *The New York Times* (12 January 2021); J Jerome, 'Embedded Chip on Your Shoulder? Some Privacy and Security Considerations', *Iapp Privacy Perspectives* (1 August 2017).

20 M Otto, *The Right to Privacy in Employment: A Comparative Analysis* (Oxford, Hart Publishing, 2016); A Aloisi and E Gramano, 'Artificial Intelligence is Watching You at Work. Digital Surveillance, Employee Monitoring and Regulatory Issues in the EU Context', *Comparative Labor Law and Policy Journal* (2019) 41(1), 95-121; S Simitis, 'Reconsidering the Premises of Labour Law: Prolegomena to an EU Regulation on the Protection of Employees' Personal Data', *European Law Journal* (1999) 5(1), 45-62.

21 A Kelly-Lyth, 'Challenging Biased Hiring Algorithms', *Oxford Journal of Legal Studies* (2021) 41(4), 899-928.

22 C Hinkle, 'The Modern Lie Detector: AI-Powered Affect Screening and the Employee Polygraph Protection Act (EPPA)', *Georgetown Law Journal* (2020) 109(5), 1201-62.

23 V De Stefano, 'Neuro-surveillance and the right to be human at work', *On Labor* (15 February 2020).

24 H de Romree, B Fecheyr-Lippens and B Schaninger, 'People analytics reveals three things HR may be getting wrong', *McKinsey Quarterly* (2016). 다음도 참조할 것. N Newman, 'Reengineering Workplace Bargaining: How Big Data Drives Lower Wages and How Reframing Labor Law Can Restore Information Equality in the Workplace', *University of Cincinnati Law Review* (2017) 85, 693-760.

25 FZ Borgesius and J Poort, 'Online price discrimination and EU data privacy law', *Journal of Consumer Policy* (2017) 40(3), 347-66.

26 Graham, *Gilbert, Simons and Thomas* (n 115) at 9. 다음도 참조할 것. A Jean, *De lautre cote de la machine:voyage d'une scientifique au pays des algorithmes* (Editions de l'Observatoire, 2019).

27 FS Lane, *The Naked Employee: How Technology is Compromising Workplace Privacy* (AMACOM Div American Mgmt Assn., 2003). 또는 관리자에 의해 감시당한다는 의미에서의 '투명함'에 대해서는 다음을 참조할 것. M Hildebrandt, *Smart Technologies and the End(s) of Law: Novel Entanglements of Law and Technology* (Cheltenham, Edward Elgar Publishing, 2015).

28 D Harwell, 'Contract lawyers face a growing invasion of surveillance programs that monitor their work', *The Washington Post* (11 November 2021); R Boot, 'UK businesses using artificial intelligence to monitor staff activity', *The Guardian* (7 April 2019).

29 이 부분은 다음을 참조했다. A Aloisi, 'Automation, autonomy, augmentation: labour regulation and the technological transformation of managerial prerogatives' in T Gyulavari and E Menegatti (eds), *Decent work in the digital age: European and Comparative Perspectives* (Oxford, Hart Publishing, 2022).

30 KC Kellogg, MA Valentine and A Christin, 'Algorithms at Work: The New Contested

Terrain of Control', *Academy of Management Annals* (2020) 14(1), 366-410. 다음도 참조할 것. K Levy and S Barocas, 'Refractive Surveillance: Monitoring Customers to Manage Workers', *International Journal of Communication* (2018) 12, 1166-88.
31 A Gilbert and A Thomas, 'The Amazonian Era: How Algorithmic Systems are Eroding Good Work', *IFOW* (13 May 2021).
32 J Meijerink, M Boons, A Keegan and J Marler, 'Algorithmic Human Resource Management: Synthesizing Developments and Cross-Disciplinary Insights on Digital HRM', *The International Journal of Human Resource Management* (2021) 32(12), 2545-62.
33 PT Kim, 'Manipulating opportunity', *Virginia Law Review* (2020) 106(1), 867-935.
34 Aneesh (n 95), 347.
35 MK Lee, D Kusbit, E Metsky and L Dabbish, 'Working with Machines: The Impact of Algorithmic and Data-Driven Management on Human Workers', *Proceedings of the 33rd Annual ACM Conference on Human Factors in Computing Systems* (2015), 1603-12; P Fleming, 'Robots and organization studies: Why robots might not want to steal your job', *Organization Studies* (2019) 40(1), 23-38.
36 T Prasanna, P Cappelli and V Yakubovich, 'Artificial intelligence in human resources management: Challenges and a path forward', *California Management Review* (2019) 61(4), 17.
37 T Elmer, K Chaitanya, P Purwar and C Stadtfeld, 'The validity of RFID badges measuring face-to-face interactions', *Behavior Research Methods* (2019) 51(5), 2120-38.
38 https://humanyze.com/privacy-policy.
39 Week Staff, 'The rise of workplace spying', *The Week* (5 July 2015).
40 V Doellgast and S O'Brady, 'Making Call Center Jobs Better: The Relationship between Management Practices and Worker Stress', *ILR School* (Cornell University and DeGroote School of Business, McMaster University, 2020).
41 P Mosendz and A Melin, 'Bosses panic-buy spy software to keep tabs on remote workers. Phones are ringing off the hook at companies providing a bit of big brother', *Bloomberg* (27 March 2020); S Morrison, 'Just because you're working from home doesn't mean your boss isn't watching you', *Vox Recode* (2 April 2020).
42 C Lecher, 'How Amazon automatically tracks and fires warehouse workers for "productivity"', *The Verge* (25 April 2019).
43 J Peters, 'Whole Foods is reportedly using a heat map to track stores at risk of unionization', *The Verge* (20 April 2020). 다음도 참조할 것. J Logan, 'The Union Avoidance Industry in the United States', *British Journal of Industrial Relations* (2006) 44(4), 651-76.
44 L Fang, 'Facebook pitched new tool allowing employers to suppress words like "Unionize" in workplace chat product', *The Intercept* (12 June 2020); H Peterson, 'Amazon-owned Whole Foods is quietly tracking its employees with a heat map tool that ranks which stores are most at risk of unionizing', *Business Insider* (20 April

2020).

45 C O'Donovan, 'An invisible rating system at your favorite chain restaurant is costing your server', *BuzzFeed* (21 June 2018).

46 RE Kidwell and R Sprague, 'Electronic Surveillance in the Global Workplace: Laws, Ethics, Research and Practice', *New Technology, Work and Employment* (2009) 24(2), 194-208; M Finkin, 'Chapter 7: Privacy and Autonomy', *Employee Rights and Employment Policy Journal* (2017) 21(2), 589-621.

47 PV Moore, *The Quantified Self in Precarity: Work, Technology and What Counts* (New York, Routledge, 2017). G Lindsay, 'HR Meets Data: How Your Boss Will Monitor You To Create The Quantified Workplace', *Fast Company* (21 September 2015).

48 A Rosenblat, K Levy, S Barocas and T Tim Hwang, 'Discriminating Tastes: Customer Ratings as Vehicles for Bias', *Data & Society* (October 2016). 일반적으로 다음을 참조할 것. E Albin, 'Customer Domination at Work: A New Paradigm for the Sexual Harassment of Employees by Customers', *Michigan Journal of Gender and Law* (2018) 24(2), 167-220.

49 DK Citron and F Pasquale, 'The scored society', *Washington Law Review* (2014) 89(1), 1-33.

50 JZ Muller, *The Tyranny of Metrics* (Princeton, Princeton University Press 2018). 다음도 참조할 것. S Barocas and AD Selbst, 'Big Data's Disparate Impact', *California Law Review* (2016) 104, 671-732.

51 I Manokha, 'Facial analysis AI is being used in job interviews-it will probably reinforce inequality', *The Conversation* (7 October 2019).

52 B Rogers, 'The Law and Political Economy of Workplace Technological Change', *Harvard Civil Rights-Civil Liberties Law Review* (2020) 55, 531-84.

53 S Kessler, 'Robots are replacing managers, too', *Quartz* (31 July 2017).

54 M Swan, 'The quantified self: Fundamental disruption in big data science and biological discovery', *Big Data* (2013) 1 (2), 85-99. L Edwards and M Veale, 'Slave to the algorithm: Why a right to an explanation is probably not the remedy you are looking for', *Duke Law & Technology Review* (2017) 16, 18-84.

55 G Neff and D Nafus, *Self-tracking* (Cambridge, MIT Press, 2016).

56 EL Bucher, PK Schou and M Waldkirch, 'Pacifying the algorithm-Anticipatory compliance in the face of algorithmic management in the gig economy', *Organization* (2021) 28(1), 44-67.

57 K Ball, 'Workplace Surveillance: An Overview', *Labor History* (2010) 51(1), 87-106; I Ajunwa, K Crawfor and J Schultz, 'Limitless worker surveillance', *California Law Review* (2017) 105, 735-76. 다음도 참조할 것. O Solon, 'Big Brother isn't just watching: Workplace surveillance can track your every move', *The Guardian* (6 November 2017).

58 MT Bodie, MA Cherry, ML McCormick and J Tang, 'The law and policy of people analytics', *University of Colorado Law Review* (2016), 882-79. 일반적으로 다음을 참조할 것. AJ Wood, 'Algorithmic management consequences for work organization and

working conditions', *JRC Working Papers Series on Labour, Education and Technology* (WP No. 7, 2021).

59 D Stark and I Pais, 'Algorithmic management in the platform economy', *Sociologica* (2020) 14(3), 47-72. 다음도 참조할 것. MH Jarrahi, G Newlands, M Kyung Lee, CT Wolf, E Kinder and W Sutherland, 'Algorithmic management in a work context', *Big Data & Society* (2021) 28(2), 8.

60 S Deakin and F Wilkinson, *The Law of the Labour Market: Industrialization, Employment and Legal Evolution* (Oxford, Oxford University Press 2005).

61 A Nguyen, 'The Constant Boss: Work Under Digital Surveillance', *APO* (19 May 2021).

62 L Tebano, *Lavoro, potere direttivo e trasformazioni organizzative* (Napoli, Editoriale Scientifica, 2020). M Persiani, *Contratto di lavoro e organizzazione* (Milan, Giuffre, 1966).

63 M Ivanova, J Bronowicka, E Kocher, A Degner, 'The app as a boss? Control and autonomy m application-based management', *Europa-Universität Viadrina Frankfurt Arbeit Grenze-Fluss* (2018), 2.

64 www.crossover.com/people-at-crossover/worksmart.

65 K Roose, 'A machine may not take your job, but one could become your boss', *The New York Times* (2019).

66 V Gabrielle, 'The dark side of gamifying work', *FastCompany* (11 January 2018). 다음도 참조할 것. S Lopez, 'Disneyland workers answer to "electronic whip"', *Los Angeles Times* (19 October 2011).

67 J Dzieza, 'How Hard Will The Robots Make Us Work?', *The Verge* (27 February 2020).

68 A Mateescu and A Nguyen, 'Algorithmic management in the workplace', *Data & Society* (2019).

69 J Feliciano Reyes, 'Hotel housekeeping on demand: Marriott cleaners say this app makes their job harder', *The Philadelphia Enquirer* (2 July 2018).

70 B Green and A Kak, 'The False Comfort of Human Oversight as an Antidote to A.I. Harm', *Slate* (15 June 2021).

71 일반적으로 다음을 참조할 것. E Press, *Dirty Work. Essential Jobs and the Hidden Toll of Inequality in America* (New York, Farrar, Straus and Giroux, 2021).

72 E Morozov, *To Save Everything, Click Here: Technology, Solutionism, and the Urge to Fix Problems That Don't Exist* (London, Penguin, 2014).

73 MT Bodie and M McMahon, 'Employee Testing, Tracing, and Disclosure as a Response to the Coronavirus Pandemic', *Washington University Journal of Law & Policy* (2020) 64.

74 Pew Research Center, 'Artificial intelligence and the future of humans', (2018); T Fountaine, B McCarthy and T Saleh, 'Building the AI-Powered organization', *Harvard Business Review* (2019), 63-73.

75 Moore and Woodcock (n 22).

76 P Tambe, P Cappelli and V Yakubovich, 'Artificial intelligence in human resources management: Challenges and a path forward', *California Management Review*

(2019) 61(4), 15-42.
77 J Adams-Prassl, 'What if your boss was an algorithm? Economic Incentives, Legal Challenges, and the Rise of Artificial Intelligence at Work', *Comparative Labor Law and Policy Journal* (2019) 41(1), 123-46.
78 E Caroli and M Godard, 'Does Job Insecurity Deteriorate Health?', *Health Economics* (2016) 25, 131. M Roosevelt, '"The algorithm fired me": California bill takes on Amazon's notorious work culture', *Los Angeles Times* (31 August 2021).
79 P Sawers, 'Uber Drivers Union Asks EU Court to Overrule "Robo-Firing" by Algorithm', *VentureBeat* (26 October 2020); N Lomas, 'Dutch Court Rejects Uber Drivers "Robo-Firing" Charge But Tells Ola to Explain Algo-Deductions', TechCrunch (21 March 2021); N Lomas, 'Uber hit with default "robo-firing" ruling after another EU labor rights GDPR challenge', *TechCrunch* (14 April 2021). 좀 더 상세한 분석은 다음을 참조할 것. R English, 'The Providers of "Ride Hailing Apps" and their Drivers: Another Judgment from Amsterdam', *UK Human Rights Blog* (19 March 2021).
80 A Ekker, 'Dutch court rules on data transparency for Uber and Ola drivers', (Ekker. legal); A Ekker, 'The contribution of the GDPR to protect platform workers' rights; presentation at the ETUI workshop 'Labour rights & the digital transition', (Brussels, 28-29 October 2021). 다음도 참조할 것. R Gellert, M Van Bekkum and F Zuiderveen Borgesius, 'The Ola & Uber judgments: for the first time a court recognises a GDPR right to an explanation for algorithmic decision-making', *EU Law Analysis* (28 April 2021).
81 Article I, Proposal for a Directive of the European Parliament and of the Council on improving working conditions in platform work COM(2021) 762 final 2021/0414 (COD).
82 Article 6(2), Proposal for a Directive of the European Parliament and of the Council on improving working conditions in platform work COM(2021)762 final 2021/0414 (COD).
83 K Yeung, 'Why Worry about Decision-Making by Machine?' in K Yeung and M Lodge (eds), *Algorithmic Regulation* (Oxford, Oxford University Press, 2019), 21.
84 Ibid.
85 FA Pasquale, 'The Resilient Fragility of Law' in Deakin S and C Markou, *Is Law Computable?, Critical Perspectives on Law and Artificial Intelligence* (Oxford, Hart Publishing, 2021).
86 Collins, 'Automated Dismissal Decisions, Data Protection and The Law of Unfair Dismissal', *UK Labour Law Blog* (19 October 2021).
87 P Collins and J Atkinson, 'Labour Rights, Labour Values and Technology at Work', manuscript presented at the LLRNS conference (June 2021).
88 RE Kidwell and R Sprague, 'Electronic Surveillance in the Global Workplace: Laws, Ethics, Research and Practice', *New Technology, Work and Employment* (2009) 24(2), 194-208. 다음도 참조할 것. V Dignum, 'The Myth of Complete AI-Fairness' in *International Conference on Artificial Intelligence in Medicine*, (Cham, Springer,

2021), 3-8.
89 G Heninger, '"MissionRacer": How Amazon is addressing the tedium of warehouse work', *The Washington Post* (21 March 2019).
90 K Yeung, '"Hypernudge": Big Data as a Mode of Regulation by Design', *Information, Communication & Society* (2017) 20(1), 122.
91 B Callaci, 'Puppet Entrepreneurship: Technology and Control in Franchised Industries', *Data & Society* (2021). 개인정보 보호 중심 설계(Pricavy By Design) 규칙을 적용함으로써 기술을 사용해 개인정보를 보호하는 방법에 대해서는 다음을 참조할 것. J-H Hoepman, *Privacy Is Hard and Seven Other Myths: Achieving Privacy Through Careful Design* (Cambridge, MIT Press, 2021).
92 Yeung (n 227) 120. 다음도 참조할 것. RH Thaler and CR Sunstein, *Nudge: Improving Decisions about Health, Wealth, and Happiness* (New Haven, Yale University Press, 2008).
93 H Schildt, *The Data Imperative: How Digitalization is Reshaping Management, Organizing, and Work* (Oxford, Oxford University Press, 2020).
94 A Delfanti, *The Warehouse. Workers and Robots at Amazon* (London, Pluto Press, 2021).
95 SC Rigby and RM Ryan, 'Self-Determination Theory in Human Resource Development: New Directions and Practical Considerations', *Advances in Developing Human Resources* (2018) 20(2), 133-47; S Viete and D Erdsiek, 'Mobile Information Technologies and Firm Performance: The Role of Employee Autonomy', *Information Economics and Policy* (2020) 51, 1-17.
96 L Manganelli, A Thibault-Landry, J Forest and J Carpentier, 'Self-Determination Theory Can Help You Generate Performance and Well-Being in the Workplace: A Review of the Literature', *Advances in Developing Human Resources* (2018) 20(2), 227-40; C Rosengren and M Ottosson, 'Employee monitoring in a digital context', *Digital Sociologies* (2016), 181-94; ON Godart, H Gorg and A Hanley, 'Trust-based work time and innovation: Evidence from firm-level data', *ILR Review* (2017) 70(4), 894-918; A Weibel, DN Den Hartog, N Gillespie, R Searle, F Six and D Skinner, 'How do controls impact employee trust in the employer?', *Human Resource Management* (2016) 55(3), 437-62.
97 A Delfanti, 'Machinic dispossession and augmented despotism: Digital work in an Amazon warehouse', *New Media & Society* (2021) 23(1), 39-55.
98 다음도 참조할 것. J Kaplan, *Artificial Intelligence: What Everyone Needs to Know* (Oxford, Oxford University Press, 2016).
99 MA Boden, *Artificial intelligence: A Very Short Introduction* (Oxford, Oxford University Press, 2018); G Marcus and E Davis, *Rebooting AI: Building Artificial Intelligence We Can Trust* (New York, Penguin Random House, 2019). 포괄적인 개요는 다음을 참조할 것. P McCorduck, *Machines Who Think, A Personal Inquiry into the History and Prospects of Artificial Intelligence, 2nd edn* (Natick, MA, A K Peters/CRC Press, 2004).

100 Daron Acemoglu, 'Harms of AI', *NBER Working Paper Series 29247*. 다음도 참조할 것. White Paper on Artificial Intelligence-A European approach to excellence and trust, COM(2020) 65 final.

101 H Nowotny, *In AI We Trust: Power, Illusion and Control of Predictive Algorithms* (Hoboken, New Jersey, John Wiley & Sons, 2021).

102 N Smuha, 'Beyond the individual: governing AI's societal harm', *Internet Policy Review* (2021) 10(3).

103 G Mueller, *Breaking Things at Work: The Luddites Are Right About Why You Hate Your Job* (London, Verso Books, 2021).

104 J Prassl, *Humans as a Service: The Promise and Perils of Work in the Gig Economy* (Oxford, Oxford University Press, 2018); AA Casilli, *En attendant les robots. Enquete sur le travail du clic* (Paris, Seuil, 2019).

105 D Teresi, 'Turkish Gambit', *The New York Times* (2 June 2002).

106 J Zittrain, 'Ubiquitous human computing', *Philosophical Transactions of the Royal Society A: Mathematical, Physical and Engineering Sciences* (2008) 366(1881), 3813-21.

107 L Gitelman (ed), *Raw Data is an Oxymoron* (Cambridge, MIT Press, 2013).

108 K Roose, *Futureproof 9 Rules for Humans in the Age of Automation* (London, Hachette UK, 2021).

109 H Ekbia and B Nardi, 'Heteromation and its (dis) contents: The invisible division of labor between humans and machines', *First Monday* (2014) 19(6); D Mindell, *Our Robots, Ourselves: Robotics and the myths of autonomy* (New York, Penguin, 2015).

110 P Tubaro, AA Casilli and M Coville, 'The Trainer, the Verifier, the Imitator: Three Ways in Which Human Platform Workers Support Artificial Intelligence', *Big Data and Society* (2020) 7(1), 1-12.

111 Casilli (n 243).

112 A Taylor, 'The Automation Charade', *Logic* (1 August 2018).

113 D Remus and F Levy, 'Can Robots Be Lawyers? Computers, Lawyers, and the Practice of Law', *Georgetown Journal of Legal Ethics* (2017) 30(3), 501-58.

114 JG Harris and TH Davenport, 'Automated Decision Making Comes of Age', *MIT Sloan Management Review* (2005) 4, 46. 다음도 참조할 것. P Domingos, *The Master Algorithm: How the Quest for the Ultimate Learning Machine Will Remake Our World* (New York, Basic Books, 2015).

115 A Gilbert and A Thomas, 'The Amazonian Era: How Algorithmic Systems are Eroding Good Work', *IFOW* (13 May 2021).

116 A Smith, *The Wealth of Nations* (London, W. Strahan and T. Cadell, 1776).

117 M Crowley, D Tope, LJ Chamberlain and R Hodson, 'Neo-Taylorism at Work: Occupational Change in the Post-Fordist Era', *Social Problems* (2010) 57(3), 42-47.

118 J Smids, S Nyholm and H Berkers, 'Robots in the Workplace: A Threat to-or Opportunity for—Meaningful Work?', *Philosophy & Technology* (2020) 33(3), 503-22.

119 L Irani, 'Justice for "data janitors"', *Public Books* (15 January 2015).

120 MC Elish and danah boyd, 'Situating methods in the magic of Big Data and AI', *Communication Monographs* (2018) 85(1), 57-80.
121 J Sadowski, 'Potemkin AI', *Real Life Mag* (6 August 2018).
122 D Etherington, 'Ford disguised a man as a car seat to research self-driving', *TechCrunch* (13 September 2017).
123 D MacMillan, 'Tech's "dirty secret": The app developers sifting through your Gmail', *The Wall Street Journal* (2 July 2018).
124 D Goodin, 'Alexa and Google Home abused to eavesdrop and phish passwords', *ArsTechnica* (21 October 2019).
125 K Wagner, 'Facebook's virtual assistant "M" is super smart. It's also probably a human', *ReCode* (3 November 2015).
126 C Kang and S Frenkel, *An Ugly Truth: Inside Facebook's Battle for Domination* (London, HarperCollins, 2021).
127 P Guest and Y Zhou, 'The gig workers index: Mixed emotions, dim prospects', *Rest of World* (21 September 2021).
128 J Burrell and M Fourcade, 'The Society of Algorithms', *Annual Review of Sociology* (2021), 47. 다음도 참조할 것. M Graham et al, *The Risks and Rewards of Online Gig Work At The Global Margins* (Oxford, Oxford Internet Institute, 2017).
129 P Jones, *Work Without the Worker: Labour in the Age of Platform Capitalism* (London, Verso Books, 2021); A Chan, CT Okolo, Z Terner and A Wang, 'The Limits of Global Inclusion in AI Development', (2021).
130 A Mateescu and MC Elish, 'AI in context, the labor of integrating new technologies', *Data & Society* (2019). 다음도 참조할 것. M Altenried, *The Digital Factory: The Human Labor of Automation* (Chicago, University of Chicago Press, 2022); M Iansiti and KR Lakhani, *Competing in the Age of AI: Strategy and Leadership When Algorithms and Networks Run the World* (Brighton MA, Harvard Business Press, 2020); P Brione, *Mind over machines: New technology and employment relations* (London, ACAS, 2017).

6. 플랫폼 노동을 말할 때 말하는 것들

1 O Solon, 'The rise of "pseudo-AI": how tech firms quietly use humans to do bots' work', *The Guardian* (6 July 2018).
2 3V Dubai, 'Digital Piecework', *Dissent* (Autumn 2020).
3 A Aloisi, 'Commoditized workers: case study research on labor law issues arising from a set of "on-demand/gig economy" platforms', *Comparative Labor Law & Policy Journal* (2016) 37(3), 653-90.
4 B Rogers, 'Employment rights in the platform economy: getting back to basics', *Harvard Law Policy Rev* (2016) 10, 479-520. 다음도 참조할 것. O Lobel, 'The gig economy & the future of employment and labor law', *University of San Francisco Law Review* (2017) 1, 51-73.

5   N Lomas, 'Uber lobbies for "Prop 22"-style gig work standards in the EU', *TechCrunch* (15 February 2021).

6   V De Stefano, 'The rise of the "just-in-time workforce": On-demand work, crowdwork and labour protection in the "gig-economy"', *Comparative Labor Law & Policy Journal* (2016) 37(3), 471-504.

7   O'Connor et al. v Uber Technologies, Inc., No. 13-03826-EMC (N.D. Cal. 2015). Cotter et al. v Lyft Inc., Order Denying Cross-Motion for Summary Judgement, No. 13-cv-04065-VC (N.D. Cal. 2015).

8   CEPS, EFTHEIA and HIVA-KU Leuven, 'Study to Gather Evidence on the Working Conditions of Platform Workers. VT/2018/032 Final Report' (2020).

9   OECD, 'Gig Economy Platforms: Boon or Bane?' in Economics Department Working Paper 1150 (OECD, 2019); S Riso, Mapping the Contours of the Platform Economy (Working Paper, Eurofound, 2019). A Pesole, C Urzi Brancati, E Fernandez Macias, F Biagi and I Gonzalez Vazquez, *Platform Workers in Europe* (Luxemburg, Publications Office of the European Union, 2018).

10 C Urzi Brancati et al, *Digital Labour Platforms in Europe: Numbers, Profiles, and Employment Status of Platform Workers* (Luxemburg, Publications Office of the European Union, 2019).

11 Berg, 'Income security in the on-demand economy: findings and policy lessons from a survey of crowdworkers', *Comparative Labor Law & Policy Journal* (2016) 37(3), 543-76.

12 Consultation Document Second-phase consultation of social partners under Article 154 TFEU on possible action addressing the challenges related to working conditions in platform work (SWD(2021) 143 final).

13 ILO, World Employment and Social Outlook 2021: The role of digital labour platforms in transforming the world of work (International Labour Office, Geneva, ILO, 2021).

14 L Zingales, 'Uber and the Sherlock Holmes principle: How control of data can lead to biased academic research', *ProMarket-Stigler Center* (9 October 2019).

15 A Piasna, 'Counting Gigs: How Can We Measure the Scale of Online Platform Work?', *ETUI Research Paper* (2020).

16 K Frenken and J Schor, 'Putting the sharing economy into perspective', *Environmental Innovation and Societal Transitions* (2017) 23, 3-10.

17 A Malhotra and M Van Alstyne 'The dark side of the sharing economy…and how to lighten it', *Communications of the ACM* (2014) 57(11), 24-27; JB Schor, W Attwood-Charles, M Cansoy, I Ladegaard and R Wengronowitz, 'Dependence and precarity in the platform economy', *Theory and Society* (2020) 49(5), 833-61.

18 다음도 참조할 것. Communication of 2 June 2016, A European agenda for the collaborative economy (https://ec.europa.eu/transparency/documents-register/detail?ref=COM(2016)356&lang=en).

19 Eurofound, *New forms of employment* (Luxembourg, Publications Office of the European Union, 2015).

20 ILO, 'Work for a Brighter Future, Report of the Global Commission on the Future of Work, 2019'; *Pesole et al* (n 11). J Berg et al, *Digital labour platforms and the future of work, Towards Decent Work in the Online World* (Geneva, International Labour Organisation, 2018).

7. 공유 신화의 거짓말

1 A Sundararajan, *The Sharing Economy: The End of Employment and the Rise of Crowd-Based Capitalism* (Cambridge, MIT Press, 2016). 그러나 다음을 참조할 것. R Calo and A Rosenblat, 'The Taking Economy: Uber, Information, and Power', *Columbia Law Review* (2017) 117, 1623–90.
2 R Botsman and R Rogers, *Whats Mine is Yours. The rise of collaborative consumption* (New York, Harper Business, 2011). 비판적 관점은 다음을 참조할 것. T Slee, *Whats Yours is Mine: Against the Sharing Economy* (New York, O/R Books, 2015).
3 U Huws, *Reinventing the Welfare State: Digital Platforms and Public Policies* (London, Pluto Press, 2020).
4 AJ Ravenelle, *Hustle and Gig: Struggling and Surviving in the Sharing Economy* (Oakland, University of California Press, 2019).
5 S Cagle, 'The sharing economy was always a scam', *OneZero* (3 March 2019).
6 M Jeffery, 'Not Really Going to Work? Of the Directive on Part-Time Work, "Atypical Work" and Attempts to Regulate It', *Industrial Law Journal* (1998) 17(3), 193–213. 다음도 참조할 것. J Murray, 'Social justice for women? The ILO's Convention on part-time work', *International Journal of Comparative Labour Law and Industrial Relations* (1999) 15(1), 3–19. D McCann, 'Equality through Precarious Work Regulation: Lessons from the Domestic Work Debates in Defence of the Standard Employment Relationship', *International Journal of Law in Context* (2014) 10(4), 507–21.
7 J Prassl, *Humans as a Service: The Promise and Perils of Work in the Gig Economy* (Oxford, Oxford University Press, 2018).
8 C Codagnone, F Biagi and F Abadie, *The Passions and the Interests: Unpacking the 'Sharing Economy'* (Luxemburg, JRC Science for Policy Report, 2016).
9 S Butler, 'Deliveroo accused of "creating vocabulary" to avoid calling couriers employees', *The Guardian* (5 April 2017).
10 E Pollmanand and JM Barry, 'Regulatory entrepreneurship', *Southern California Law Review* (2016) 90(3), 383–448.
11 P Coccorese, 'Protestano i lavoratori di Foodora: "Siamo sottopagati, non fate piu ordinazioni"', *La Stampa* (9 October 2016).
12 38IZA, 'Social Protection Rights of Economically Dependent Self-Employed Workers', *2013 IZA Research Report No. 54*, 19.
13 S Greenhouse, 'False Freedom: Sharing the Scraps from the Perilous Gig Economy', *Literary Hub* (7 August 2019); S Steward, 'Five myths about the gig economy. No, Uber drivers don't have much flexibility', *The Washington Post* (24 April 2020).

14 D Georgiou, "'Business Risk-Assumption" as a Criterion for the Determination of EU Employment Status: A Critical Evaluation', *Industrial Law Journal* (2021).
15 J Tolentino, 'The gig economy celebrates working yourself to death', *The New Yorker* (22 March 2017).
16 Case C-217/05 Confederación Española de Empresarios de Estaciones de Servicio v Compañia Española de Petróleos SA [2006] ECR 1-11987; Case C-97/08 Akzo Nobel NV and Others v Commission of the European Communities [2009] ECR 1-8237.
17 Employment Tribunal, Mr Y Aslam, Mr J Farrar and Others v Uber, Case Numbers: 2202551/2015 & Others.
18 J Woodcock and M Graham, *The Gig Economy: A Critical Introduction* (Cambridge, Polity, 2019).
19 ILO, *World Employment and Social Outlook 2021: The role of digital labour platforms in transforming the world of work* (Geneva, International Labour Office, 2021).
20 N van Doorn, E Mos and J Bosma, 'Disrupting "Business as Usual": How COVID-19 is impacting platform-mediated labor and social reproduction', *Platform Labor* (11 May 2020); S Emerson, 'The coronavirus puts restaurants at the mercy of the tech industry', *OneZero* (4 May 2020).
21 R Roy, 'Doordash and Pizza Arbitrage. There is such a thing as a free lunch', *Margins* (17 May 2020).
22 다음도 참조할 것. D Evans, 'Uber and Lyft rides are more expensive than ever because of a driver shortage', *CNBC* (1 September 2021).
23 R Roroohar, *Don't Be Evil: How Big Tech Betrayed its Founding Principles-and All of Us* (New York, Currency, 2019). T Scholz, *Uberworked and Underpaid: How Workers are Disrupting the Digital Economy* (Cambridge, UK and Malden, USA, Polity Press, 2017).
24 D Khosrowshahi, 'An Operating System for Everyday Life', *Uber Blog* (26 September 2019).
25 Article 3(2) Proposal for a Directive of the European Parliament and of the Council on improving working conditions in platform work COM(2021) 762 final 2021/0414 (COD).
26 V De Stefano et al, *Platform Work and the Employment Relationship* (Geneva, International Labour Organization, 2021). 다음도 참조할 것. S Garben, *Tackling social disruption in the online platform economy* (Brussels, FEPS Policy Paper, 2019).
27 C Cant, *Riding for Deliveroo. Resistance in the New Economy* (Cambridge, Polity Press, 2020). 다음도 참조할 것. Focus on Labour Exploitation, 'The gig is up: Participatory research with couriers in the UK appbased delivery sector', *Participatory Research Working Paper* (March 2021).
28 A Rosenblat, *Uberland: How algorithms are rewriting the rules of work* (Oakland CA, University of California Press, 2018). 다음도 참조할 것. A Shapiro, 'Between autonomy and control: Strategies of arbitrage in the "on-demand" economy', *New*

Media & Society (2018) 20(8), 2954-71.

29   MA Cherry, 'Employment Status for "Essential Workers": The Case for Gig Worker Parity', *Loyola of Los Angeles Law Review* (2021) 55(2).

30   K Howson, F Ustek Spilda, A Bertolini, R Heeks, F Ferrari, S Katta and M Cole, 'Stripping back the mask: Working conditions on digital labour platforms during the COVID-19 pandemic', *International Labour Review* (2022).

31   A Cefaliello, 'Beyond status: the long road towards effective health and safety rights for on-demand workers', *UK Labour Law Blog* (16 June 2021).

32   B Merchant, 'Coronavirus is speeding up the amazonification of the planet', *OneZero* (19 March 2020).

33   N Van Doorn and A Badger, 'Platform capitalism's hidden abode: producing data assets in the gig economy', *Antipode* (2020) 52(5), 1475-95.

34   J Woodcock, 'The algorithmic panopticon at Deliveroo: Measurement, precarity, and the illusion of control', *Ephemera* (2020) 20(3), 67-95. J Dzieza, 'Revolt of the Delivery Workers', *Curbed* (13 September 2021).

35   Tribunal of Bologna, Order no. 2949/2019, 31 December 2020, 19. C Safak and J Farrar, 'Managed by Bots. Data-Driven Exploitation in the Gig Economy', *Worker Info Exchanges* (2021).

36   Tribunal Supremo, *'Sala de lo Social' Case 4746/2019* (2020); Cour de Cassation, *Chambre Sociale*, Arret 374 (19-13.316,2020).

37   A Marshall, 'Uber changes its rules, and drivers adjust their strategies', *Wired* (2 October 2020).

38   Woodcock (n 64).

39   S Silberman and L Irani, 'Operating an employer reputation system: Lessons from Turkopticon. 2008-2015', *Comparative Labor Law & Policy Journal* (2016) 37(3), 505-42.

40   W Daubler, 'Challenges to labour law' in A Perulli (ed), *L'idea di diritto del lavoro, oggi. In ricordo di Giorgio Ghezzi* (Padova, Cedam, 2017).

41   M Finkin, 'Beclouded work in historical perspective', *Comparative LaborLaw & Policy Journal* (2016) 37(3), 603-18. 다음도 참조할 것. VD Dubal, 'The Time Politics of Home-Based Digital Piecework', *The Future of Work in the Age of Automation and AI c4ejournal* (2020); S Moore and K Newsome, 'Paying for free delivery: dependent self-employment as a measure of precarity in parcel delivery', *Work, Employment and Society* (2018) 32(3), 475-92.

42   K Gregory, '"My Life Is More Valuable Than This": Understanding Risk among On-Demand Food Couriers in Edinburgh', *Work, Employment and Society* (2020) 235(2), 316-31. 다음도 참조할 것. P Berastegui, *Exposure to psychosocial risk factors in the gig economy: a systematic review* (Brussels, European Trade Union Institute, 2021).

43   A Booth, 'Buenos Aires judge bans delivery apps after road accidents spike', *The Guardian* (16 August 2019).

44 O De Simone, 'Napoli, rider aggredito di notte dal branco: denunciati un 15enne e un 17enne', *Il Mattino* (5 September 2021).
45 A Newman, 'DoorDash Changes Tipping Model After Uproar From Customers', *The New York Times* (24 July 2019).
46 J Stanford, 'Bring your own equipment and wait for work: Working for Uber is a lot like being a dock worker a century ago', *The Star* (17 November 2019).
47 J Meijerink, A Keegan and T Bondarouk, 'Having their cake and eating it too? Online labor platforms and human resource management as a case of institutional complexity', *The International Journal of Human Resource Management* (2020), 1-37; J Rubery and F Wilkinson, 'Outwork and segmented labour markets' in F Wilkinson (ed), *The Dynamics of Labour Market Segmentation* (London, Academic Press, 1981).
48 T O'Reilly, *WTF?: Whats the future and why its up to us* (New York, Harper Collins, 2017); GF Davis, 'What might replace the modern corporation? Uberization and the web page enterprise', *Seattle University Law Review* (2016) 39(2), 501-16.
49 M Piore and C Sabel, *The Second Industrial Divide: Possibilities for Prosperity* (New York, NY, Basic Books, 1984).
50 T Goodwin, 'The battle is for the customer interface', *TechCrunch* (4 March 2015). MC Munger, *Tomorrow 3.0: Transaction costs and the sharing economy* (Cambridge, Cambridge University Press, 2018).
51 B Holmstrom, and J Roberts, 'The boundaries of the firm revisited', *Journal of Economic Perspectives* (1998) 12(2), 73-94.
52 WW Powell, 'Neither market nor hierarchy: Network form of organization' in BM Staw and LL Cummings (eds), *Research in Organizational Behavior* (Greenwich, Conn.: JAI Press, 1990).
53 RJ Gilson, CF Sabel and RE Scott, 'Contracting for innovation: Vertical disintegration and interfirm collaboration', *Columbia Law Review* (2009) 109(3), 431-502. 다음도 참조할 것. L Corazza and O Razzolini, 'Who is an employer?' in MW Finkin and G Mundlak (eds), *Research Handbook in Comparative Labor Law* (Cheltenham, Edward Elgar Publishing, 2015).
54 TW Malone, J Yates and RI Benjamin, 'Electronic markets and electronic hierarchies', *Communications of the ACM* (1987) 30(6), 484-97. 다음도 참조할 것. M Castells, *The Rise of the Network Society* (New York, Wiley, 2010).
55 DS Evans and R Schmalensee, *Matchmakers: The New Economics of Multisided Platforms* (Boston, MA, Harvard Business School Press, 2016).
56 GG Parker, MW Van Alstyne and S Paul Choudary, *Platform Revolution: How Networked Markets are Transforming the Economy and How to Make Them Work for You* (New York, WW Norton & Company, 2016). 마셜 밴 앨스타인·상지트 폴 초더리·제프리 파커, 이현경 옮김,《플랫폼 레볼루션》, 부키, 2017.
57 A Aloisi, 'Hierarchies Without Firms? Vertical Disintegration, Outsourcing and the Nature of the Platform', *Quaderni del Premio Giorgio Rota* (2020) 8, 11-32. 다음도 참

조할 것. E Tucker, 'Towards a political economy of platform-mediated work', *Studies in Political Economy* (2020) 101 (3), 185-207.

58   J Tomassetti, 'Does Uber redefine the firm? The postindustrial corporation and advanced information technology', *The Hofstra Labor & Employment Law Journal* (2016) 34(1), 1-78. 다음도 참조할 것. F Zhu and M Iansiti, 'Why some platforms thrive and others don't', *Harvard Business Review* (January-February 2019).

59   JR Deckop, R Mangel and CC Cirka, 'Getting more than you pay for: Organizational citizenship behavior and pay-for-performance plans', *Academy of Management Journal* (1999) 42(4), 420-28. 다음도 참조할 것. N Foss and Klein, 'No boss? No thanks', AEON (14 January 2019); R Sennett, *The Corrosion of Character: The Personal Consequences of Work in the New Capitalism* (New York and London, 1998).

60   Tomassetti (n 90).

61   U Muehlberger, *Hierarchies, relational contracts and new forms of outsourcing* (ICER Working Paper, 2005, No. 22).

62   KVW Stone, *From Widgets to Digits: Employment Regulation for the Changing Workplace* (New York, Cambridge University Press, 2004).

63   A De Franceschi, 'Uber Spain and the "Identity Crisis" of Online Platforms', *Journal of European Consumer and Market Law* (2018) 1, 1-4.

64   United States District Court, Northern District of California, O'Connor et al. v Uber Technologies, Inc., et al., Order Denying Cross-Motion for Summary Judgement, 11 March 2015, Document 251.

65   Opinion of Advocate General Szpunar delivered on 11 May 2017, Asociación Profesional Elite Taxi v Uber Systems Spain, para 52.

66   A Spicer, 'No bosses, no managers: The truth behind the "flat hierarchy" facade', *The Guardian* (30 July 2018).

67   H Collins, 'A Review of The Concept of The Employer by Dr Jeremias Prassl', *University of Oxford, Faculty of Law* (10 November 2015).

68   A Wiener, 'Our ghost-kitchen future', *The New Yorker* (20 June 2020). 다음도 참조할 것. P Haek, 'Cities' next headache: Ultrafast grocery delivery', *Politico* (26 January 2022).

69   B Rogers, *Data and Democracy* (Cambridge MA, MIT Press, 2022).

70   D Weil, *The Fissured Workplace* (Cambridge, MA, Harvard University Press, 2014).

71   D Weil, 'Call Uber and Lyft drivers what they are: employees', *Los Angeles Times* (5 July 2019).

72   N Srnicek, *Platform Capitalism* (Cambridge, Polity, 2016).

73   D Méda, The Future of work: *The meaning and value of work in Europe* (Geneva, ILO Research Paper, No. 18, 2016).

74   2017년 4월 26일 발표된 유럽사회권기둥에 관한 위원회 권고, C(2017)2600 최종; 유럽사회권 기둥에 관한 기관 간 선언(2017/C 428/09); '유럽사회권기둥 선언에 관한 융커 유럽위원회장 성명'(2017)은 다음을 참조. https://ec.europa.eu/commission/presscorner/detail/en/STATEMENT_17_4706. 자세한 내용은 '유럽사회권기둥 행동 계획; COM(2021)102 최종, 집행위원회 커뮤니케이션(2021년 3월 4일)'을 참조할 것. S Garben, 'The European Pillar of

Social Rights: An Assessment of its Meaning and Significance', *Cambridge Yearbook of European Legal Studies* (2019) 21, 101-27.

75 V Hatzopoulos, *The Collaborative Economy and EU Law* (Oxford, Hart Publishing, 2018).

76 Ursula von der Leyen, *Mission letter to Nicolas Schmit, Commissioner-designate for Jobs* (2019).

77 V Schmidt, *Europes Crisis of Legitimacy: Governing by Rules and Ruling by Numbers in the Eurozone* (Oxford, Oxford University Press, 2020). 다음도 참조할 것. M Sandbu, 'Europe has rediscovered the social market economy', *Financial Times* (19 December 2021).

78 시간제 근로 관련 기본 협정은 지침 97/81(1997년 12월 15일), 기간제 근로 관련 기본 협정은 지침 1999/70(1999년 6월 28일), 임시 대행 업무 관련 지침은 지침 2008/104(2008년 11월 19일).

79 N Countouris, 'EU Law and the Regulation of "Atypical" Work' in A Bogg, C Costello and ACL Davies (eds), *Research Handbook on EU Labour Law* (Northampton, MA, Edward Elgar, 2016), 253.

80 M Bell, 'Between Flexicurity and Fundamental Social Rights: The EU Directives on Atypical Work', *1 European Law Rev* (2012), 31-48. 다음도 참조할 것. A Broughton et al, 'Flexible Forms of Work: "Very Atypical" Contractual Arrangements', *EurWork Observatory* (2010); A Aloisi, 'Platform Work in the European Union: Lessons Learned, Legal Developments and Challenges Ahead', *European Labour Law Journal* (2022) 13(1), 4-29.

81 S Deakin, 'New forms of employment: Implications for EU-law-The law as it stands', *European Labour Law Network - 7th Annual Legal Seminar* (The Hague, 2014).

82 S Deakin and A Koukiadaki, 'The sovereign debt crisis and the evolution of labour law in Europe' in N Countouris and M Freedland (eds), *Social Europe and the Crisis of Idea(l)s* (Cambridge, Cambridge University Press, 2013); S Garben, C Kilpatrick and E Muir, 'From Austerity Back to Legitimacy? The European Pillar of Social Rights: A Policy Brief', *EU Law analysis* (2017).

83 J López, A de le Court and S Canalda, 'Breaking The Equilibrium Between Flexibility And Security-Flexiprecarity as the Spanish Version of the Model', *European Labour Law Journal* (2004) 5(1), 22-42.

84 미국의 관점에 대해서는 다음을 참조할 것. P Akman, 'Online Platforms, Agency, and Competition Law: Mind the Gap', *Fordham International Law Journal* (2019) 43(2), 209-319.

85 European Commission, Communication from the Commission to the European Parliament, the Council, the European Economic and Social Committee and the Committee of the Regions, A European agenda for the collaborative economy COM/2016/0356 final 02/06/2016.

86 Ibid.

87 European Parliament, Resolution on an 'European agenda for the collaborative

economy' 2017/2003(INI).

88 Ibid.

89 Directive (EU) 2019/1152 of the European Parliament and of the Council of 20 June 2019 on transparent and predictable working conditions in the European Union. 다음을 참조할 것. B Bednarowicz, 'Delivering on the European Pillar of Social Rights: The New Directive on Transparent and Predictable Working Conditions in the European Union', *Industrial Law Journal* (2019) 48(4), 604-23.

90 설명조항 5.

91 M Risak and T Dullinger, 'The Concept of Worker' in *EU Law: Status Quo and Potential for Change* (Brussels, ETUI Research Paper, 2018).

92 Communication of 19 October 2020, 'Commission Work Programme 2021', COM(2020), 690.

93 다음을 참조할 것. https://ec.europa.eu/commission/presscorner/detail/en/qanda_21_821. S Fernandes and Kerneis, 'The Porto Social Summit: Turning Principles into Actions', *JacquesDelors Institute* (3 May 2021).

94 Proposal for a Regulation of the European Parliament and of the Council laying down harmonised rules on Artificial Intelligence (Artificial Intelligence Act) and amending certain Union legislative acts COM(2021) 206 final.

95 European Parliament resolution of 16 September 2021 on fair working conditions, rights and social protection for platform workers-new forms of employment linked to digital development (2019/2186(INI)).

96 설명조항 16, Ibid.

97 M Kullmann, '"Platformisation" of Work: An EU Perspective on Introducing a Legal Presumption', *European Labour Law Journal* (2022) 13(1), 66-80.

98 Jefatura del Estado, 'Real Decreto-ley 9/2021, de 11 de mayo, por el que se modifica el texto refundido de la Ley del Estatuto de los Trabajadores, aprobado por el Real Decreto Legislativo 2/2015, de 23 de octubre, para garantizar los derechos laborales de las personas dedicadas al reparto en el ámbito de plataformas digitales', *BOE* (2021) 113, 56733.

99 J Muldoon, 'How Gig Economy Corporations Are Circumventing Spain's Labour Laws', *Tribune* (14 August 2021).

100 Law No. 128/2019 amending Decree 101/2019 on urgent measures for the protection of work.

101 Law 2016-1088 (8/8/2016) on labour, the modernisation of social dialogue and securing of professional careers. 다음을 참조할 것. new Article L. 7341-1 and Article L. 7342-1 of the French Labour Code. 다음을 참조할 것. B Palli, 'Regulation of Platform Work in France: From Voluntary Charters to Sector-Wide Collective agreements?,: Mutual Learning Programme, *DG Employment, Social Affairs and Inclusion* (European Commission, 2020).

102 C Hießl, 'Case Law on the Classification of Platform Workers: Cross-European Comparative Analysis and Tentative Conclusions', *Comparative Labour Law & Policy*

Journal (2022).
103 Case C-256/01 Debra Allonby v Accrington & Rossendale College [2004] ICR 1328; Case C 413/13 FNV Kunsten Informatie en Media v Staat der Nederlanden [2014] EU:C:2014:2411.
104 S Sciarra, 'Integration Through Courts: Article 177 as a Pre-Federal Device' in S Sciarra (ed), *Labour law in the Courts* (Oxford, Hart Publishing, 2001).
105 K Ewing, 'Don't be fooled, Uber is still dodging the minimum wage', *Institute of Employment Rights* (17 March 2021). 다음도 참조할 것. J Jolly, 'Deliveroo unveils plans to pull out of Spain in wake of "rider law"', *The Guardian* (30 July 2021).

8. 노후화와 저항 사이의 노동법

1   WH Whyte, *The organization man* (Philadelphia, University of Pennsylvania Press, 2013).
2   JG Goodale, S Rabinowitz and MA Morgan, 'Effects of top-down departmental and job change upon perceived employee behavior and attitudes: A natural field experiment', *Journal of Applied Psychology* (1978) 63(1), 62-72.
3   E Tippett, CS Alexander and ZJ Eigen, 'When Timekeeping Software Undermines Compliance', *Yale Journal of Law and Technology* (2017) 19(1), 1-76.
4   M Stelmaszak Rosa and A Aaltonen, 'As firms collect their data, employees learn to game the system', *LSE Blog* (16 January 2020).
5   RA Jr. Karasek, 'Job Demands, Job Decision Latitude, and Mental Strain: Implications for Job Redesign', *Administrative Science Quarterly* (1979) 24(2), 285-308. A Wrzesniewski and JE Dutton, 'Crafting a Job: Revisioning Employees as Active Crafters of Their Work', *Academy of Management Review* (2001) 26(2), 179-201; BA Groen, MJ Wouters and CP Wilderom, 'Employee Participation, Performance Metrics, and Job Performance: A Survey Study Based on Self-Determination Theory', *Management Accounting Research* (2017) 36, 51-66.
6   일반적으로 다음을 참조할 것. R Bregman, *Humankind: A Hopeful History* (London, Bloomsbury Publishing, 2020); N Raihani, *The Social Instinct: How Cooperation Shaped the World* (London, Jonathan Cape, 2021).
7   다음을 참조할 것. M Strathern, '"Improving Ratings": Audit in the British University System', *European Review* (1997) 5(3), 305-21.
8   H Collins, 'Is the Contract of Employment Illiberal?' in H Collins, G Lester and V Mantouvalou (eds), *Philosophical Foundations of Labour Law* (Oxford, Oxford University Press, 2018).
9   G Racabi, 'Abolish the Employer Prerogative, Unleash Work Law', *Berkeley Journal of Employment and Labor Law* (2022) 43, 79-138.
10 K Rittich, 'Between workers' rights and flexibility: Labor law in an uncertain world', *Saint Louis University Law Journal* (2010) 54(2), 565-83.
11 R Del Punta, 'Un diritto per ii lavoro 4.0' in A Cipriani, A Gramolati and G Mari (eds), *Il*

lavoro 4.0 (Firenze, Firenze University Press, 2018), 225-50.

12 H Pruijt, 'Repainting, modifying, smashing Taylorism', *Journal of Organizational Change Management* (2000) 13(5), 439-51.

13 C Estlund, 'Rethinking Autocracy at Work', *Harvard Law Review* (2017) 131(3), 795-826.

14 AJ Wood, *Despotism on Demand* (Ithaca, Cornell University Press, 2020).

15 V Mantouvalou, "'I Lost My Job over a Facebook Post: Was that Fair?" Discipline and Dismissal for Social Media Activity', *International Journal of Comparative Labour Law and Industrial Relations* (2019) 35(2), 101-25.

16 Del Punta (n 153).

17 305번째 에피소드: 가이아 가야, 이탈리아의 바르바레스코와 피에몬테의 과거와 미래에 대해. 다음을 참조할 것. https://winefornormalpeople.libsyn.com/ep-305-gaia-gaja-on-the-past-and-future-of-barbaresco-andpiedmont-italy. 또한 이번 절은 다음을 참조했음. A Aloisi and V De Stefano, 'Regulation and the future of work. The employment relationship as an "innovation facilitator"', *International Labour Review* (2020) 159(1), 47-69.

18 J Stiglitz, 'Incentives and risk sharing in sharecropping', *Review of Economic Studies* (1974) 41(2), 219-55.

19 W Däubler, 'Erleichterung von Innovationen-eine Aufgabe des Arbeitsrechts?', *Betriebs-Berater* (2004) 59, 2521-25.

20 HA Simon, 'Organizations and markets', *Journal of Economic Perspectives* (1991) 5(2), 25-44.

21 L Boltanski and E Chiapello, *The New Spirit of Capitalism* (London, Verso, 2005).

22 일반적으로 다음을 참조할 것. S Young, 'The question of managerial prerogatives', *ILR Review* (1963) 16(2), 240-53.

23 A Supiot, *Critique du droit du travail* (Paris, Presses Universitaires de France, 1994); 다음도 참조할 것. SA Marglin, 'What do bosses do? The origins and functions of hierarchy in capitalist production', *Review of Radical Political Economics* (1974) 6(2), 60-112; R Edwards, *Contested Terrain: The Transformation of the Workplace in the Twentieth Century* (New York, Basic Books, 1982).

24 KC Kellogg, MA Valentine and A Christin, 'Algorithms at Work: The New Contested Terrain of Control', *Academy of ManagementAnnals* (2020) 14(1), 366-410.

25 Ibid.

26 Collins (n 149), 66.

27 Ibid, 66-67.

28 Ibid, 66. 예를 들어 오토 칸 프룬트는 회사를 모든 권력이 사용자에게 있는 '절대군주제'에 비유한다. O Kahn-Freund, 'Legal Framework' in AD Flanders and H Armstrong Clegg (eds), *The System of Industrial Relations in Great Britain: Its History, Law and Institutions* (Oxford, Basel Blackwell, 1954).

29 Ibid, 51-53. 다음도 참조할 것. D Cabrelli and R Zahn, 'Theories of Domination and Labour Law: An Alternative Conception for Intervention?', *International Journal of*

Comparative Labour Law and Industrial Relations (2017) 33(3), 339-64.

30 예를 들어 다음을 참조할 것. Cass. soc., 13 novembre 1996, in Bull. civ., V, n° 386; pourvoi n° 94-13187.

31 Article L3121-1, modifié par Loi n° 2016-1088 du 8 août 2016-art. 8 (V). G Auzero, D Baugard and E Dockès, *Droit du travail* (Paris, Dalloz, 2021).

32 좀 더 광범위한 논의를 위해서는 다음을 참조할 것. V De Stefano, '"Master and servers": Collective Labour Rights and Private Government in the Contemporary World of Work', *International Journal of Comparative Labour Law and Industrial Relations* (2020) 36(4), 425-44. 다음도 참조할 것. C Cetty, 'Talking about private government. A review of the argument and its critiques', *Economic Policy Institute* (23 September 2021).

33 J Fudge, 'The future of the standard employment relationship: Labour law, new institutional economics and old power resource theory', *Journal of Industrial Relations* (2017) 59(3), 374-92.

34 R Coase, 'The nature of the firm', *Economica* (1937) 16(4), 386-405.

35 CJ Goetz and RE Scott, 'Principles of Relational Contracts', *Virginia Law Review* (1981) 67(6), 1089; Muehlberger (n 93); OE Williamson, *The Economic Institutions of Capitalism: Firms, Markets, Relational Contracting* (New York, Free Press, 1985); P Cappelli and D Neumark, 'External churning and internal flexibility: Evidence on the functional flexibility and core-periphery hypotheses', *Industrial Relations: A Journal of Economy and Society* (2004) 43(1), 148-82.

36 AD Jr Chandler, *The Visible Hand: The Managerial Revolution in American Business* (Cambridge, MA, Harvard University Press, 1977); AD Jr Chandler and H Daem (eds), *Managerial Hierarchies: Comparative Perspectives on the Rise of the Modern Industrial Enterprise* (Cambridge, MA, Harvard University Press, 1989).

37 S Deakin and G Morris, *Labour Law*, 4th edn (Oxford, Hart Publishing, 2005).

38 D Hay and P Craven, Masters, *Servants, and Magistrates in Britain and the Empire, 1562-1955* (Chapel Hill, NC, University of North Carolina Press, 2005).

39 C Anderson, White Rage. *The Unspoken Truth of Our Racial Divide* (New York, Bloomsbury Publishing, 2016). 다음도 참조할 것. EP Thompson, 'Time, Work-Discipline, and Industrial Capitalism', *Past and Present* (1967) 38, 56-97.

40 W Steinmetz, *Private Law and Social Inequality in the Industrial Age Comparing Legal Cultures in Britain, France, Germany, and the United States* (Oxford, Oxford University Press, 2000); B Veneziani, 'The Evolution of the Contract of Employment' in B Hepple (ed), *The Making of Labour Law in Europe. A Comparative Study of Nine Countries up to 1945* (London, Mansell Publishing, 1986).

41 A Cotterau, 'Sens du juste et usages du droit du travail : une évolution contrastée entre la France et la Grande-Bretagne au xixe siècle', *Revue d'histoire du XIXe siècle* (2006) 33(2), 101-20.

42 Deakin and Morris (n 179), referring to A Fox, *Beyond Contract: Work, Power and Trust Relations* (London, Faber & Faber, 1974); B Caruso, 'The Employment Contract

is Dead: Hurrah for the Work Contract! A European Perspective' in KVW Stone and H Arthurs (eds), *Rethinking Workplace Regulation: Beyond the Standard Contract of Employment* (New York, Russell Sage Foundation, 2013), 95-111.

43 Deakin and Morris (n 179). 또한 다음을 참조했다. V De Stefano, '"Negotiating the Algorithm": Automation, Artificial Intelligence, and Labor Protection', *Comparative Labor Law and Policy Journal* (2019) 41(1), 15-46.

44 R Dukes, The Labour Constitution: *The Enduring Idea of Labour Law* (Oxford, Oxford University Press, 2014).

45 D Bromwich, 'Market Rationalization' in Anderson (n 150) 89.

46 G Giugni, *La memoria di un riformista* (Andrea Ricciardi ed, Bologna, ii Mulino, 2007).

47 F Liso, *La mobilità del lavoratore in azienda: il quadro legale* (Milan, Franco Angeli, 1982).

48 L Wedderburn L, 'The Italian Workers' Statute-Some British Reflections', *Industrial Law Journal* (1990) 19(3), 154-91.

49 MA Cherry, 'Beyond misclassification: The digital transformation of work', *Comparative Labor Law & Policy Journal* (2016) 37(3), 544-77; D Landes, *The Unbound Prometheus: Technological Change and Industrial Development in Western Europe from 1750 to the Present, 2nd edn* (Cambridge, Cambridge University Press, 2014).

50 AJ Wood, M Graham, V Lehdonvirta and I Hjorth, 'Good gig, bad gig: Autonomy and algorithmic control in the global gig economy', *Work, Employment and Society* (2019) 1(1), 56-75. 다음도 참조할 것. J Lambert, A Haley-Lock and JR Henly 'Schedule flexibility in hourly jobs: unanticipated consequences and promising directions', *Community, Work & Family* (2012) 15(3), 293-315.

51 C Perraudin, N Thèvenot and J Valentin, 'Avoiding the employment relationship: Outsourcing and labour substitution among French manufacturing firms, 1984-2003', *International Labour Review* (2013) 152(3), 525-47.

52 Tribunal Supremo, 'Sala de lo Social' Case 4746/2019 (2020). The UK Supreme Court, *B. V. Uber and others v Aslam and others* [2021] UKSC 5.

53 E George and P Chattopadhyay, *Non-standard work and workers: Organizational implications* (Geneva, ILO, 2015); B Walker, 'How does non-standard employment affect workers? A consideration of the evidence', *New Zealand Journal of Employment Relations* (2011) 36(3), 15-30.

54 G Davidov, 'The reports of my death are greatly exaggerated: "employee" as a viable (though overlyused) legal concept' (2005). 다음도 참조할 것. G Davidov, 'Setting Labour Law's Coverage: Between Universalism and Selectivity', *Oxford Journal of Legal Studies* (2014) 34, 543-66.

55 A Perulli, *Eco nomically dependent/quasi-subordinate (parasubordinate) employment: legal, social and economic aspects* (Brussels, European Commission, 2003); A Supiot, *Beyond Employment. Changes in Work and the Future of Labour*

Law in Europe (Oxford, Oxford University Press, 2001).
56　SD Harris and AB Krueger, *A proposal for modernizing labor laws for twenty-first-century work: The 'independent worker'* (The Hamilton Project, Washington, DC, The Brookings Institution, 2015).
57　Supreme Court of California 30 April 2018, Case No. S222732, Dynamex Operations West, Inc. v Superior Court of Los Angeles County.
58　K Cunningham-Parmeter, 'Gig-dependence: Finding the real independent contractors of platform work', *The Northern Illinois University Law Review* (2018) 39(3), 379-427.
59　MA Cherry, 'Dispatch-United States: "Proposition 22: A Vote on Gig Worker Status in California"', *Comparative Labor Law & Policy Journal, Dispatch* (2021).
60　JB White, 'Uber CEO sees California ballot initiative as a model for other states', *Politico* (11 May 2020).
61　D Khosrowshahi, 'A Better Deal for European Platform Workers', *Uber Newsroom* (15 February 2021).
62　주민발의안 제22조에 대한 이 분석은 다음을 참조했음. V De Stefano '"I now pronounce you contractor": Prop22, labour platforms and legislative doublespeak', *UK Labour Law* (13 November 2020).
63　MA Cherry and A Aloisi, '"Dependent contractors" in the gig economy: A comparative approach', *American University Law Review* (2017) 66(3), 635-89.
64　A Aloisi and V De Stefano, 'Delivering employment rights to platform workers', *ii Mulino* (31 January 2020).
65　P Tamma, 'Italy's labor ministry slams delivery company deal with far-right union', *Politico* (17 September 2020).
66　최근 현황은 다음을 참조할 것. C Schubert, *Economically-dependent Workers as Part of a Decent Economy: International, European and Comparative Perspective* (Munich, C.H. Beck, 2021).
67　다음도 참조할 것. A Bogg, 'For Whom the Bell Tolls: "Contract" in the Gig Economy', *Oxford Human Rights Hub* (7 March 2021).
68　J Kenner, 'Uber Drivers Are "Workers"-The Expanding Scope of the 'Worker' Concept in the UK's Gig Economy' in J Kenner, I Florczak and M Otto (eds), *Precarious Work. The Challenge for Labour Law in Europe* (Cheltenham, Edward Elgar Publishing, 2019).
69　이탈리아: CGIL, 'Carta dei Diritti Universali del lavoro' (2016). 프랑스: E Dockes (ed), 'Proposition de code du travail' (Paris, Dalloz, 2017). 영국: K Ewing, Lord J Hendy QC and C Jones, 'A Manifesto for Labour Law: towards a comprehensive revision of workers' rights' (Liverpool, Institute for Employment Rights, 2016).
70　M Freedland and N Countouris, *The Legal Construction of Personal Work Relations* (Oxford, Oxford University Press, 2011). 이 책의 공동 저자 중 한 명이 최근에 이 아이디어를 옹호하는 글을 발표했다. N Countouris and V De Stefano, *New Trade Union Strategies for New Forms of Employment* (Brussels, ETUC, 2019).

71 다음을 참조할 것. https://bills.parliament.uk/bills/2876.
72 D Mangan, E Gramano and M Kullmann, 'An unprecedented social solidarity stress test', *European Labour Law Journal* (2020) 11 (3), 247-75.
73 OECD, *Supporting livelihoods during the COVID-19 crisis: Closing the gaps in safety nets* (Paris, OECD Publishing, 2020).
74 S Garben, *Protecting Workers in the Online Platform Economy: An overview of regulatory and policy developments in the EU, European Risk Observatory Discussion paper* (2017). 다음도 참조할 것. MJ Walton, 'The shifting nature of work and its implications', *Industrial Law Journal* (2016) 45(2), 111-30.
75 ACL Davies, Regulating Atypical Work: Beyond Equality in N Countouris and M Freedland (eds), *Resocialising Europe in a Time of Crisis* (Cambridge, Cambridge University Press, 2013) 230-49.
76 J Fudge and R Owens, *Precarious Work, Women, and the New Economy: The Challenge to Legal Norms* (Oxford, Oxford University Press, 2006). 다음도 참조할 것. LF Yosko, *Managing the Margins: Gender, Ci tizenship, and the International Regulation of Precarious Employment* (Oxford, Oxford University Press, 2009).
77 AL Kalleberg, 'Nonstandard Employment Relations: Part-Time, Temporary and Contract Work', *Annual Review of Sociology* (2000) 26(1), 341-65. 다음도 참조할 것. T Piketty, *Capital and Ideology* (Cambridge: Harvard University Press, 2020); Stone and Arthurs (n 184). 다음도 참조할 것. P Doeringer and M Piore, *Internal Labor Markets and Manpower Analysis* (Armonk, ME Sharpe, 1971).
78 C Barnard and D Georgiou, 'EU Developments in the Labour & Social Field: Jurisprudential and Regulatory Responses to the Digitalisation of Work' in M De Vos (ed), *Technological Disruption in Labour and Employment Law* (Cambridge, Cambridge University Press, 2022).
79 LF Katz and AB Krueger, *The rise and nature of alternative work arrangements in the United States, 1995-2015* (NBER Working Paper, No. 22667, 2016).
80 OECD, *In It Together: Why Less Inequality Benefits All* (Paris, OECD Publishing, 2015).
81 N Countouris, 'The legal determinants of precariousness in personal work relations: A European perspective', *Comparative Labor Law & Policy Journal* (2012) 34(1), 21-46.
82 A Lindbeck and DJ Snower, 'Insiders versus outsiders', *Journal of Economic Perspectives* (2001) 15(1), 165-88. J Lindvall J and D Rueda, 'TI1e Insider-Outsider Dilemma', *British Journal of Political Science* (2014) 44(2), 460-75.
83 S Fredman, 'Women at work: The broken promise of flexicurity', *Industrial Law Journal* (2004) 33(4), 299-319.
84 K Purcell, 'Changing Boundaries in Employment and Organizations' in K Purcell (ed), *Changing Boundaries in Employment* (Westbury-on-Trym, Bristol Academic, 2000).
85 International Labour Office, *Non-standard employment around the world: Understanding cha/lenges, shapingprospects* (Geneva, ILO, 2016).
86 JR Henly, HL Shaefer and E Waxman, 'Nonstandard Work Schedules: Employer-and

Employee-Driven Flexibility in Retail Jobs', *The Social Service Review* (2006) 80(4), 609-34.
87 https://ec.europa.eu/eurostat/web/products-eurostat-news/-/DDN-20180608-1.
88 O Nachtwey, *Germanys Hidden Crisis: Social Decline in the Heart of Europe* (London, Verso, 2018).
89 R Partington, 'More Regular Work Wanted by Almost Half Those on Zero-Hours', *The Guardian* (3 October 2018).
90 A Burke (ed), *The Handbook of Research on Freelancing and Self-employment* (Dublin, Senate Hall, 2015). M Del Conte and E Gramano, 'Looking to the other side of the bench: The new legal status of independent contractors under the Italian legal system', *Comparative Labor Law & Policy Journal* (2017) 39(3), 579-606.
91 H Collins H, 'Independent contractors and the challenge of vertical disintegration to employment protection laws', *Oxford Journal of Legal Studies* (1990) 10(3), 356-60.
92 A Thörnquist, 'False Self-Employment and Other Precarious Forms of Employment in the "Grey Area" of the Labour Market', *International Journal of Comparative Labour Law and Industrial Relations* (2015) 31(4), 411-29.
93 F Rosioru, 'Legal Acknowledgement of the Category of Economically Dependent Workers', *European Labour Law Journal* (2014) 5(3-4), 279-305.
94 Garben (n 221).
95 M Wouters, 'International labour standards and platform work: an analysis based on the instruments on private employment agencies, home work and domestic work', *Doctoral dissertation* (KU Leuven, 2021).
96 L Ratti, 'Online Platforms and Crowdwork in Europe: A Two-Step Approach to Expanding Agency Work Provisions', *Comparative Labor Law & Policy Journal* (2016) 38(2), 477-511. J Prassl and M Risak, 'Uber, Taskrabbit, and Co.: platforms as employers? Rethinking the legal analysis of crowdwork', *Comparative Labor Law & Policy Journal* (2016) 37(3), 604-19.
97 AL Booth, M Francesconi and J Frank, 'Temporary jobs: stepping stones or dead ends?', *The Economic Journal* (2002) 112(480), 189-213.
98 E Armano, A Bove and A Murgia, *Mapping Precariousness, Labour Insecurity and Uncertain Livelihoods: Subjectivities and Resistance* (London, Routledge, 2017).
99 A Aranguiz, 'Spain's labour reform: less transience, more balance', *Social Europe* (6 January 2022).

에필로그

1 일반적으로 다음을 참조할 것. M Moore and D Tambini (eds), *Regulating Big Tech: Policy Responses to Digital Dominance* (Oxford, Oxford University Press, 2021).
2 LM Khan, 'Amazon's antitrust paradox', *Yale Law Journal* (2016) 126(3), 710-805; S Rahman, *Democracy Against Domination* (Oxford, Oxford University Press, 2016).
3 The Economist, 'Calls to rein in the tech titans are getting louder', *The Economist* (16

July 2019). 다음도 참조할 것. A Prat and TM Valletti, 'Attention oligopoly', *American Economic Journal: Microeconomics* (2021).

4   M Castells, *Networks of Outrage and Hope: Social Movements in the Internet Age* (Cambridge, Polity Press, 2015).

5   A Knee, *The Platform Delusion: Who Wins and Who Loses in the Age of Tech Titans* (London, Penguin, 2021). 다음도 참조할 것. AC Madrigal, 'The coalition out to kill tech as we know it', *The Atlantic* (4 June 2019).

6   L Zingales, '"The digital robber barons kill innovation": the Stigler Center's report enters the senate', *ProMarket* (15 September 2019). 다음도 참조할 것. D Mattioli, 'Amazon Scooped Up Data From Its Own Sellers to Launch Competing Products', *The Wall Street Journal* (23 April 2020).

7   UNCTAD, 'Trade and Development Report 2018: Power, Platforms and the Free Trade Delusion' (2018). 다음도 참조할 것. G Standing, *The Corruption of Capitalism: Why Rentiers Thrive and Work Does Not Pay* (London, Biteback Publishing, 2016).

8   B Kaiser, *Targeted: My Inside Story of Cambridge Analytica and How Trump, Brexit and Facebook Broke Democracy* (London, Harper Collins, 2019).

9   C Silverman, R Mac and D Pranav Dixit, '"I Have Blood on My Hands": A Whistleblower Says Facebook Ignored Global Political Manipulation', *Buzzfeed News* (14 September 2020).

10 D Ghosh, *Terms of Disservice: How Silicon Valley is Destructive by Design* (Washington, Brookings Institution Press, 2020); A Wiener, *Uncanny Valley: A Memoir* (NY, MCD Books, 2020).

11 E Stewart, 'Robots were supposed to take our jobs. Instead, they're making them worse', *Vox* (2 July 2021).

12 J Lanier, *You Are Not a Gadget* (London, Penguin, 2011).

13 S Wachter, 'The Other Half of the Truth: Staying human in an algorithmic world', *The Forum Network* (7 June 2019).

14 S Costanza-Chock, *Design Justice* (Cambridge, MIT Press, 2020).

15 D Acemoglu and P Restrepo, 'The Wrong Kind of AI? Artificial Intelligence and the Future of Labour Demand', *Cambridge Journal of Regions, Economic, and Society* (2020) 13(1), 25-35. 다음도 참조할 것. P Kalluri, 'Don't ask if artificial intelligence is good or fair, ask how it shifts power', *Nature* (2020) 583(7815), 169.

16 K Crawford, R Dobbe, T Dryer, G Fried, B Green, E Kaziunas, A Kak, V Mathur, E McElroy, AN Sanchez, D Raji, Lisi Rankin, R Richardson, J Schultz, S Myers West and M Whittaker, *AI Now 2019 Report* (New York, AI Now Institute, 2019).

17 C Criado Perez, *Invisible Women: Data Bias in a World Designed for Men* (Abrams Press, New York 2019).

18 I Ajunwa and D Greene, 'Platforms at Work: Automated Hiring Platforms and Other New Intermediaries in the Organization of Work' in SP Vallas and A Kovalainen (eds), *Research in the Sociology of Work* (London, Emerald Publishing Limited, 2019), 61-91; P Hacker, 'Teaching fairness to artificial intelligence: Existing and novel

strategies against algorithmic discrimination under EU law', *Common Market Law Review* (2018) 55(4), 1143-86.

19 N Srnicek and A Williams, *Inventing the Future: Postcapitalism and a World Without Work* (New York, Verso, 2015); M Zwolinski, 'A Hayekian case for free markets and a basic income' in M Cholbi and M Weber (eds), *The Future of Work, Technology, and Basic Income* (Abingdon, Routledge, 2019); K Lui, 'Mark Zuckerberg Calls for Universal Basic Income in His Harvard Commencement Speech', *Fortune* (26 May 2017); A Sheffey, 'Elon Musk says we need universal basic income because in the future, physical work will be a choice', *Business Insider* (20 August 2021).

20 R Bregman, 'Has the time finally come for universal basic income?', *The Correspondent* (2 April 2020).

21 RJ Van der Veen and P Van Parijs, 'A capitalist road to communism', *Theory and Society* (1986) 15(5), 635-55.

22 P Van Parijs and Y Vanderborght, *Basic Income: A Radical Proposal for a Free Society and a Sane Economy* (Harvard, Harvard University Press, 2017); P Van Parijs, *Real Freedom for All: What (if anything) Can Justify Capitalism?* (Oxford, Oxford University Press, 1998).

23 C Estlund, 'Three big ideas for a future of less work and a three-dimensional alternative', *Law and Contemporary Problems* (2019) 82, 1-43.

24 G Standing, *The Precariat: The New Dangerous Class* (London, Bloomsbury, 2016).

25 U.S. Bureau of Labor Statistics, *A profile of the working poor*, 2017. 다음을 참조할 것. www.bls.gov/opub/reports/workingpoor/2017/home.htm.

26 R Peña-Casas, D Ghailani, S Spasova and B Vanhercke, *In-work poverty in Europe: A study of national policies* (European Commission, 2019).

27 Article 23, Universal Declaration of Human Rights, UN General Assembly, 1948.

28 V Mantouvalou, 'Welfare-to-work, structural injustice and human rights', *The Modern Law Review* 83(5), 929-54. 다음도 참조할 것. V Gantchev, 'Data protection in the age of welfare conditionality: Respect for basic rights or a race to the bottom?', *European Journal of Social Security* (2019) 21 (1), 3-22.

29 J Henley and R Booth, 'Welfare surveillance system violates human rights, Dutch court rules', *The Guardian* (5 February 2020).

30 Office of the High Commissioner for Human Rights, 'Landmark ruling by Dutch court stops government attempts to spy on the poor-UN expert', *UN Human Rights* (5 February 2020).

31 J Henley, 'Dutch government faces collapse over child benefits scandal', *The Guardian* (14 January 2021). 다음도 참조할 것. M Loi, 'Automated Decision-Making Systems in the Public Sector An Impact Assessment Tool for Public Authorities.'

32 ME Gilman, 'Poverty Lawgorithms: A Poverty Lawyer's Guide to Fighting Automated Decision Making Harms on Low-Income Communities', *Data & Society* (2020); Human Rights Watch, 'UK: Automated Benefits System Failing People in Need', *Human Rights Watch* (29 September 2020).

33 V Gantchev, 'Welfare Sanctions and the Right to a Subsistence Minimum: a troubled marriage', *European Journal of Social Security* (2020) 22(3), 257-72.
34 B Knight, 'Germany's welfare experiment: Sanction-free basic security', *Deutsche Welle* (8 December 2018).
35 A Romano and A Zitelli, 'Il reddito di base e una cosa seria. Disuguaglianze, qualita della vita, robot: immaginare una societa diversa', *Valigia Blu* (7 March 2017).
36 D Thompson, 'Busting the Myth of Welfare Makes People Lazy', *The Atlantic* (8 March 2018). 다음도 참조할 것. J Henley, 'Finnish basic income pilot improved wellbeing, study finds', *The Guardian* (7 May 2020).
37 D Thompson, 'Busting the Myth of 'Welfare Makes People Lazy', *The Atlantic* (8 March 2018). 다음도 참조할 것. J Henley, 'Finnish basic income pilot improved wellbeing, study finds', The Guardian (7 May 2020).
38 D Autor, 'Good News: There's a Labor Shortage', *The New York Times* (3 September 2021). 주로 다음을 참조할 것. EO Wright, *Envisioning Real Utopias* (London, Verso, 2010).
39 K Roose, 'Welcome to the YOLO Economy', *The New York Times* (21 April 2021).
40 A Ciccone, 'Il kit definitivo per contrastare il format pseudo-giornalistico "Il lavoro c'è, ma i giovani non vogliono lavorare"', *Valigia Blu* (14 June 2019).
41 J Espinoza, 'Vestager Says Gig Economy Workers Should "Team Up" on Wages', *Financial Times* (24 October 2019).
42 일반적으로 다음을 참조할 것. V Daskalova, S McCrystal and M Wakui, 'Labour protection for non-employees: how the gig economy revives old problems and challenges existing solutions' in J Meijerink, G Jansen and V Daskalova (eds), *Platform Economy Puzzles* (Cheltenham, Edward Elgar Publishing, 2021), 68-99.
43 C Garden, 'The Seattle Solution: Collective Bargaining by For-Hire Drivers & Prospects for Pro-Labor Federalism', *Harvard Law & Policy Review Online* (2017) 12.
44 S Paul, S McCrystal and E McGaughey (eds), *The Cambridge Handbook of Labour in Competition Law* (Cambridge, Cambridge University Press, 2022).
45 n 1, Ibid.
46 N Countouris, V De Stefano and I Lianos, 'The EU, Competition Law and Workers' Rights' in Paul, Mccrystal and McGaughey (n 45).
47 Countouris and De Stefano (n 47).
48 H Johnston and C Land-Kazlauskas, 'Organizing on-demand: Representation, voice, and collective bargaining in the gig economy', *Geneva* (Conditions of work and employment series 94, 2018).
49 A Griswold, 'This is the script Uber is using to make anti-union phone calls to drivers in Seattle', *Quartz* (22 February 2016). 다음도 참조할 것. A MacGillis, 'The Union Battle at Amazon Is Far from Over', *The New Yorker* (13 April 2021).
50 W Negrón, 'Little Tech is Coming for Workers. A Framework for Reclaiming and Building Worker Power', *CoWorker.org* (2021); S Kessler, 'Companies Are Using Employee Survey Data to Predict-and Squash-Union Organizing', *OneZero* (30 July

2020).

51 A Tassinari and V Maccarrone, 'Riders on the storm: Workplace solidarity among gig economy couriers in Italy and the UK', *Work, Employment and Society* (2020) 34(1), 35-54. 다음도 참조할 것. S Greenhouse, 'Unionized but impotent? Row erupts over gig workers' labor proposal', *The Guardian* (27 May 2021).

52 A Forsyth, *The Future of Unions and Worker Representation, The Digital Picket Line* (Oxford, Hart, 2022). 다음도 참조할 것. A Bertolini and R Dukes, 'Trade Unions and Platform Workers in the UK: Worker Representation in the Shadow of the Law', *Industrial Law Journal* (2021) 50(4), 662-88; T Katsabian, 'Collective Action in the Digital Reality: the Case of Platform-Based Workers', *The Modern Law Review* (2021) 85(5), 1005-40.

53 A Donini, M Forlivesi, A Rota and P Tullini, 'Towards collective protections for crowdworkers: Italy, Spain and France in the EU context', *Transfer: European Review of Labour and Research* (2017) 23(2), 207-23. 다음도 참조할 것. J Schor, *After the Gig: How the Sharing Economy Got Hijacked and How to Win It Back* (Oakland, University of California Press, 2021).

54 다음을 참조할 것. https://fightfor15.org/. KVW Stone, 'Unions in the Precarious Economy', Prospect (21 February 2017); AJ Wood, 'Three lessons the labour movement must learn from the Fight for 15 at Walmart', *SPERI.Comment: The Political Economy Blog* (8 June 2018).

55 N Scheiber and K Conger, 'The Great Google Revolt', *The New York Time Magazine* (18 February 2020).

56 S von Struensee, 'The Role of Social Movements, Coalitions, and Workers in Resisting Harmful Artificial Intelligence and Contributing to the Development of Responsible AI' (16 June 2021). SSRN: https://ssrn.com/abstract=3880779.

57 K Conger and N Scheiber, 'Kickstarter employees vote to unionize in a big step for tech', *The New York Times* (18 February 2020).

58 E McGaughey, 'Will robots automate your job away? Full employment, basic income, and economic democracy', *Centre for Business Research* (University of Cambridge, Working Paper, 2018), 496.

59 K Vandaele, 'Collective resistance and organisational creativity amongst Europe's platform workers: A new power in the labour movement?' in J Haidar and M Keune (eds), *Work and labour relations in global platform capitalism* (ILERA Publication series, 2021). 다음도 참조할 것. S O'Connor, 'Trade unions are back after a long absence', *Financial Times* (9 March 2021).

60 M Silberman, V Barth, R Fuss and C Benner, *Frankfurt Declaration on Platform-Based Work: Proposals for Platform Operators, Clients, Policy Makers, Workers, and Worker Organizations* (2016). https://wtf.tw/pubs/frankfurt_decl_en.pdf.

61 T Scholz, 'Platform cooperativism vs. the sharing economy', *Big Data & Civic Engagement* (2014) 47, 47-52. 다음도 참조할 것. T Scholz and N Schneider (eds), *Ours To Hack and Own: The Rise of Platform Cooperativism, a New Vision for the Future*

of *Work and a Fairer Internet* (New York, OR Books, 2016); A King, 'This rider-owned food delivery service is taking back power from Deliveroo', *EuroNews* (1 October 2021).

62   L Kaori Gurley, 'Instacart Workers Are Asking Users to #DeleteInstacart', *Vice* (20 September 2021).

63   L Lawrence and A Kramer, 'How Slack and Discord became tools for worker revolt', *Protocol* (13 October 2021).

64   S Silberman and L Irani, 'Operating an employer reputation system: Lessons from Turkopticon. 2008-2015', *Comparative Labor Law & Policy Journal* (2016) 37(3), 505-42; N Salehi, LC Irani, MS Bernstein, A Alkhatib, E Ogbe and K Milland, 'We are dynamo: Overcoming stalling and friction in collective action for crowd workers', *Proceedings of the 33rd annual ACM conference on human factors in computing systems* (2015), 1621-30.

65   www.comune.bologna.it/sites/default/files/documenti/CartaDiritti 3l05_web.pdf.

66   N Countouris and V De Stefano, 'Collective-bargaining rights for platform workers', *Social Europe* (6 October 2020).

67   L Rodriguez, 'First collective agreement for platform workers in Spain', *Social Europe* (13 January 2022).

68   ECtHR, 12/11/2008 (GC), Demir a. Bayjara v Turkey, No. 34503/97.

69   ECtHR, 9/7/2013 (GC), Sindicatul 'Pastorul eel Bun'v Romania, No. 2330/09.

70   European Committee of Social Rights, Irish Congress of Trade Unions (JCTU) v Ireland, Complaint No. 123/2016, 12 September 2018.

71   C Stylogiannis, 'Freedom of association and collective bargaining in the platform economy: A human rights-based approach and an over increasing mobilization of workers', *International Labour Review* (2022).

72   The Independent Workers Union of Great Britain v The Central Arbitration Committee [2021] EWCA Civ 952 (24 June 2021). 다음을 참조할 것. J Atkinson and H Dhorajiwala, 'JWGB v RooFoods: Status, Rights and Substitution', Industrial Law Journal (2019) 48(2), 278-95.

73   A Bogg, 'Taken for a ride: Worker in the gig economy', *Law Quarterly Review* (2019) 135, 219-26.

74   일반적으로 다음을 참조할 것. G Mundlak, *Organizing matters: Two logics of trade union representation* (Cheltenham, Edward Elgar Publishing, 2020); BI Sachs, 'Law, Organizing, and Status Quo Vulnerability', *Texas Law Review* (2017) 96, 351-77. 다음도 참조할 것. J Stanford, 'The Resurgence of gig work: Historical and theoretical perspectives', *The Economic and Labour Relations Review* (2017) 28(3), 382-401.

75   Supreme Court of the United Kingdom, Pimlico Plumbers Ltd and another v Smith [2018] UKSC 29.

76   S Viljoen, 'Democratic Data: A Relational Theory For Data Governance', *Yale Law Journal* (2021) 13(2), 573-654.

77   R Hamon, H Junklewitz and I Sanchez, *Robustness and Explainability of Artificial*

Intelligence-From technical to policy solutions (Luxembourg, Publications Office of the European Union, 2020).

78 B Mittelstadt, 'From individual to group privacy in big data analytics', *Philosophy & Technology* (2017) 30(4), 475-94.

79 K Ewing and J Hendy, 'New Perspectives on Collective Labour Law: Trade Union Recognition and Collective Bargaining', *Industrial Law Journal* (2017) 46(1), 23-51.

80 A Aranguiz, 'Spain's Platform Workers Win Algorithm Transparency', *Social Europe* (18 March 2021). C Villarroel Luque, 'Workers vs Algorithms: What Can the New Spanish Provision on Artificial Intelligence and Employment Achieve?', *VerfBlog* (7 May 2021). 다음도 참조할 것. M Flyverbom, *The Digital Prism. Transparency and Managed Visibilities in a Datafied World* (Cambridge, Cambridge University Press, 2019).

81 www.thefutureworldofwork.org/opinions/10-%20principles-for-ethical-ai/.

82 다음을 참조할 것. D Mangan, 'Agreement to Discuss: The Social Partners Address the Digitalisation of Work', *Industrial Law Journal* (2021) 50(4), 689-705.

83 Article 9, Proposal for a Directive of the European Parliament and of the Council on improving working conditions in platform work COM(2021) 762 final 2021/0414 (COD).

84 I Armaroli and E Dagnino, 'A seat at the table: negotiating data processing in the workplace. A national case study and comparative insights', *Comparative Labor Law & Policy Journal* (2019) 41(1), 173-95. 다음도 참조할 것. F Flanagan and M Walker, 'How can unions use Artificial Intelligence to build power? The use of AI chatbots for labour organising in the US and Australia', *New Technology, Work and Employment* (2021) 36(2), 159-76.

85 Regulation (EU) 2019/1150 of the European Parliament and of the Council of 20 June 2019 on promoting fairness and transparency for business users of online intermediation services (OJ L186/57 11.07.2019).

86 T Kato and M Morishima, 'The productivity effects of participatory employment practices: Evidence from new Japanese panel data', *Industrial Relations: A Journal of Economy and Society* (2002) 41(4), 487-520.

찾아보기

가
가상 전화번호부 177
가상현실 28, 68
가이아 가야(Gaia Gaja) 203
가짜 자영업자 252, 270
갈리 라카비(Gali Racabi) 200
개인정보 자동 처리에 관한 개인 보호를 위한 조약 99
거버넌스 45, 128, 136, 178, 192, 265
게르트 레온하르트(Gerd Leonhard) 62
게임체인저 56, 194, 241
게임화(gamification) 105
경제협력개발기구(OECD) 35, 36, 43, 228, 275~277, 280, 295, 308
고용관계 27, 28, 34, 40, 41, 96, 110, 120, 168, 169, 171, 176, 183, 186~189, 190, 191, 193~196, 199, 202, 203, 205, 208, 209, 211, 217, 225~228
고용권 20, 162, 212, 213, 215, 227
고용법 58, 187, 200, 202, 205, 212
〈고용의 미래: 자동화는 일자리에 얼마나 영향을 끼칠까?〉 35
국제노동기구 10, 46, 151, 168, 223~225, 230, 231, 234, 252, 253, 260, 273
국제노동사무국 229
규제 차익(regulatory arbitrage) 34
그레고리 포템킨(Grigory Alexandrovich Potemkin) 140
금속노조(IGMetal) 257, 266
기간제 185, 186, 229, 235, 301
기계로부터 내려온 상사(Boss Ex Machina) 6, 119
기본소득 243~246, 248
기업공개 41
긱 경제(Gig Economy) 17, 20, 121, 131, 141, 147, 149, 152, 162, 184, 218, 266

나
네오 러다이트(Neo Ludite) 134
노동 빈곤 246, 247, 250, 271
노동권 11, 12, 28, 33, 116, 168, 188, 192, 193, 195, 212~215, 218, 221, 227, 229, 251, 264, 265
노동심판소(conseils de prud'hommes) 211
노동의 미래 이니셔티브(The Future of Work Initiative) 224
노동의 미래에 관한 글로벌위원회(Global Commission on the Future of Work) 223, 224
노동자헌장(Statuto dei lavoratori) 212, 213
노무제공자 223, 226
누벨바그(La Nouvelle Vague) 162
뉴 노멀(new normal) 69
니콜라 쿤투리스(Nicola Kountouris) 7, 225
니콜라스 슈미트(Nicolas Schmit) 185

다
다니엘 시트론(Danielle Citron) 117
다라 코스로샤히(Dara Khosrowshahi) 220
단속적 노동 231
단체교섭 43, 74, 96, 148, 175, 185, 188, 191, 193, 234, 247, 252, 253, 260, 261, 263

단체협약 77, 81, 174, 193, 222, 251~253, 258, 259, 261, 263, 265, 268, 272
대체 사슬(substitution chains) 172
대퇴직(Great Resignation) 249
〈더 버지(The Verge)〉 73
더 투르크 134~136
데우스 엑스 마키나(deus ex machina) 119, 120
데이비드 H. 오토(David H. Autor) 38
데이비드 브롬위치(David Bromwich) 212
데이비드 오터(David Autor) 241
데이비드 포스터 윌리스(David Foster Wallace) 61
데이터 청소부(digital janitors) 137
《데이터와 과학》 54
독점금지법 251, 252
돔 피자 체커(DOM Pizza Checker) 115
디지털 단일 시장(digital single market) 188
디지털 작업자(Digital Worker) 137, 141
디지털 청소부 59
디지털경제사회지표(DESI) 15
딜리버루 11, 172, 176, 252, 255, 260

라
라이더법(Ley Rider) 263
로널드 코스(Ronald Coase) 181, 208
로보칼립스(Robocalypse) 32
로보팩처링(robofacturing) 64
로봇공학에 관한 민법 72
〈로스 루네스 알 솔(Los lunes al sol)〉 58
루치아노 플로리디(Luciano Floridi) 62
리카르도 델 푼타(Riccardo Del Punta) 203
린 생산(lean production) 160
릴리 이라니(Lilly Irani) 139, 140

마
마들렌 클레어 엘리쉬(Madeleine Clare Elish) 54
마르그레테 베스퇴르(Margrethe Vestager) 185, 251, 253
마리아 키아라 카로차(Maria Chiara Carrozza) 69
마리옹 푸르카드(Marion Fourcade) 142
〈마엘젤의 체스 플레이어(Maelzel's Chess Player)〉 135
마이클 A. 오스본(Michael A. Osborne) 35
마크 프리드랜드(Mark Friedland) 19, 225
매개변수 68, 78, 126, 195
매디 델보스 스테레스(Mady Delvaux-Stehres) 73
〈메이드 인 대게넘(Made in Dagenham)〉 58
명예시민권 72, 74
목적의 이질성 199
미케니컬터크(Mechanical Turk, MTurk) 11, 136, 137, 141, 142, 258

바
바우처 189, 231, 235
발레리오 마이오(Valerio Maioli) 70
백오피스(Back Office) 182
《버즈피드(BuzzFeed)》 115
버지니아 유뱅크스(Virginia Eubanks) 90
법인격(법인) 74, 75
베르사유조약 223
벤 웨버(Ben Waber) 113
보편적 기본소득 243~246, 248
보편적 노동 보장(Universal Labour Guarantee) 224
볼프강 폰 켐펠렌(Kempelen Farkas) 134, 135
브라이언 머천트(Brian Merchant) 53~55
브렉시트 19
브리시엔 로저스(Brishen Rogers) 7, 183
블랙박스 91, 92, 112, 173
비정규직 20, 41, 128, 186, 189, 190, 213, 228, 232, 234, 235, 254~256, 260, 261, 268, 270
비표준 계약 노동(자) 232, 235, 236, 261
비표준 노동 227~230, 232~234, 267, 268
빅데이터 11, 29, 262, 272
빌헬름 분트(Wilhelm Wundt) 199

사
사물인터넷(IoT) 65, 66
사실우선주의 167, 188
사이버슬래킹 83
사적 정부 207
사회 안전망 21, 226, 238
사회의 자동화 55
사회적 시장경제 185
선의에 의한 협상권(right to negotiate in good faith) 264
선형적 외삽법 36
세계인권선언 247, 260

세이프가드(Safeguards) 126
소피아 71, 72, 74, 75
쇼샤나 주보프(Shoshana Zuboff) 63
《슈피겔(Der Spiegel)》 29
스마트 로봇 30, 65
스케줄링 122
스타트업 86, 115, 161, 256
시간제 80, 159, 174, 185, 186, 228, 230, 232, 246, 267, 301
시민소득(Citizen's Income) 243, 250
식스 실버만(Six Silberman) 266
신시아 에스틀룬드(Cynthia Estlund) 31, 202, 244
실리콘 마스터(silicon masters) 238, 266
실리콘밸리 107, 177, 238, 256

아

안전한 항구(Safe harbour) 221
안토니오 카실리(Antonio A. Casilli) 138
알고리즘 상사 117, 124, 147, 271
〈우리 손주 세대의 경제적 가능성(Economic Possibilitiesfor our Grandchildren)〉 34
알고리즘에 의한 관리 6, 17, 119, 120, 123, 124, 127, 130
알렉산드라 마테스쿠(Alexandra Mateescu) 54
어소시에이츠(associates) 69
엘리자베스 앤더슨(Elizabeth S. Anderson) 200, 207, 208, 212
예레미아스 아담스-프라슬(Jeremias Adams-Prassl) 7, 159
오토 칸-프룬트(Otto Kahn-Freund) 206
온디맨드(On-Demand) 155, 160
온라이프(onlife) 62
올리버 윌리엄슨(Oliver Williamson) 208
와그너법 212
완전 자동화 36, 53, 55, 118
완전고용 250
요한 네포무크 마엘젤(Johann Nepomuk Maelzel) 135
우르줄라 폰 데어 라이엔(Ursula von der Leyen) 185
우주 가족 젯슨(〈The Jetsons〉) 63
원격 근무에 관한 기본 협정 80
웨어러블 64, 67, 262
위계질서 209, 212

위워크 86, 87
유니글로벌유니온 264
유니버설 크레딧(Universtal Credit) 243
유럽경제사회위원회(EESC) 45, 46
유럽사회권기둥(European Pillar of Social Rights) 184, 185, 191, 300
유럽사회적파트너협약(European Social Partners Framework Agreement) 265
유럽사회헌장 252, 260
유럽연합기능조약(TFFU) 191
유럽연합사법재판소 163, 164, 168, 181, 184, 189, 193, 196, 252
유럽연합의회 10, 70, 72, 73, 94, 188, 192, 193
유럽연합집행위원회 75, 126, 185, 187, 191, 193, 246, 253
유럽정보보호위원회 94
유럽평의회 96, 99, 253
유연근무제 79
유연안전성(flexicurity) 187
의회법안 5(Assembly Bill No.5, AB5) 219
이페오마 아준와(Ifeoma Yvonne Ajunwa) 89
이프 앤드 웬(if and when) 230
인간 지휘(human-in-command) 262
인공 외골격(exoskeleton) 17, 68
인공지능 워싱(AI washing) 140
인공지능법(AI Act) 191, 264
인더스트리4.0(Industry4.0) 66, 67
〈인생은 아름다워(La vita è bella)〉 152
〈일 포스토 델라니마(Il Posto dell'Anima)〉 58
일반정보보호법 93~97, 99, 100, 126, 127, 269

자

자영업자 소득 지원 제도(SEISS) 226
자탄 새도우스키(Jathan Sadowski) 140
작업일지(Livret du travail) 210
작은 정부(small-government) 43
적시생산인력(just-in-time workforce) 160
적층제조(additive manufacturing) 67
전자 인격 73, 75
절차기반법(process-based law) 200
정보 보호 기본 설정(privacy by default) 272
제나 버렐(Jenna Burrell) 142
제로 아워(Zero Hour) 163, 230, 231, 269
제롬 K. 제롬(Jerome K. Jerome) 265
제프 베이조스(Jeff Bezos) 53, 133, 136, 141, 143

조아키노 로시니(Gioacchino Antonio Rossini) 176
조애나 조이 브라이슨(Joanna Joy Bryson) 74
존 롤스(John Rawls) 243, 244
존 메이너드 케인스(John Maynard Keynes) 34
종속된 노동자(Lavoratore subordinato) 207
종속성 216
종속적 자영업 194
주문형 노동(on-demand work) 230
주민발의안 제22호 168, 219, 220
주종법(Master and Servant Acts) 210, 211
준(準)종속 194, 222
줄리엣 쇼어(Juliet B. Schor) 154
증강현실 67
지오반니 가야(Giovanni Gaja) 204, 205, 209

차

최고법원(Court of Cassation) 207, 211
최저소득 243
최저임금 148, 221, 224, 232, 271
추정이 작동하는 관할권(jurisdictions where presumptions) 130
출근거부파업(walk-outs) 255
치안판사(justices de paix) 211

카

카렌 영(Karen Yeung) 130
카렐 차페크(Karel Čapek) 71
카를로 도나트 캇틴(Carlo Donat-Cattin) 212
칼 베네딕트 프레이(Carl Benedikt Frey) 35, 36
칼 폴라니(Karl Polanyi) 39
캐시 오닐(Cathy O'Neil) 89
케르베로스(Cerberus) 180
케임브리지애널리티카-페이스북 정보 유출 사건 239
코로나19 16, 33, 42, 52, 62, 76, 81, 123, 171, 240
코봇(cobot) 70
코엔 프렌켄(Koen Frenken) 154
크라우드워크 136, 155, 174, 232, 267

타

터콥티콘(Turkopticon) 258
터크인들 142
테일러주의 102
테크 거인(tech giants) 41, 54
테크래시(techlash) 238

파

파놉티콘 123
파업권 213, 253
포커스 그룹(Focus group) 113
표준 고용 계약 229, 267
표준고용관계 27, 28, 176, 205, 217, 226, 227
〈풀 몬티(The Full Monty)〉 58
풀필먼트센터(Fulfillment Center) 53, 69, 125, 131
프랭크 파스콸레(Frank Pasquale) 117
프레더릭 테일러(Frederick Winslow Taylor) 102
프리딕팀(Predictim) 92
프리랜서 77, 86, 148, 150, 164, 231, 269
《플랫폼 레볼루션》 179, 299
피비 무어(Phoebe V. Moore) 7, 116
피지털(phigital) 62
필립 반 파리스(Philippe Van Parijs) 244

하

하르츠 IV(Hartz IV) 248
핫데스크(Hot-desk) 102
헌법을 공장에 들여온다(bringing the Constitution into the factories) 212
헤테로메이션(heteromation) 137
호출 대기 노동 228
호출 대기(on-call) 231
휴 콜린스(Hugh Collins) 200, 206, 207
휴머노이드 71, 75
흑인단속법(Black Codes) 210

기타

3F 259
4차 산업혁명 27, 44, 59
ADAPT(Associate Development and Performance Tracker) 69
AFL-CIO 256
DIY 102
P2B 269

폭주하는 알고리즘
1판 1쇄 발행 2025년 6월 10일

지은이 안토니오 알로이시, 발레리오 데 스테파노 | **옮긴이** 임현정 | **디자인** 신병근 황지희
펴낸이 임중혁 | **펴낸곳** 빨간소금 | **등록** 2016년 11월 21일(제2016-000036호)
주소 (01021) 서울시 강북구 삼각산로 47, 나동 402호 | **전화** 02-916-4038
팩스 0505-320-4038 | **전자우편** redsaltbooks@gmail.com
ISBN 979-11-91383-58-4(03330)

•책값은 뒤표지에 있습니다.